Hamburger Vorträge
Berliner Vortrag

nach tonbandmäßiger Aufnahme der Vorträge in Hamburg und Berlin von Wolfgang Döbereiner am 25.1.86 und am 27.2.87, sowie am 20.10.87 basierend auf dem System der

Münchner Rhythmenlehre

Autor und Vortragender: Wolfgang Döbereiner

Herausgabe und Vertrieb: Verlag Döbereiner

Die Münchner Rhythmenlehre ist ein in sich geschlossenes astrologisches System:

Es beinhaltet:

1.) Definition und Interpretation des vier Quadranten wie Häuserbild - Konstellationsbeschreibungen und deren Zuordnungen

2.) Trennung von Anlage zu Verhalten mit Deutungssystemen (Anlage - Verhalten - Finalität beziehungsweise AC - Sonne - MC) - Weg der Aphrodite

3.) Rhythmische Auslösung und Schwingungsbilder (Septare) - rhythmische Systeme

4.) die sich aus dem System ergebende Anschauung und ihre Schlußfolgerungen

Das System wurde vom Kursleiter in der Zeit von 1952 bis 1956 entwickelt und erstmals als "Münchner Rhythmenlehre" von 1956 bis 1959 in der damaligen Süddeutschen Astrologieschule in München gelehrt.

Jede unzitierte Anführung aus dem Systembereich der "Münchner Rhythmenlehre" ist ein Plagiat.

Alle Rechte bei Wolfgang Döbereiner
8000 München 21, Agnes-Bernauer-Straße 129

Herausgabe im Verlag Döbereiner

1. Auflage - Juli 1987 - Hamburger Vorträge
2. Auflage - März 1992
ISBN 3-927094-02-1

1. Auflage - Januar 1988 - Berliner Vortrag
2. Auflage - März 1992
ISBN 3-927094-03-X

Vorwort:

Die Hamburger Vorträge vom 25.1.1986 und 27.2.1987, herausgegeben in der ersten Auflage im Juli 1987 und der Berliner Vortrag vom 20.10.1987, herausgegeben in seiner ersten Auflage im Januar 1988 werden unverändert in ihrer zweiten Auflage in einem Band zusammengefaßt.

Die Kennzeichen der öffentlichen, also politischen Geschehen wie der ihnen zugrundeliegenden Haltungen, die in den Septaren der großen Konjunktionen enthalten sind, und auf die in den Vorträgen frei, das heißt stegreifartig hingewiesen wurde, sind Geschichte geworden.

So das Kennzeichen des Mars, über das gesagt wurde (Seite 15/16), daß die Teilung Europas, die vom April 1945 ausging und in der Mars-Auslösung ihr Kennzeichen hatte "im Zehner-Rhythmus bei gleicher Mars-Auslösung zwangsläufig bereinigt werden müßte" - und weiter heißt es "nun steht aber nichts dafür, daß sich die Grenze bis 1989, wo sich der Mars auslöst, aufgehoben wird. Aber sicher ist, daß der Mars sich auslöst".

Als Zeitpunkte der Mars-Auslösung in den einzelnen Rhythmen wurden genannt (Seite 23) "im Siebener-Rhythmus war es April 1945, im Zehner-Rhythmus ist es Juli 1989".

Für die Zeit der Auslösung wird im Sinne von Sonne-Pluto darauf hingewiesen, daß "ganze Denksysteme zusammenbrechen" (Seite 73) und sogar die null bis zwei Grad Fischelinie, die durch Ostdeutschland verläuft, weist auf Konkurs wie die Notwendigkeit zum Entgiften hin, "das ist ein Lebergrad, da hat die Leber viel zu entgiften auf zwei Grad Fische" (Seite 77).

Im Berliner Vortrag (Seite 123) hat sich in der geographischen Karte (Seite 124) des zweiundzwanzigsten Septars die Mars-Pluto-Linie sowie ihre Spiegelpunktslinie bestätigt, vor allem dort, wo diese Linien durch die Saturn-Uranus-Meridianslinie gekreuzt werden, es ist der Fall vor der Küste Norwegens ebenso wie über dem Elsaß und den Vogesen, sowie insgesamt dem siebten östlichen Längengrad entlang, als Punkte, an denen sich Flugzeugabstürze oder etwa die Fährschiffunglücke summierten.

"Die falsche Größe bricht zusammen"

Vortrag am 25.1.1986
in Hamburg
von Wolfgang Döbereiner

A: Es scheinen fixe Konstellationen zu sein, die an diesem Termin hier haften, die nämlichen wie voriges Jahr, - bin ich in einem ziemlich kreislaufIabilen Zustand und der Zeitpunkt der Absage wäre zu spät gewesen für Sie. Ich bitte Sie mir also nachzusehen, daß ich ab und zu den homöopathischen Flaschengeist - wie sage ich denn ? - bemühe.

Wir gehen aus von den dominanten rhythmischen Vergrößerungen. Ein Schüler meiner Schule in München, beileibe kein Nostradamusforscher, hat, des Altfranzösischen mächtig, eine Stelle bei Nostradamus entdeckt, bei der er sagt "Zeiten vergrößern sich in ihrer Wiederkehr". Das könnte man fast eine Vorausnehmung der Rhythmenlehre nennen.

Wir wollen eingehen auf das Verhältnis des Siebener- und des Zehner-Rhythmus zueinander. Das heißt, welche Beziehungen zwischen einer Periode von sieben und einer Periode von zehn Jahren bei der Zugrundelegung gleicher Fakten besteht - was da geschieht. Nun muß ich sagen, daß diese Horoskope, die in diesen verschiedenen Zeitpunkten wirken, Septare sind. Ich habe sie summa summarum Septare genannt, auch wenn sie zehn Jahre gelten, aber eigentlich müßten sie dann Decare heißen. Ein Dozent an der Münchner Schule hat dann gemeint, es wäre ganz was Sauberes, wenn man sie Schwingungshoroskope nennt, das kommt mir aber dann schon wieder zu gewollt vor.

Nun ist folgendes: die Solare sind entwickelt worden von einem mittelalterlichen französischen Astrologen Morinus oder Morin. Der hat Jahreshoroskope, Solare entwickelt, entworfen und entdeckt, - wie auch immer man das nennen möchte. Und diese Jahreshoroskope erstellt man dann einfach dadurch, daß, wenn man wissen will, was ist denn mit meinem dreißigsten Lebensjahr los, man dann auf den gleichen Sonnenstand wie im Radix ein Horoskop für das gefragte Jahr errechnet - das ist ein rechnerischer Vorgang, auf den brauchen wir nicht eingehen. Aber diese Solare haben relativ wenig Sinn, es sei denn, wie es in der alten Sprache hieß, die beiden Lichter wären auf den Achsen oder sonst eine besondere Dominanz.

Das Spezifikum der Münchner Rhythmenlehre ist nun, daß festgestellt wurde, daß die eigentliche Schwingungsgröße, die eigentliche Stärke eines sogenannten Solars in der Versiebenfachung entsteht, oder Verachtfachung oder Verneunfachung oder Verzehnfachung, wobei jeder Rhythmus entsprechend dem individuellen Horoskop eine ganz bestimmte Bedeutung hat. Nehmen wir einmal, Siebener-Rhythmus, Krebs. Sie haben einen Krebs-Ascendenten, betrifft es die eigene Person, - haben Sie aber Krebs am Descendenten, dann ist er für das alles wichtig, was Sie an Vorstellungsinhalten mit sich herumtragen, - ecetera. Beim Zehner-Rhythmus ist es der Löwe.

Nun ist es so, daß der Siebener-Rhythmus als Mond-Rhythmus und der Zehner-Rhythmus als Sonnen-Rhythmus dominant sind, ganz gleich, welche Häuser sie auch im individuellen Horoskop beherrschen.

Das heißt, wenn Sie zum Beispiel das vierte Septar nehmen, so taucht das in der Vergrößerung des Mond-Rhythmus zwischen einundzwanzig und achtundzwanzig Jahren auf und als Sonnen-Rhythmus zwischen dreißig und vierzig Jahren. Das heißt, Sie erleben das, was Sie als Kind im vierten Lebensjahr erlebt haben in einem vergrößerten Muster in den sieben Jahren von einundzwanzig bis achtundzwanzig und wieder in einem vergrößerten Muster zwischen dreißig und vierzig. Der Unterschied ist nur das, daß im Siebener-Rhythmus die Empfindungswelt hochsteigt und bestimmte Erlebnisse assoziiert, während im Zehner-Rhythmus das dabei noch Ungelöste von außen auf einen zukommt. Das Stück ist dabei das gleiche, es ist dasselbe Horoskop, das ist das vierte Solar. Das gilt für die Mondjahre, wie wir es gerade gesagt haben und es gilt für die Sonnenjahre, für die Aktivitätsjahre von dreißig bis vierzig. Es ist das gleiche Horoskop, es ist das gleiche Stück, es ist das gleiche Erleben, nur auf einer anderen Bühne.

Wir können das, was wir bei dem individuellen Horoskop angesprochen haben, können wir natürlich auch für mundane Horoskope machen. Da nehmen wir dafür her die große Konjunktion von 1842, die heute noch gilt, nämlich als eine, die im Steinbock stattfand und die neue große Konjunktion vom Januar 1981 fand in der Waage statt und hat "aus dem Tempel mit den Säulen der einzelnen Konjunktionen" eben die alte Waage-Konjunktion abgelöst.

Es wird ja gerüchteweise immer behauptet, meine große Konjunktion würde nicht stimmen - direkt gesagt hat mir das noch keiner - das sind die Newcomers - aber Sie dürfen mir glauben, die meine stimmt. Es ist utopisch eine feste Zeit anzugeben für die Konjunktion zwischen Jupiter und Saturn, denn die Konjunktion ist immer verschieden, je nachdem ob ich sie von der Ekliptik aus betrachte oder von sonstwo. Das nur am Rande.

Das wäre einmal das eine. Diese Konjunktion von 1842 hat schon eine Unmenge von Solaren und eines dieser Solare beziehungsweise Septare ist das elfte Solar vom 26.1.1852 bezogen auf München - das ist egal, bezogen auf Mitteleuropa, wie Sie wollen.

Dieses Septar, das elfte, ist nun elf mal sieben = siebenundsiebzig - zählen Sie 1842 dazu, dann kommen wir auf 1919, das Septar gilt - als Siebener-Horoskop - von 1912 bis 1919. Es gilt als Zehner-Horoskop für die Zeit von 1942 bis 1952.

Wenn man das Horoskop sieht, dann sieht man, das ist ein reines Kriegshoroskop. Mars am Ascendenten, hier im Löwen, da sieht man also die Kriegsbegeisterung - Mars-Opposition-Sonne-Quadrat-Uranus, also ein Laie sieht das schon - die Pickelhauben und die Begeisterung und Aggression und das Erwirkte im vierten Quadranten, die totale Vernichtung.

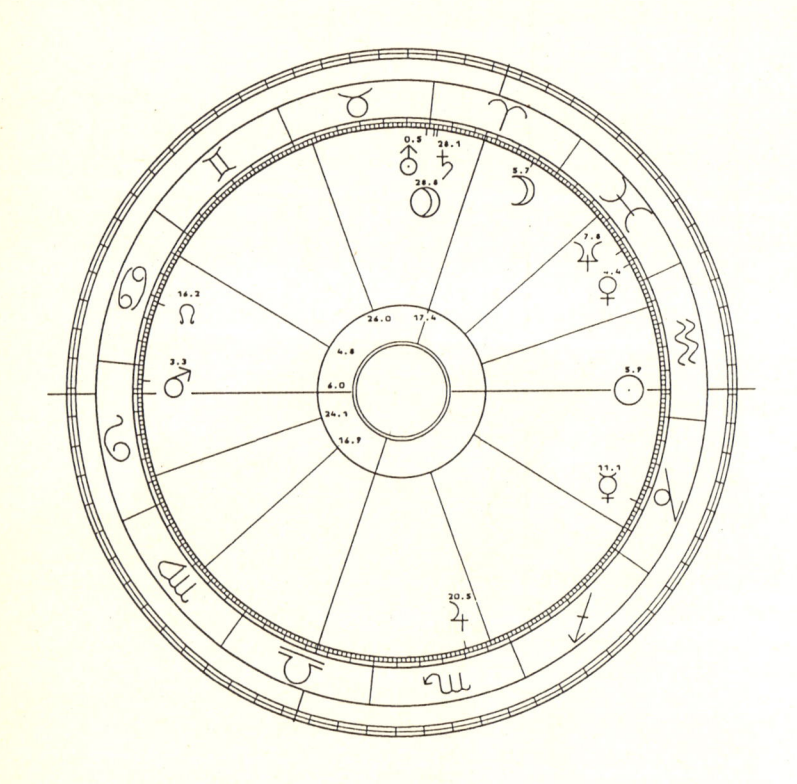

Das Interessante ist nun, daß ja ein solches Horoskop übersetzt werden kann auf geographische Karten. Um das auf geographische Karten zu übersetzen müssen Sie nur schauen, an welchem - in welchem Gebiet haben wir den Ascendenten von - na, Quadrat hier Uranus-Pluto - auf welchem Gebiet haben wir den Ascendenten von neunundzwanzig Krebs bis null Löwe.

Man verbindet alle Punkte beziehungsweise Orte miteinander, die alle null Grad Löwe Ascendent haben, und dann bekommt man eine Linie, das ist die rotge-

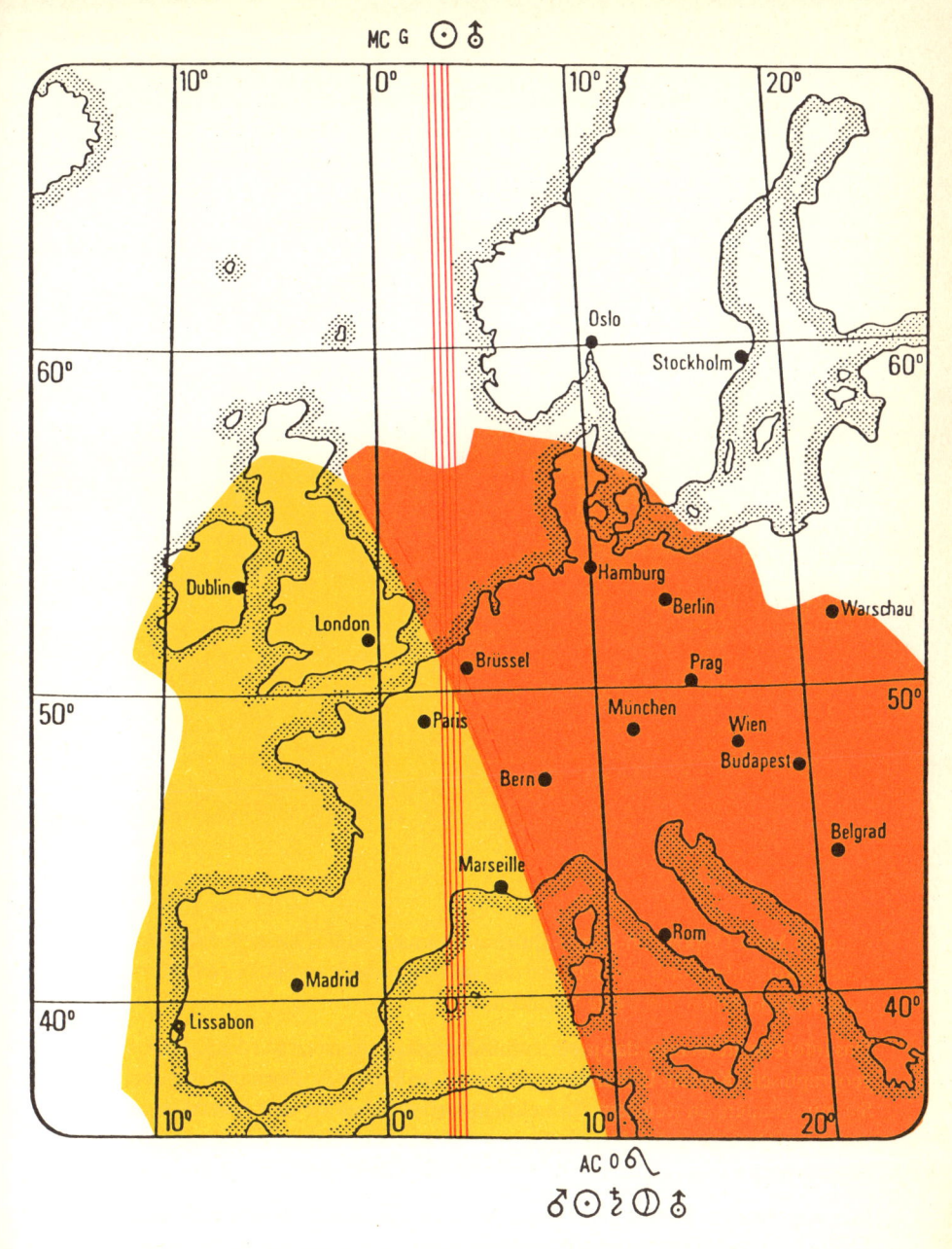

11. Septar

strichelte. Nun bringt sie nicht überall dort Vernichtung, wo sie einfach durchläuft, sondern sie muß gekreuzt werden. Das heißt "müssen" tut sie nicht, das geschieht alles freiwillig, sie wird gekreuzt von einer Unmenge von MC-Linien. Und unter diesen MC-Linien ist eine, die auf sieben-Komma-fünf Grad Widder den Gruppenschicksalspunkt von Sonne-Uranus belegt. Und wenn man diese MC-Linie, die AC-Linie kreuzen läßt, haben Sie einen Kreuzungspunkt, und das ist exakt Verdun. Ich würde sagen, das ist eindrucksvoll.

Die null-Grad-Löwe-Linie also, mit dem Quadrat Saturn-Uranus-Pluto aus Haus zehn, trifft bei Verdun auf eine MC-Kreuzungslinie mit dem Gruppenschicksalspunkt Sonne-Uranus - das ist die totale Vernichtung. Da ist jeder Quadratmeter von Granaten mehrfach umgepflügt worden.

Außerdem ist die null-Grad-Löwe-Ascendenten-Linie die Trennung zwischen den Tierkreiszeichen Krebs und Löwe - in Frankreich das Zeichen Krebs, in Deutschland das Zeichen Löwe - das war die Grabenkampf-Linie, die Franzosen sind nicht auf das Löwe-Gebiet, die Deutschen nicht auf das Krebs-Gebiet gekommen.

Nun ist in der Zeit von 1912 bis 1919 sehr viel ungelöst geblieben, inhaltlich wie äußerlich - Versailles und so weiter und so weiter. Jetzt haben wir schon gesagt, daß das Gesetz besagt, daß alles, was im Siebener-Rhythmus nicht gelöst ist, im Zehner-Rhythmus zu der Lösung kommen muß, zwangsläufig. Das gilt sowohl für Ihren privaten Bereich als für mundanen, öffentlichen, allgemeinen, geschichtlichen Bereich. Das heißt also, das, was zum Beispiel bei Ihnen unerledigt geblieben ist zwischen achtundzwanzig und fünfunddreißig, taucht auf zwischen vierzig und fünfzig. Aber dann bricht das auf, alles an Lebensunterdrückung, was noch unerledigt ist, - bricht voll durch, aus Ihnen selbst, gegen Ihre Steuerung oder Bewußtheit. Dasselbe gilt für geschichtliche Vorgänge, das heißt mit anderen Worten, alles das, was von 1912 bis 1919 ungelöst war, bricht zwangsläufig auf zwischen 1942 und 1952. Das heißt, wir haben hier ein Horoskop, das gilt im Sinne des Problemhervorholens, - um es mal ganz salopp zu sagen, ein Horoskop, das zur Kasse bittet von 1942 bis 1952.

Nun kommt das interessante: während das eine Septar in der Zehn-Jahres-Wiederholung zur Kasse bittet, von 1942 bis 1952, haben wir gleichzeitig wieder ein Siebener-Horoskop, das fünfzehnte Septar vom 26.1.1856, das von 1940 bis 1947 gilt und im übrigen als Wiederholung im Zehner-Rhythmus von 1982 bis 1992 gilt. Wir haben hier also eine Fuge.

Und wenn wir uns die dazugehörige Karte in der Übertragung anschauen, dann haben Sie den Tierkreiswechsel auf der Landkarte von null Löwe, wiederum im

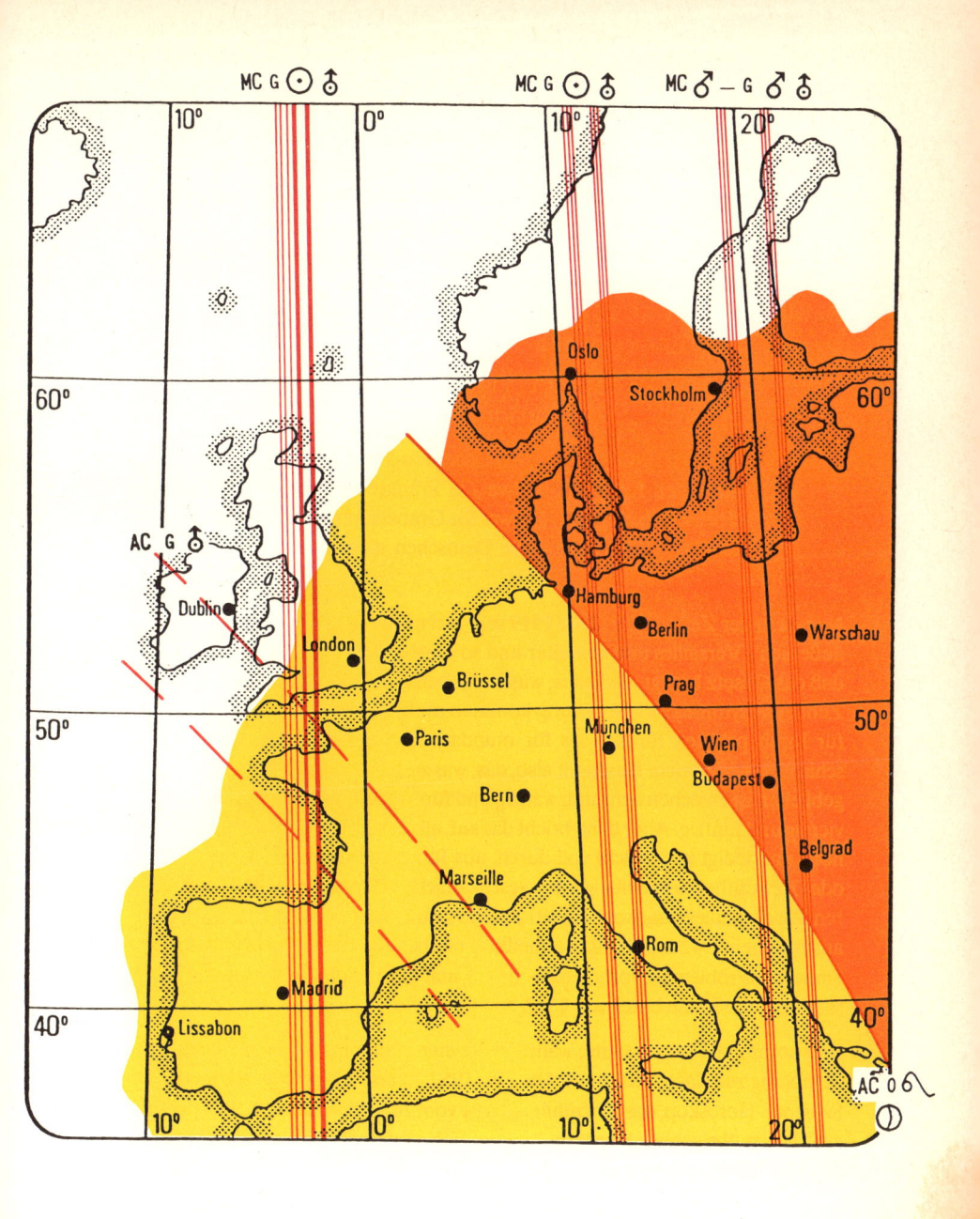

15. Septar

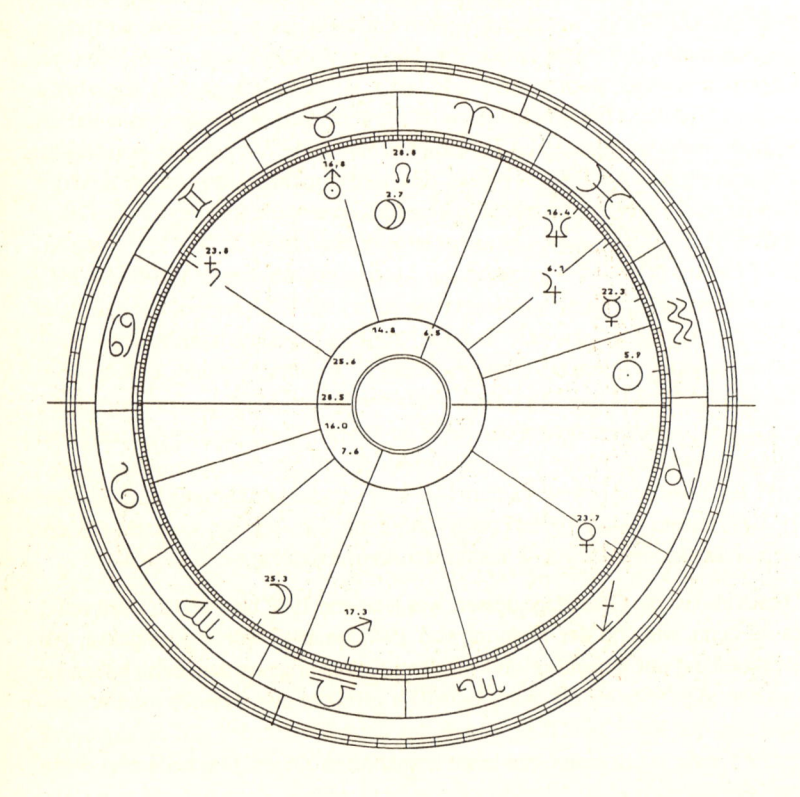

gleichen Verfahren wie vorher, nur jetzt am fünfzehnten Septar. Da müssen Sie die rote Linie anschauen, die hier ganz genau entlang des Eisernen Vorhangs geht. Schöner geht's nicht oder schrecklicher - wie Sie wollen. Auch hier gilt dieser Satz, für die ganz schwierigen Aspekte bedarf es der sogenannten MC-Meridian-Linien, die Kreuzungen, und die haben wir ja genau - die Linie des Mars-Neptun-Spiegelpunktes, die Lähmung, und die Gruppenschicksalspunktlinie von siebzehn Widder alias Mars-Uranus, die Fremdbesetzung, schneidet die null-Grad-Löwe-AC-Linie beziehungsweise belegen die Regionen der Satellitenstaaten des Ostblocks, - das heißt also, es ist genau ausgesprochen, um was es geht. Es geht um eine andere Beherrschungsmacht, es geht um eine Ideologie und es geht beim Mars-Neptun um die Lähmung, es geht um Handlungslähme, Revierlähme, Revier-Entmachtung, Revierauflösung, - Mars ist die Reviererhaltung, Neptun löst die Reviererhaltung auf, ist die Handlungslähme, und Mars-Uranus ist die Fremdbestimmung. Das haben Sie also wunderbar drin, und wenn Sie sich vorstellen, daß dieses Geburtsbild, genau dieses jetzt gilt als Zehner-Rhythmus von 1982 bis 1992, dann kommt man schon ins Denken und da werden Sie vielleicht verstehen, wieso ich aus einer momentanen Laune, gewiß nicht, um zu provozieren, den Titel nannte "die falsche Größe bricht zusammen". Nun ist ja die Größe, die man sieht, keine Größe, aber das ist halt immer eine momentane Meinung.

Gut, wenn Sie sich dieses Horoskop als Siebener-Horoskop anschauen, dann will ich Ihnen zur Veranschauung sagen, daß der Herrscher von zehn Mars ist und der steht auf siebzehn Waage. Diejenigen von der Münchner Rhythmenlehre, die etwas mehr Kenntnis davon haben, wissen genau, daß wir bei siebzehn Waage den Gruppenschicksalspunkt Saturn-Uranus haben. Trennung der Einheit. Siebzehn Waage, wer da drüberläuft und nicht geschieden wird, muß schon eine verdammt gute Ehe haben. Im übrigen verhalten sich die meisten bei Ehekrisen sowieso falsch, wenn jemand über siebzehn Waage läuft, dann heißt das ja nicht, daß die Ehe geschieden wird, sondern heißt es, daß die Gemeinschaft zu ihm eine Unvereinbarkeit im Hinblick auf seine momentane persönliche Entwicklung bildet. Und die Folge ist dies, daß er mehr Raum braucht, und der Partner macht dann meistens das, daß er sich noch mehr anklammert und dann kommt es zum Knall. - Gut. Die siebzehn Waage sind also der Trennungsaspekt, das Erwirkte in diesem Horoskop auf Mitteleuropa bezogen ist Widder MC, dieser Mars ist auf siebzehn Waage, was da so viel heißt wie: es kommt - und wird auch kommen - das heißt bezogen auf den Gemeinschaftsbereich - Ost-West-Trennung, Eiserner Vorhang - Widder - Eiserner Vorhang, entlang dem Tierkreiswechsel. Dieser Mars heißt aber auch, Herrscher von zehn in vier, um's mal ganz kurz auszudrücken, der Feind im Heim, - den Feind im eigenen Land und so weiter, - auch klar. Wissen Sie, wann der Mars sich rhythmisch ausgelöst hat? Ich hab's druntergeschrieben. Der Mars hat sich rhythmisch ausgelöst am 25.4.1945. Also genauer geht's doch nicht mehr. Das können Sie nachrechnen. Genau da. Andere Ereignisse sind auch drin und so weiter und so weiter.

Dieses also ist die Grundlage dessen, was jetzt von 1982 bis 1992 zu lösen wäre, es sei denn, wir sind der Meinung von 1940 bis 1947 wurde alles gelöst. Als Reaktion auf das Ungelöste sind wir dann Kolonien geworden, dann haben sie uns den Marshallplan, die Wirtschaftshilfe gebracht und dadurch die Entwicklung aus der Krise gestohlen, sodaß das damals Unterdrückte dreißig Jahre später wieder hochkommt, mit leicht krankhaften Zügen. Das heißt also, wenn man der Meinung ist, daß damals alles gelöst worden ist, dann bräuchten wir jetzt keine Angst haben. Eines können wir noch schlußfolgern: wenn wir der Meinung sind, daß der Mars, der sich im April 1945 im Sinne der Teilung auf siebzehn Grad Widder ausgelöst hat, keine Lösung war, - dann müßte das im Zehner-Rhythmus zwangsläufig bei gleicher Mars-Auslösung bereinigt werden.

Nun steht aber nichts dafür, daß sich die Grenze bis 1989, wo sich der Mars auslöst, aufgehoben wird. Aber sicher ist, daß der Mars sich auslöst. Das sind aber Schlußfolgerungen, die ich eigentlich Ihnen überlassen wollte. Na gut, jetzt habe ich sie ausgesprochen, weil ich nie abwarten kann.

Jetzt müssen Sie sehen, wieso kann das zugrunde gehen? Na gut, weil vorher was nicht stimmt, und da werde ich Ihnen als erstes gleich einmal das Horoskop des Nationalsozialismus zeigen, das heißt, das Septar der Zeit. Dieses Horoskop ist der Siebener-Rhythmus von 1933 bis 1940 - das ist der vierzehnte Rhythmus

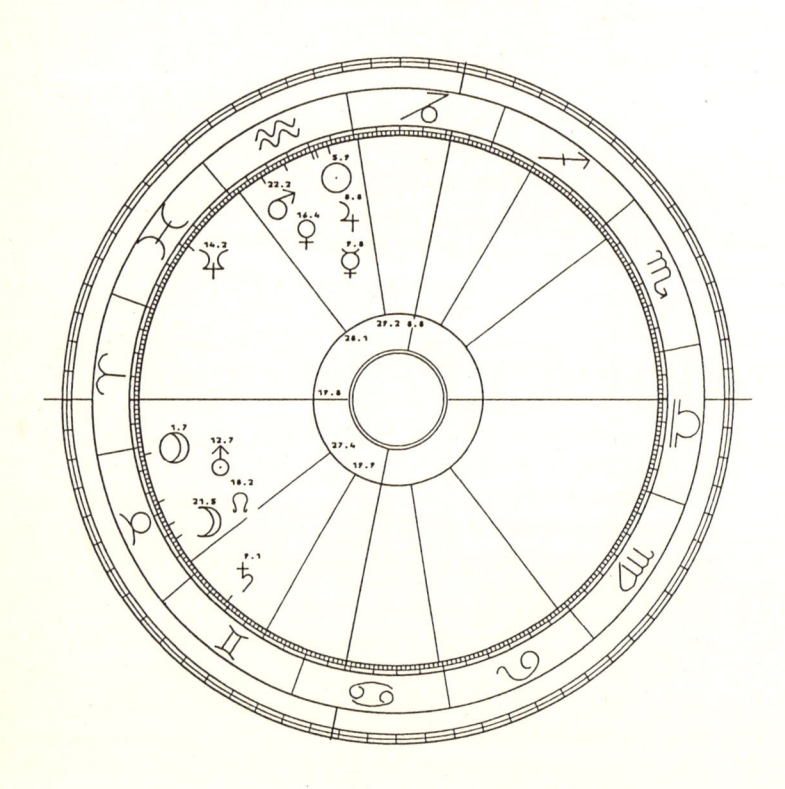

- vom 26.1.1933 beginnend. Auch wieder so ein angeblicher Zufall. Und da ist am einunddreißigsten die Machtergreifung. Da sehen Sie die Manie, die ist ungeheuer.

Jetzt wenn Sie sich vorstellen, daß diese im übrigen Pluto-Uranus-Saturn-Neptun, Fisch im zwölften Haus, Saturn Haus zwei, die Minderheit als Träger der Wahrheit ist aus dem Recht vertrieben, Saturn-Neptun von zwei zu zwölf und wenn ich sage, die Minderheit als Träger der Wahrheit, dann kommt es nicht darauf an, wer die Minderheit ist, sondern es ist immer so, daß die Minderheit immer der Träger der Wahrheit ist. Weil sie das ausdrückt, was andere ausschließen. Daher erst die Vollständigkeit durch Minderheit.

Sie haben also hier alles. Alles von 1933 bis 1940, was Sie haben wollen. Und wenn Sie das Horoskop übersetzen, dann haben Sie im Zehner-Rhythmus die Zeit von 1972 bis 1982.

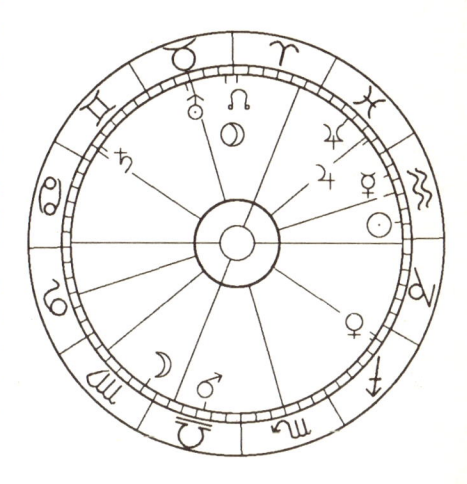

Das heißt also: wir müssen die Frage stellen, ob nicht von 1972 bis 1982 eine ganz radikale Entwicklung im Sinne des Nationalsozialismus nur auf einer anderen Bühne vor sich gegangen sei oder nicht - überlasse ich Ihnen, - ob es so war oder nicht war. Gut, - die Neuen haben keine Parteiuniformen an, die sind auch nicht mehr so dumm, daß sie sich als Blutordensträger zeigen - obwohl sie manchmal Blutorden anstecken könnten. Jedenfalls ist es so, daß die Entwicklung von 1933 bis 1940 sich 1972 bis 1982 bei uns wiederholt hat, jedenfalls hat sich ein totaler Wissenschaftsstaat und eine Inquisition entwickelt gegen alles, was durch die Wissenschaft ausgeschlossen wird - die Artikulation ist auch so wie damals - Astrologen sind "Schädlinge und Feinde der Gesellschaft", - kennt man noch als "Volksfeind" (ZDF - Kennzeichen D - 9.12.82), - "wir sollten die Astrologen aufhängen" (Bremen 3. Programm - Talk nach Neun - ein Redakteur am 11.1.77), es fallen Worte wie "ausmerzen", Astrologen werden als betrügerische Geschäftemacher dargestellt, mit Millionengeschäften, um den Volkszorn anzuheizen, "sie sind schuld an der Arbeitslosigkeit" (ZDF - Kennzeichen D - 9.12.82) - und nach solchen Aufrufen im öffentlich-rechtlichen Fernsehen, das ja ausschließlich Propagangainstrument der Wissenschaft geworden ist, waren dann bei mir die Fenster eingeworfen, die Praxisschilder verbogen, die Eingangstür mit Eisenketten verriegelt - der Unterschied liegt doch nur in der Quantität.

Aber gut, lassen wir das. Jedenfalls ist das also die Geschichte eines Septars, des vierzehnten und nun müssen wir uns natürlich fragen, wie sieht das denn aus, wenn das Zehner-Horoskop von 1982 bis 1992 wirkt, wenn vor allen Dingen dort der Mars auslöst, - was haben wir da gleichzeitig für einen Siebener-Rhythmus? Das wäre dann im Siebener-Horoskop der 22. Rhythmus vom - also Solar - vom 26.1.1863.

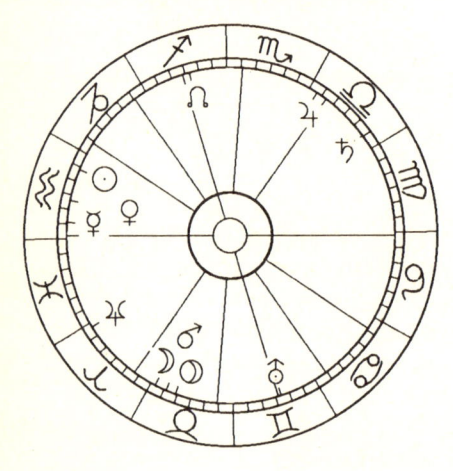

Sie müssen sich vorstellen, das ist eine wunderbare Sache, daß ein Inhalt von 1863 in der Zeit von 1989 bis 1996 erst voll ausschwingt - das sind Strukturen der Zeit; wenn Sie einen Inhalt in die Zeit werfen, ist es den Gesetzen der Zeit unterworfen, muß in Vergrößerungen wieder auftauchen.

Dazu dann die geographische Karte. Der Verlauf des Ascendenten von ein Grad Fische geht, quer durch Mitteleuropa, bei München, durch Frankfurt an der Oder. Die grünen Linien sind wieder die MC-Linien, die, wenn sie auf dominanten Punkten liegen, in der Kreuzung mit den AC-Linien diese aktualisieren.

Zwei Grad Fische ist verquälte Eigenart, das ist, wenn Sie Ihre Mentalität nicht leben können, wenn Ihnen das Recht auf Leben verwehrt wird, das Recht auf Eigenleben, in dem Moment sind die zwei Fische akut als Störung im Nebennierenbereich mit Auswirkungen auf Leberschwäche, Abwehrschwäche, - Mandeln - Blase, - was so als Erstsignalement sich zeigt. Diese zwei Grad Fisch sind aber noch etwas anderes, nämlich auch die Voraussetzungen für das Unterdrückt-Werden-Können, des sich nicht anpassen und nicht anpassen können aus Gründen des Gewissens. Das gilt auch körperlich, die Bedingungen sind so, daß der Körper nicht mehr genug entgiften kann, - so wie es im seelischen Bereich die Seele nicht kann.

Diese zwei Grad Fisch kann man noch anders kennzeichnen. Es ist auch wieder-

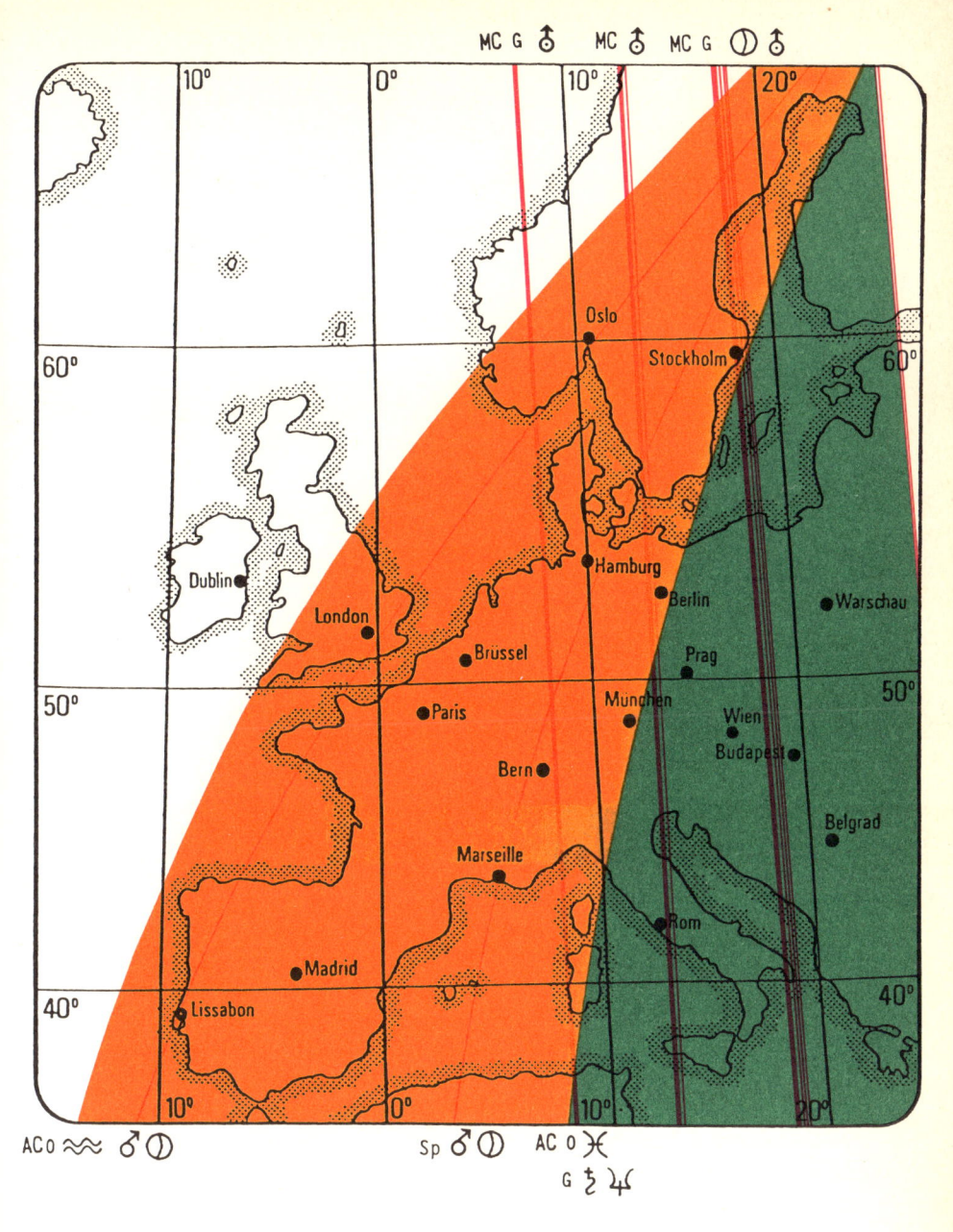

22. Septar

um nicht zufällig, daß der Orpheo - nicht "Orpheus in der Unterwelt" von Offenbach, sondern "Orpheus und Eurydike" exaktement uraufgeführt worden ist mit einen Sonnenstand von zwei Grad Fische - das Symbol des in die Unterwelt Gehens. Das Symbol - die Unterwelt ist ja für die Subjektivität immer dunkel, und immer schrecklich, also das Symbol einer Wahrheitserfahrung.

Erfahrung ist immer seelisch. Die Vorstellung von irgendeiner Erfahrung ist ein Nonsens. Das ist eine Sprachverdrehung, - die hat aber System. Wie können Sie jemanden besser fesseln, als wenn Sie ihm die Sprache nehmen. Das macht die Wissenschaftsdiktatur, die reduzierte die Sprache auf Information, mit vielen Einbahnstraßen und Sackgassen, aus denen können Sie nie mehr herausdenken. Sie sind gefangen durch Gitter, die Sie nicht merken.

Zwei Grad Fische ist jedenfalls so etwas wie die Aufhebung des Realen oder allen Beziehungen zur Realität, zugunsten - jetzt sage ich es einmal ein bisserl edel und ein bisserl allgemein - zugunsten innerer Werte. Und das wird wohl in dieser Zeit 1989 der Fall sein und das wird wahrscheinlich ein - fast möchte ich sagen - Zusammenbrechen sein dessen, was man jetzt an Realem, also Sicherung hat. - Zum Realen gehören ja auch Wissensstände. Die Wissenschaftsdiktatur bricht zusammen wie damals der Nationalsozialismus.

An der Karte sieht man, daß die Hauptproblematik dort liegt, wo man sie eigentlich als normaler Mensch ohne Astrologie gar nicht vermuten würde, nämlich - oder vielleicht ein Militärstratege - das kann ja sein, aber das weiß ich nicht: nämlich hier oben in Skandinavien. Aber es ist nicht zu übersehen, was da an Linien zusammenläuft. An den zwei Grad Fische sieht man, daß es vielleicht doch ein Gebiet ist, in dem man Abwehrstoffe braucht und in dem man Entgiftungs- - die Leber ist ja die Entgiftung, also Entgiftungsprobleme hat. Zwei Grad Fische ist ja auch die typische - Heilpraktiker müßte das interessieren, - ist die typische Hungerleber, mit den sogenannten Cholesterinringen in der Iris.

Wir haben dann entlang der roten Linie, was mir nicht angenehm erscheint hier mitten im zweiten Haus im Bestand den Mars-Pluto, der Bestände aufhebt, also das ist auch nicht fein, und dann daß dieser Neptun als Herrscher von eins auch noch kardinal steht, weil er in der Nähe von null Widder und eine Opposition zu Saturn hat, was also eine Verdoppelung des Prinzips Saturn-Neptun ist, - eine Verdreifachung des Prinzips.

K: Können Sie mal etwas konkreter werden?

A: Ja, das will ich ja gerade nicht. Wissen Sie, das, was ich ausspreche ist ja schon sehr konkret. Also gut, es gibt doch alle möglichen Stellenwertsnormen in Deutschland. Jetzt hätte ich bald gesagt - absurde und nicht absurde - aber die sind alle absurd. Und ich hab's erlebt 1945, wenn man den einzelnen ihre Titel nahm, dann blieb nicht viel übrig. Wenn ich sage, daß die Maßstäbe des Realen als Hilfsfunktion des Seelischen zusammenbrechen, daß sich das Wirtschaftssystem auflöst, daß sich das alles auflöst, dann können Sie doch sicher sein, daß alle die Stellenwerte, die heute eingenommen werden, nichts mehr wert sind. Wenn einer Dr.Dr.Prof.Dr.Dr.Dr.Dr.Prof.Dr.Dr. ist, dann ist das nichts mehr wert, das sage ich jetzt nicht aus Gemeinheit, verstehen Sie, es wird so weit kommen - nehme ich an, - schauen Sie, die Naturwissenschaft gibt's ja schon nicht mehr. Die Wissenschaft existiert doch schon nicht mehr, das hat nur noch keiner gemerkt. Sie hat noch nie existiert - das kommt erschwerend hinzu.

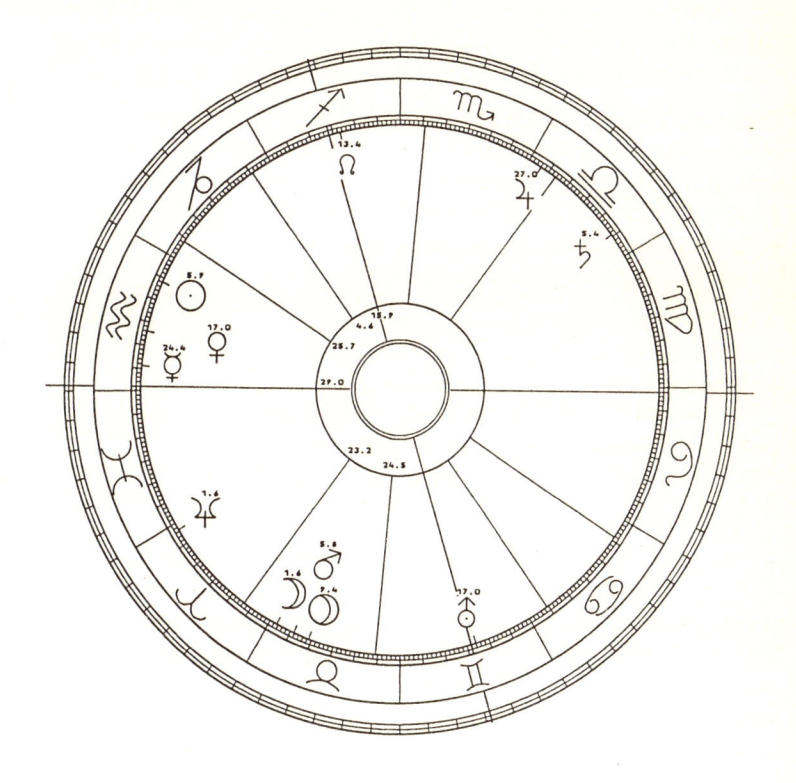

K: Wie ist die Übertragung?

A: Die Übertragung auf die Landkarte? Das ist ganz einfach. Sie sehen dieses Horoskop, - na, und Sie sehen, das Horoskop ist auf München errichtet. Und in München haben wir null Fische-Ascendent. Jetzt wenn Sie die Ortslänge von München wegnehmen, und stattdessen alle die Ortslängen heraussuchenderweise dazuzählen, die auch null Grad Fische Ascendent ergeben, dann bekommen Sie eine Linie.

K: Nochmal.

K: Wie kann man das rauskriegen, gibt's da ein Buch?

A: Ja, es gibt Bücher mit Längen und Breiten.

K: Nein, ich meine ein Buch, wo man da gleich draufkommt.

A: Nein, das gibt's nicht. Schauen Sie, wenn Sie dieses Horoskop nehmen, das ist auf München jetzt erstellt, - wenn Sie das jetzt auf Köln errichten, mit der Ortslänge von Köln, dann kommt das auf achtundzwanzig Grad Wassermann Ascendent - dagegen wenn Sie es auf Frankfurt an der Oder errichten, dann haben Sie wieder einen Ascendenten von null Grad Fische. Und wenn Sie alle diese Punkte, die den gleichen Ascendenten haben miteinander verbinden, dann haben Sie die rote Linie.

K: Und so kann man die Karte machen?

A: Ja. Alle Orte, die null Grad Fisch-Ascendent haben in bezug auf dieses Horoskop, alle diese Orte liegen auf der roten Linie. - Ist es jetzt klar geworden? Nun kommt aber noch was Interessantes dazu, wenn wir das fünfzehnte Septar nehmen, das im Siebener-Rhythmus von 1940 bis 1947 und im Zehner-Rhythmus von 1982 bis 1992 hochschwingt, also das mit Ascendent von neunundzwanzig Grad Krebs - da kommt man halt auf die Idee, daß der Nostradamus entweder die Rhythmenlehre schon gekannt haben könnte, was ich ungern zugeben würde, oder aber, daß er dies visionär gesehen hat und zwar spezifisch dieses Septar. Er schreibt nämlich: "Widder, Stier, Krebs, Löwe, Jungfrau" - "Zwilling" hat er ausgelassen, - "Städte und Dörfer und Wälder werden vernichtet". Jetzt prüfen Sie alle nach, warum hat er den Zwilling ausgelassen. Wissen Sie, warum? - Weil wenn Sie das Septar hier auf Zwillingsortslänge zurückdrehen, dann kommen Sie wohin? - Dann sind Sie mitten im Atlantik, da gibt's keine Dörfer und Wälder. Nostradamus hat auch gesagt, das ganze Geschehen wird sein, wenn der Mars im Schaf ist - die Waage ist das Schaf, der Widder ist Widder, also das männliche Schaf - und einige Aspekte hat, nämlich eine Beziehung zum Saturn und dieser wiederum eine Beziehung zum Mond. Und es wird sein, wenn die Sonne exiliert ist.

K: Was?

A: Exiliert, die Sonne. Sie ist nicht im eigentlichen Sinne exiliert, aber sie liegt sozusagen im - sie ist in einem schwachen Zeichen, weil sie ist im Gegenzeichen, sie ist im Wassermann, dort, wo sie aufgehoben ist in der Wirkung. Sie ist von Zuhause weg.

Bestehen sonst irgendwelche Fragen?

K: Wann der Mars genau ausgelöst wird.

A: In jenem Horoskop?

K: Ja, ..

A: Steht dort, - im Siebener-Rhythmus war es April 1945, im Zehner-Rhythmus ist es Juli 1989.

K: Wo stehen wir denn jetzt im Horoskop?

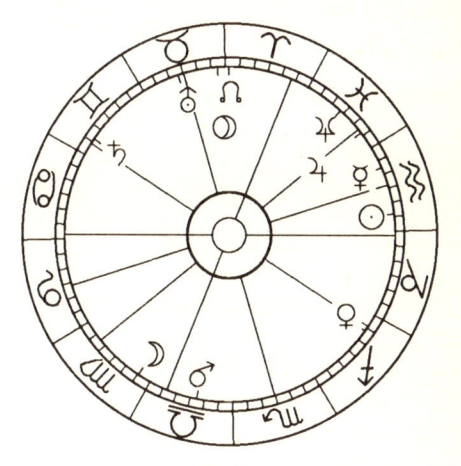

A: Wir stehen jetzt - im übrigen ist interessant, daß jetzt im Septar mit einem Widder-MC, da ist ja Herr Kohl als Widder-Kanzler. Und in den zehn Jahren vorher, und damit ist es klar, in Bonn haben wir da nur drei Grad Steinbock MC und da war Herr Schmidt Bundeskanzler mit einem Sonnenstand von drei Grad Steinbock.

Da fragt man sich, warum man noch wählt. Juli 1989 löst sich der Mars da aus, würde ich persönlich für eine nicht so ideale Zeit halten.

K: Kann man sagen, daß Kohl noch mal kommen kann?

A: Der Kohl noch mal? - Ja, der Widder ist immer noch am MC, es sei, es kommt ein anderer Widder, ein Gegenwidder.

K: Wo stehen wir jetzt?

A: Ach so, die Frage hätte ich jetzt vergessen. Jetzt haben wir 1986 ja, wir stehen jetzt etwa auf zweiundzwanzig Grad Wassermann im Uhrzeigersinn und auf vierzehn Grad Schütze gegen den Uhrzeigersinn, - ja, das ist interessant, wir sind noch vom Fisch beherrscht und kommen auf der anderen Seite auf zweiundzwanzig Grad Schütze - Pluto-Uranus.

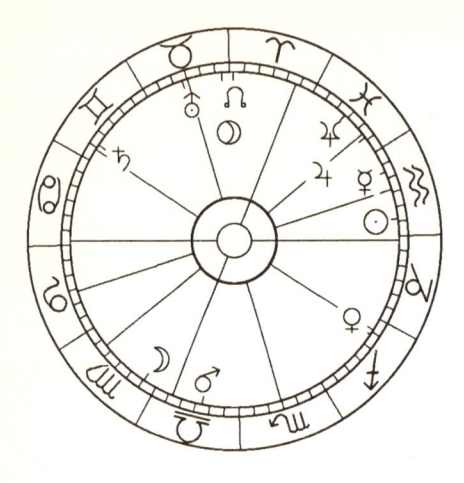

K: Die Entgiftung?

A: Ja, da haben wir die Entgiftung.

K: Was denn?

A: Also mich hat der Neptun entgiftet. Der Neptun hat sich ausgelöst, hat meine sämtlichen Giftdepots auf einmal frei gemacht, Sie merken es ja, ich bin nicht so in Form. Das kommt aber wieder. Der Weinskandal ist das, wie die zwei Grad Fische überlaufen wurden.

Im Sommer voriges Jahr ist der Jupiter überlaufen worden und eine gewisse Milde, verstehen Sie, eine gewisse Milde erreicht, sozusagen, allenthalben, Tauwetter, der Neptun ist das schöne Frühjahr. Verstehen Sie, das ist das Tauwetter, wettermäßig. Ab März kommt dann der Wassermann, da ist dann der Uranus zuständig.

K: Ja, warum ist das auf München gerechnet?

A: Sie können es genau so gut auf Berlin rechnen oder auf Bonn, das macht so viel Unterschied nicht. Das heißt, für Berlin macht's den Unterschied, weil Sie vom Krebs-Ascendent zum Löwe-Ascendent kommen.

K: Also gilt das für jede Stadt?

A: Für jede Stadt, die Sie je haben. Sie können es für Moskau machen, Sie können es für Paris machen, Saigon, - dieses Horoskop geht über die ganze Welt bezogen auf die jeweilige Geographie. Auf Polen zum Beispiel. Wenn Sie sich also vorstellen, daß die Polen jetzt das gleiche haben wie beim Nationalsozialismus, das gleiche Horoskop, nur als Zehner-Rhythmus. Verstehen Sie? Die Besetzung Polens durch Hitler haben sie jetzt wieder im Zehner-Horoskop. Ich sage Ihnen ja, der gleiche Vorgang, aber eine andere Bühne. Das Stück ist das gleiche.

K: Ich wollte nur noch einmal fragen: in Amerika, wo liegen da die Achsen?

A: Also das habe ich vernachlässigt gehabt, aber wenn Sie bedenken, wenn der MC auf Amerika ..

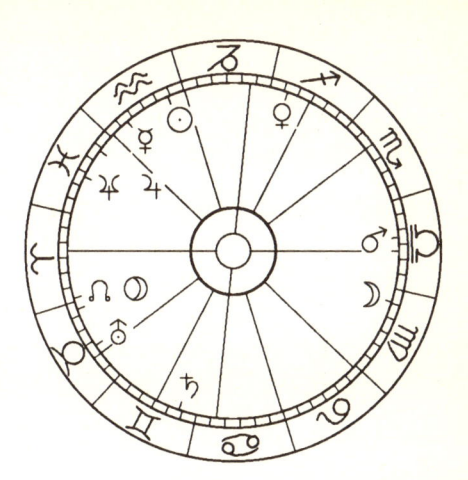

K: Widder-Ascendent.

A: .. verschoben ist, dann haben wir Steinbock-MC und einen Widder-Ascendent in Amerika. Der Steinbock-MC, was besagt der? - Ja, die Amerikaner haben den Mars im sechsten Haus dann, denen passiert's wirtschaftlich. May be jetzt, ich habe das Horoskop jetzt nur im Kopf gerechnet. - Ich meine, wenn Sie Moskau wollen, dann müssen Sie also etwa an die fünfundzwanzig Grad den MC nach links drehen, nach Moskau, dann kommen Sie auf etwa drei Grad Stier, - den Pluto im Stier am MC. Das ist ganz klar, wegen der Macht - in welchem Bereich - Stier - sozial. - Ist das nicht klar? Die Amerikaner haben den Pluto aber in eins. Wenn Sie den verdrehen, den Ascendenten, zur Ortslänge Amerika, dann haben Sie Widder-Ascendent, dann haben Sie den Pluto und den Stier in Haus eins. Die Amerikaner haben ihn in eins und die Russen haben ihn am MC. Da können wir drüber nachdenken. Die Macht im Realen und die Macht über die Wirklichkeit der Menschen.

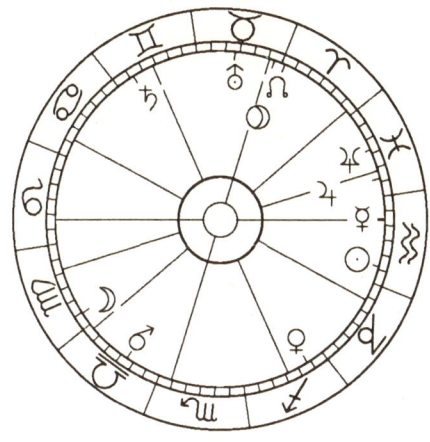

Der Pluto im Zehnten ist ja nicht nur die Ideologie, sondern beim Pluto in zehn geht's ja um die Wirklichkeit der Menschen. Die wird hier zugunsten einer Ideologie .. die wird an eine Ideologie verfüttert. Der Pluto im vierten Quadranten hat sowieso immer Probleme. Pluto im vierten Quadranten ist sehr problematisch, - ich bin auf einem der Seminare einmal gefragt worden, ich weiß ja auch nicht sehr viel über den Pluto da drüben, und da bin ich also gefragt worden und dann habe ich gesagt "ich könnte mir halt vorstellen, der Pluto als geschlossene Vorstellung mitten im Meer des Unbewußten", das könnte - habe ich mir gedacht - Unterseeboot oder so was sein.

Inzwischen habe ich ein sehr schönes Horoskop gesehen von einem Herrn in der Schweiz, ich kann mir den Namen nie merken, von einem Dutweiler - ist egal, der ist Inhaber der Micro in der Schweiz ..

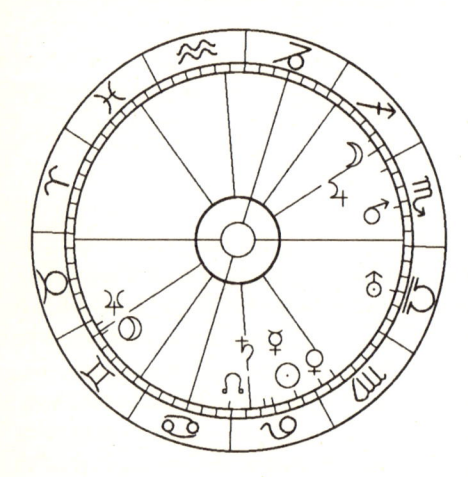

K: Dutweiler.

A: Dutweiler, richtig, - und der hat Pluto-Konjunktion-Neptun Spitze Haus zwei. Und das Unterseeboot ist gar nicht so falsch. Der hat im letzten Krieg im Dienste der Schweizer Sicherung der Ernährungslage Riesencontainer mit Lebensmittel gefüllt und in den Genfer See versenkt. Verstehen Sie ? Da wird das Bild von Pluto-Neptun oder des Pluto im vierten Quadranten sehr deutlich. - Verstehen Sie ? Das heißt, Container mit Inhalt im Unbewußten versenken.

Ja, was gibt's noch für Fragen ?

K: Es kommt ja dann, wenn man es übersetzt, der "Totale Krieg".

A: Wir stehen vor dem "Totalen Krieg", ja. Wir kommen jetzt an die Zeit hin von - wir kommen im Zehner-Rhythmus an die Zeit hin, wo im Siebener-Rhythmus Stalingrad fällig war, was erstaunlich ist, denn ich würde sagen, das wäre inhaltlich schon lang gewesen. Aber da kommen wir erst hin. Das heißt wir sind jetzt übersetzt in - wir kommen jetzt zum Dezember 1942, das ist also genau Stalingrad, - November 1942 bis Januar 1943, da hat dann Stalingrad kapituliert, da mußte es allen klar sein, was läuft.

K: Da ist die Frage auf welcher Ebene sich das abspielt, in der geistigen oder seelischen Ebene oder konkret auch.

A: Wenn das Geistige kräftig genug wäre und den ganzen Schutt wegräumen würde, dann würde ich "ja" sagen. Aber glauben Sie, die Menschen lassen von ihren Sicherheiten? Von ihrer Angst? - Verstehen Sie, ich meine, wissen Sie, ich kann ein bißchen beurteilen, weil ich habe beobachtet wie Anfang der fünfziger Jahre der Bruder von Ernst Jünger, der Friedrich Georg Jünger in öffentlichen Vorträgen gesagt hat und gewarnt hat - 1953, 1952, und auch schriftlich niedergelegt im Oldenburg-Verlag. Den will nur keiner lesen, weil der keine Jeans anhatte, - daß die Natur - nein, er hat von einem Baum gesprochen - er hat das auf einen Baum bezogen: er hat gesagt, wenn der Baum im Kalkül des Menschen bleibt, muß er zugrunde gehen, weil er seine Wirklichkeit nicht mehr besitzt. - Verstehen Sie? 1952. Kein Mensch hat auf ihn gehört. Ich mache das auch schon über dreißig Jahre. Und hab' weiß Gott keine schlechten Argumente und habe auch umsonst geredet, habe alles mögliche versucht.

K: Macht sich eigentlich so ein Umdenken nicht bemerkbar?

A: Das Umdenken genügt nicht, weil das ist dieselbe Sache. Die Sicherheit durch die Angst - schauen Sie, es ist ja so konkret. Ich sage das ja, das sind keine Sprüche, ich kann das ja nachweisen, ich kann seit 1969 das Wetter berechnen. Ich möchte Ihnen ein Beispiel sagen, am 5. November 1982 in der AZ wurde ich gefragt, telefonisch, dann habe ich gesagt, in der Praxis und zwischen zwei Klienten: "ja, so und so, - das wird ein milder Winter, aber dafür wird der Sommer so schön, daß es ein Jahrhundertsommer wird." Das Wort vom Jahrhundertsommer, verstehen Sie, und dann kam im März ein Meteorologe, - nein, kein Meteorologe, also ich will nichts falsch sagen, - ein Astronom. Und der übernahm voll meinen Text, aus Intuition oder abgeschriebener Weise oder unbemerkt assoziiert, - und sprach auch vom Jahrhundertsommer. Und dann sprach alles von einem Jahrhundertsommer, der es ja auch wurde, 1983, aber jeder sprach vom Herrn Wissenschaftler Sowieso, der vom Jahrhundertsommer gesprochen hat. Ein halbes Jahr nach mir, mit dem gleichen Text (siehe Astrologiezeitung für die Münchner Rhythmenlehre - Heft 5).

Ich habe 1971 in der AZ München eine Wetterkarte auf zwei Monate voraus gerechnet, eine Wetterkarte mit Hoch und Tief und Text, die ist voll inhaltlich bis auf's kleinste Gebiet von Tief und Hoch eingetroffen. (Siehe Astrologiezeitung für die Münchner Rhythmenlehre - Heft 5).

K: Wie machen Sie das?

A: Ich muß Ihnen sagen, gar nicht so unähnlich wie hier. Gar nicht so unähnlich wie hier, aber genau sagen tue ich es natürlich nicht, weil - verstehen'S, ich meine, ich habe schon so viel Reproduzenten, das ehrt mich zwar und wissen Sie, ich habe auch noch so was wie einen Bock dann.

Glauben Sie, die Redaktion hätte sich gerührt, glauben Sie, irgendein Leser von diesem - ich weiß nicht: dreihunderttausend Auflagen täglich - glauben Sie, Meteorologen hätten sich gerührt, - niemand, kein einziger. Wissen Sie, und da habe ich mir gesagt, es hat keinen Sinn. Mit mehr Beweisen können Sie nicht kommen. Und wissen Sie, was dann bei der nächsten Fernsehdiskussion passiert? Da haben sie irgendeinen Affen, der sich nur Astrologe nennt und sonst keiner ist, - na sicher, - manche machen zwei Monate Astrologie und werden dann als bekannter Astrologe im Fernsehen vorgestellt. Mich stört's ja nicht. - Einer war mal hier in Sankt Pauli erst Redakteur bei den Sankt Pauli Nachrichten (Pornographie-Blatt) und dann hat er in der Zeitung für Astrologie inseriert und dann haben sie ihn im ZDF als bedeutenden Astrologen vorgestellt.

K: Ihre Prognose mag ja stimmen, aber sie scheint sehr pessimistisch zu sein. Man sieht mindestens in Deutschland, daß es noch eine Menge Menschen gibt, wenn man so umschaut, viele junge Menschen, die sich den geistigen Bewußtwerdungsprozessen in bezug auf diese Dinge stellen.

A: Ja.

K: Dann fühle ich mich jetzt aber verdammt entmutigt. Dann wären doch alle Menschen, die sagen "ich will mich meiner eigenen Problematisierung stellen", - davon gibt es wirklich eine ganze Menge, dann wären wir alle hier ja Holzköpfe, weil es ja doch keine Aussicht gibt.

A: Nein, da bin ich vielleicht zu hart. Sie sollen sich ja von mir durch die paar Sätze, die ich sage, nicht entmutigen lassen. Viele von denen, die Sie nennen sind Spätopportunisten, die steigen zum Schein um, und zweitens ist für die größere Menge von denen die Infragestellung zum Konsum geworden - das ist doch genau das, was mich so entfacht. Das ist doch nicht mehr als eine Maske.

K: Ich kann die Frage ja noch etwas neutraler fassen: gibt es da keinen menschlichen Willen. Ich bin - es ist mir also vorherbestimmt, mein persönliches Horoskop, das Länderhoroskop, eigentlich brauche ich da nur - kann ich anstellen, was ich will, ich bin eigentlich machtlos und insofern würde ich auch sagen, das ist dann vielleicht meine ganz positive Lebenseinstellung, ich kann es eh nicht ändern."

A: Da kann ich folgendes sagen: es kommt ja nicht darauf an, daß Sie's ändern, denn wenn der Himmel die Welt so läßt, wie sie ist, muß unsereiner ja nicht das Maul aufreißen. Erstens. - Zweitens machen Sie es ja von der Vorstellung her, also ich meine es nicht so hart -, Sie wollen die Welt ja nicht vom Erlebnis her ändern, sondern von der Vorstellung her, und das ist kompensatorisch, das stellt sich gegen die Welt selbst, - um die Welt frisch nachzukomponieren und gegen die vorhandene Welt zu stellen.

Und was die Willensfreiheit betrifft: Sie haben doch jede Freiheit, - glauben Sie nicht, daß der Apfelbaum einen Lustgewinn hat, ein Apfelbaum zu sein. Der Apfelbaum hat keinen Lustgewinn eine Pappel oder Ulme zu sein - aber Apfelbaum kann er sein oder keiner. Das ist die Freiheit. Ich würde sagen, die ist sehr groß. Zugrunde geht der Apfelbaum nur, wenn er eine Pappel sein will.

K: Ja, ich habe noch eine Frage: diese Solare von der großen Konjunktion 1842 - wann ist denn die nächste, und warum gerade diese?

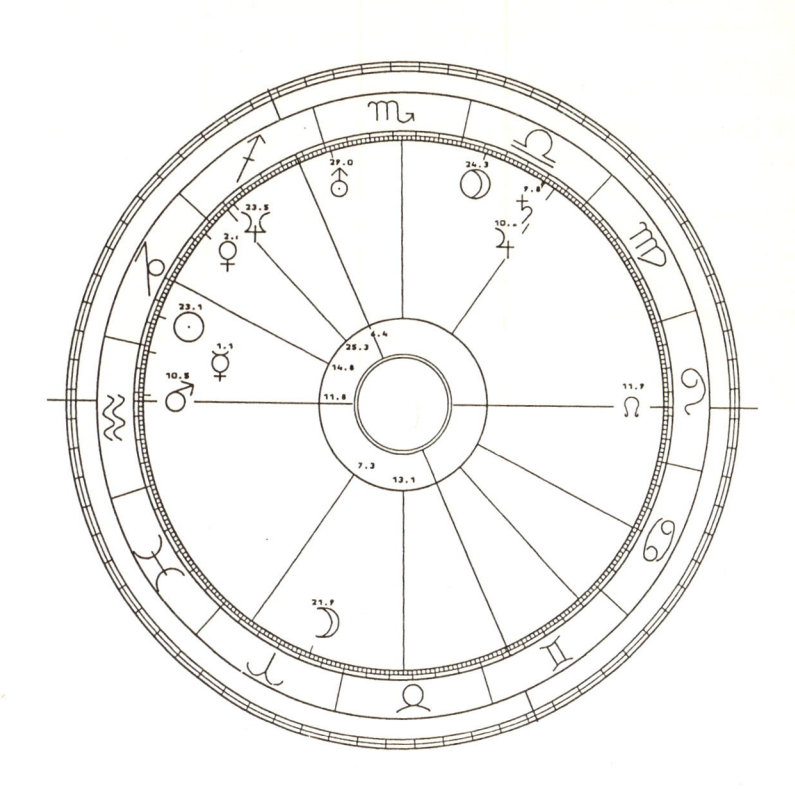

A: Ja, es wird gefragt, warum diese Konjunktion mit der großen Rhythmik 1842 und ob es inzwischen eine neue zweite beziehungsweise wann denn eine neue große Konjunktion käme.

Die neue große Konjunktion ist bereits am 14. Januar 1981 passiert mit vierundzwanzig Steinbock, Jupiter-Saturn trifft sich dort in der Waage. Diese große Konjunktion von 1981 gilt selbstverständlich auch, aber in einem anderen Bereich. Das heißt mit anderen Worten - ich verlange jetzt natürlich viel Verständnis von Ihnen, die große Konjunktion von 1842 gilt als die große Konjunktion des zehnten Zeichens. Die neue große Konjunktion in der Waage ist die große Konjunktion des siebten Zeichens und die hat eine große Konjunktion des siebten Zeichens möglicherweise von vor tausend oder zweitausend Jahren abgelöst. Verstehen Sie, was ich meine? Das ist wie - große Konjunktionen sind die Tempelsäulen eines Gesamtorganismus in dem sie wirken und wenn man nun eine Säule herausnimmt und ersetzt, bleiben die anderen Säulen bis sie ersetzt werden.

K: Wie beurteilen Sie die nächste - das nächste Jahr 1986/87 nach dem Dekar, wenn im Wassermann Merkur und Sonne berührt werden.

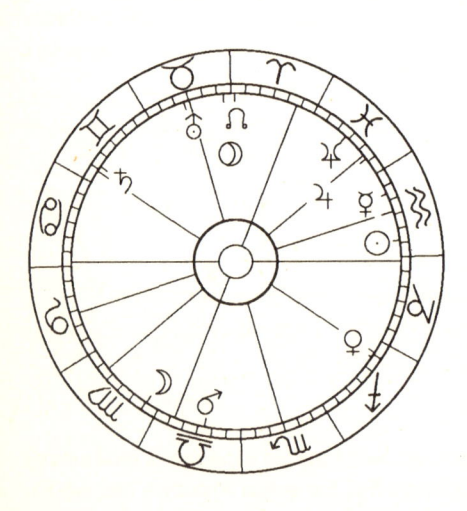

A: Im Dekar werden 1987 - ja, 1986 schon 1987 werden im Wassermann Sonne-Pluto berührt. Ein Wandel der Ideologien - ein Wandel der Ideologien im Sinne des Besprechens um einander entgegenzukommen, scheinbar, scheinbar. Das ist jetzt eine Vermutung, eine prognostische Vermutung von mir.

K: Sagen Sie, ich habe versucht Gorbatschows Geburtsstunde herauszubekommen und ich habe einen MC von vier Grad Stier gekriegt und sechzehn Grad Löwe.

A: Das gibt's, das paßt.

K: Das paßt so hundertprozentig.

A: Wann ist er denn an die Macht gekommen?

K: 11.3. voriges Jahr.

A: Ja gut, wenn er vier Grad Stier MC hat, dann paßt er ja phantastisch rein. - Was hat er für eine Sonne?

K: Die liegt bei etwa zehn Grad Fische.

A: Ja, dann hat er Sonne-Uranus auch schon hinter sich, dann kann ihm nichts mehr passieren.

K: Und der Ascendent steht auf seinem Mond, aber Ascendent sechzehn Grad Löwe.

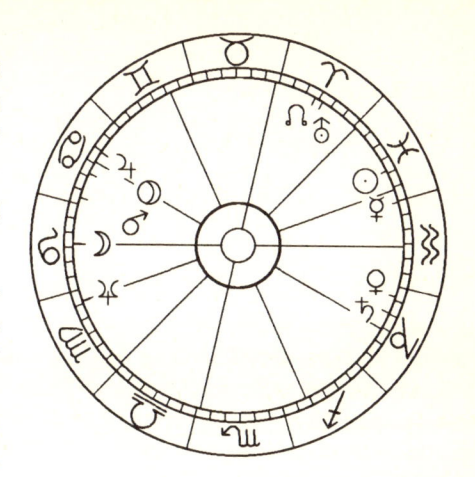

A: Sie - ja, Sie wollen wissen, was zu tun ist aufgrund von äußeren Situationen. Dann können Sie zunächst einmal als strategisches Spiel versuchen zu überlegen, was hätten Sie damals machen sollen, wenn Sie an der Macht gewesen wären. - Da haben Sie noch nicht gelebt - aber theoretisch, was hätte man da tun können?

K: Na ja, es ist doch ein ganz bestimmtes Muster, was in der Zeit da dran war, anhand dieses Musters muß es doch bestimmte Dinge geben, die jetzt konkret sind, auch persönlich, man ist doch auf der Suche.

A: Wenn Sie, - ich kann nichts anderes sagen als wie, daß man ein gewisses Gottvertrauen - und ich meine das im Ernst, daß man da versucht jeweils gegenwärtig die Wahrhaftigkeit zu leben und es gibt einen chinesischen oder östlichen Spruch, der heißt: wenn einer nichts an sich hat, wo der Tiger seinen Zahn einbohre, kann er durch eine Meute von Tigern gehen und wird ihm nichts passieren.

K: Wo würden Sie denn hingehen?

A: Schauen Sie doch die Karte genau an. Sie brauchen die Karte ja bloß einmal anschauen. Ich meine, das ist .. schauen Sie, Sie gehen irgendwo hin, wo Sie meinen, es passiert Ihnen nichts und dann kommt ein Wind und ein Ziegel fällt vom Dach und schon sind Sie genau so dran wie hier. Der Inhalt bringt seine Mittel. Die Chance etwas auszusteuern ist, daß die Inhalte sich ändern - der Inhalt zwingt die Funktion, und das gilt überall.

Außerdem ist das die Übersetzung in den Zehner-Rhythmus, das muß kein Krieg sein, das ist eine übergeordnete Ebene des Vollzugs - da bricht auch ein System zusammen, aber kein politisches im direkten Sinn, sondern das Denksystem mit allem, was von ihm infiziert ist. Das reicht ja. Ich sage ja nicht, daß ich die Bundesrepublik verlasse, das ist das Gerücht all derer, die mich weghaben wollen. Ich will ja niemandem Angst machen, ich möchte ja nur Ihnen eine notwendige Information nicht vorenthalten, möchte sie aber nicht dazu benutzen, um Ihnen Angst zu machen. Verstehen Sie, ich habe ein schlechtes Gewissen, wenn ich Sie nicht irgendwie informiere.

Ich beobachte das Horoskop schon auch - schauen Sie, 1984 als der Rhythmus hier oben beim Widder war, da oben und der Mars sich auslöste hatte ich schon Angst - hatte ich schon Angst - ist aber nichts passiert. Das heißt, es muß also nichts passieren. Auf der anderen Seite ist natürlich schon was passiert, da haben die Russen erstmalig, also die Ostblockstaaten erstmalig ein Blitzkriegmanöver, und drei, vier Wochen waren die jeweiligen Heerestruppen nicht an Ihre Ausgangspunkte zurückgekehrt und man wußte auch nicht, wo sie waren. - Erinnern Sie sich noch dran ? Das war genau zu dem Zeitpunkt vierundachtzig im Juli. Hier, am MC.

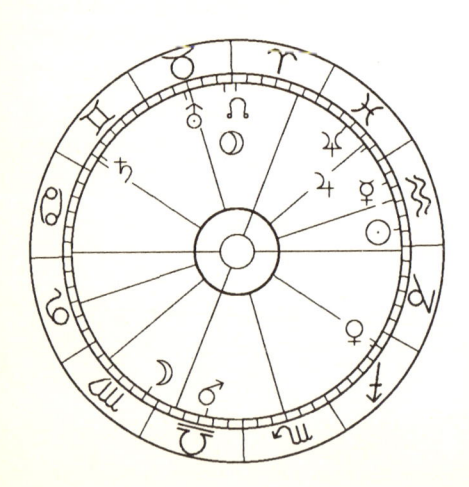

Ich wollte nur grundsätzlich diese Information geben. - Verstehen Sie, ich will sie einfach loswerden und ich werde auch nie mehr darüber reden, es sei denn, ich werde gefragt. Aber ich werde nie mehr von mir aus darüber reden. Ich wollte es einmal zur Information und zur Diskussion stellen, und dann kann jeder, der sich in dieser Weise interessiert, selbst das weiter verfolgen.

K: Können Sie noch einmal die Karte erklären ?

A: Ja, - nehmen wir das zweiundzwanzigste Septar, die grüne Linie, die zwei Grad-Fische-Linie - daneben ist die null Grad Fische ist der Wechsel von einem Zeichen in das andere. Das sind zwei Eintrittsbereiche. Hier haben wir einen Wechsel bei der grünen Linie von Fisch zu Wassermann. Die vertikalen Linien sind die MC-Linien, die auf besonderen Planeten oder auf Gruppenschicksals-

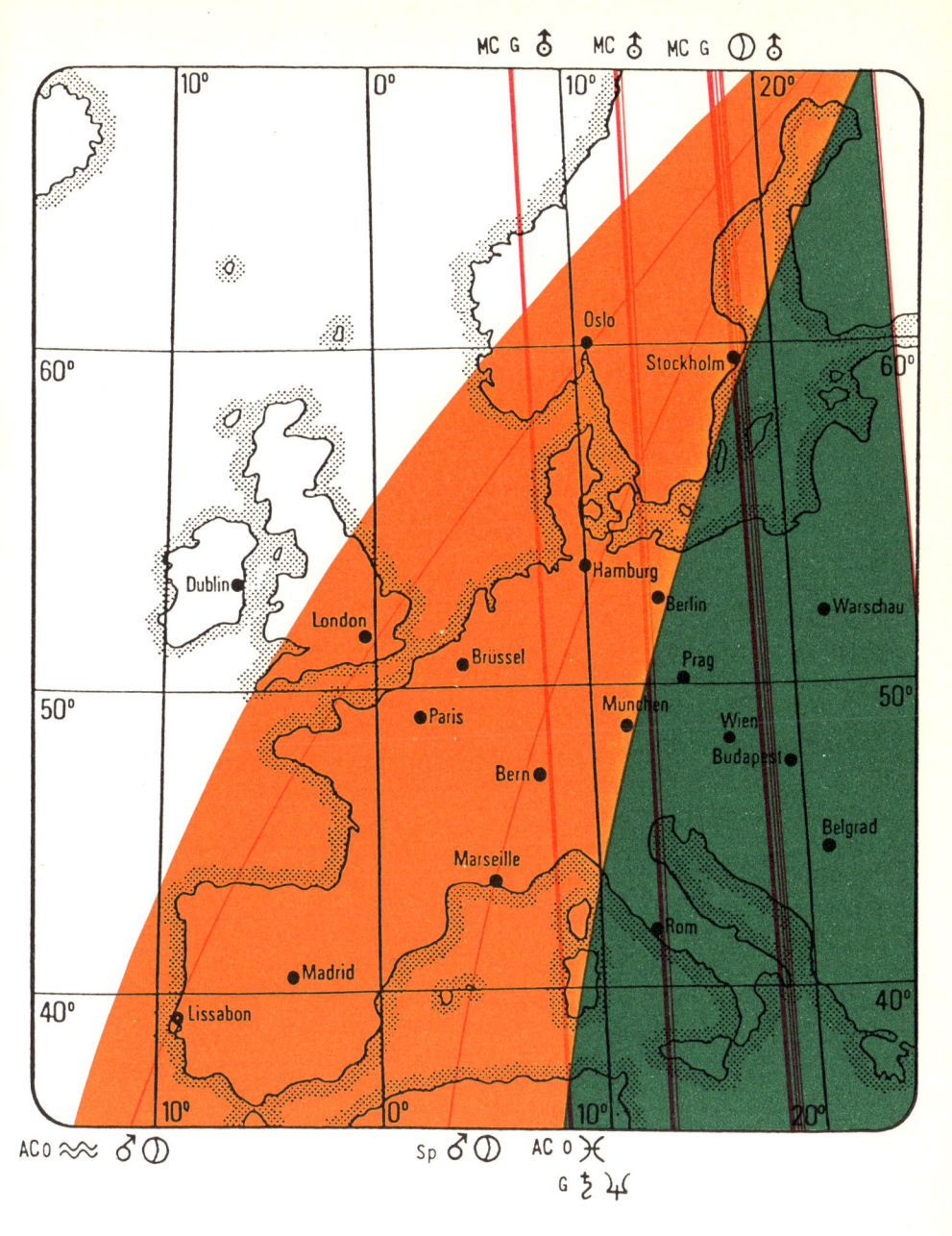

22. Septar

punkten liegen. Also zum Beispiel wenn ein siebzehn Grad Widder MC ist, wie zum Beispiel im fünfzehnten Septar durch die Oststaaten, da ist überall dort, wo siebzehn Widder MC ist, die Linie. Siebzehn Grad Widder ist die Fremdbestimmung. Mars-Uranus kommt in die Gefahr des Überfalls. Reizt schon selbst dazu.

K: Was verstehen Sie unter "falsche Größe"?

A: Es ist gefragt worden, ob ich nicht in ein paar Sätzen sagen kann oder ausdrücken kann, was ich unter "falscher Größe" verstehe. Ich habe schon gesagt, es ist eine falsche Artikulation, denn eine "falsche Größe" gibt's nicht, denn eine falsche Größe ist keine Größe, na ja gut.

K: Ja, aber ..

A: Die falsche Größe ist die gleiche wie die im Nationalsozialismus von 1933 bis 1940, die gleiche Diktatur des Wissenschaftsstaats von 1972 bis 1982. Es sind dieselben Stellenwertsbesetzer. Das heißt, die einzelnen Leute, die an sich bedeutungslos wären, erarbeiten sich über das Wissen einen Stellenwert, um sich die Bedeutung des Stellenwerts zunutze zu machen, ohne ihr aber gerecht zu werden, ohne Erfahrung oder Leben zu haben. Außerdem wird die Wahrheit unterdrückt, das ist die falsche Größe heute, die Wissenschaftler - es kommt sich ja einer schon toll vor, wenn er nach Indien geht und einem Tiger irgendein Funkgerät umhängt und anschließend notiert, eine dumme blödsinnige und stupide Arbeit, wo der Tiger im Laufe des Tages hingeht. Das ist Zerstörung der Wirklichkeit, das Tigerhafte ist das Unkontrollierte - und wenn man die Artikulation von denen berücksichtigt, wenn sie über Natur reden, dann werden sie lyrisch. Ja, wer ist denn nicht nett zu seinen Opfern? Wer denn? Die sind doch alle nett zu ihren Opfern. Das ist die falsche Größe. Die leben alle von der Wirklichkeit anderer und sind alle Reproduzenten des Vorhandenen.

Schauen Sie, das Wort von "wissenschaftlich" ist nichts anderes wie Rotwelsch. Ich möchte Ihnen sagen, die beherrschen nicht einmal die Sprache, die lernen ja noch nicht einmal richtig Deutsch. Deren Sprache wird auf Information reduziert, damit Sie nicht mehr herausdenken können. Wir haben eine Diktatur, eine inquisitorische Diktatur, in der alles unterdrückt wird, was nicht Wissenschaft ist oder dieser nicht entspricht.

K: Was ist die "falsche Größe" in dem Septar?

A: Herrscher von zehn in vier, Mars. Der Zusammenbruch der Größe oder der Nicht-Größe ist Mars als Herrscher von zehn in vier. Warum? - Der Mars ist ein Feind des zweiten Quadranten, der Mars ist ein Feind des Lebens. Der Mars ist ein Feind der Emotionen. Der Mars ist Energiezustand, er kann nur leuchten, wenn er etwas verbrennt. Ich sage ja, der Mars kann nur leuchten, das heißt, er kann nur existent sein, er leuchtet nur, wenn er etwas verbrennen kann. Er verzehrt, er verzehrt Leben, er verzehrt Kraft, er verzehrt Menschen, er verzehrt und und und - das ist der Mars. Und drum ist der Mars ganz besonders unangenehm, als Herrscher von zehn. Es kommt ja noch etwas hinzu: das zehnte Septar vom Friedrich dem Großen, hat genau die gleiche Häusereinteilung, also das Erwirkte vom Friedrich dem Großen hat einen gleichen MC von Widder, und hat den Mars in Haus fünf Quadrat Pluto in drei, die Vernichtung von Leben. Das ist nicht gewollt, aber man muß es sehen. Es ist die Vernichtung von Leben, das ist das gleiche Zeichen. Es tut mir leid - wissen Sie, mir geht es um objektive Anzeichen und nicht um Stützungsvorgänge.

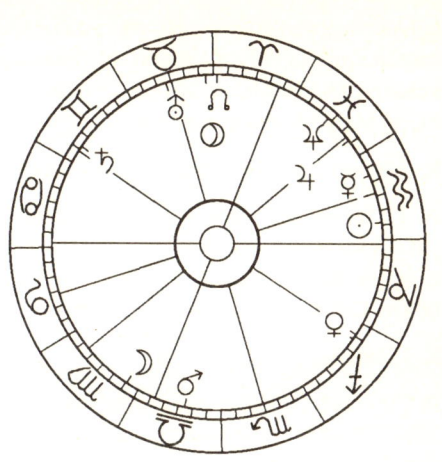

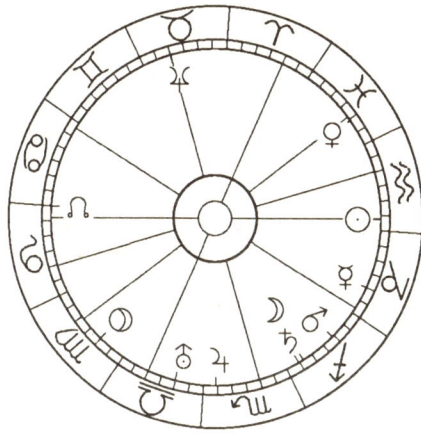

K: Die Frage war, ob die Mars-Pluto-Linien, bildlich, ob das Mißstände sind in der Geographie an der die Mars-Pluto-Linien verlaufen.

A: Das hat etwas mit Ideologie zu tun, eine fremde Vorstellung unterwirft die eigenen Impulse. Wenn ein Kind Angst hat vor dem Vater oder der Mutter, dann lebt es in deren Vorstellung, da ist es sicher - selbst bekommt es dann Wirbelsäulenbeschwerden.

K: Also ich wollte wissen, wie sich das jetzt auswirkt auf die beiden gestrichelten Linien hier, das Zentrum des Geschehens im Schnittpunkt und oben und unten ist - wie wirkt sich das jetzt auf die beiden gestrichelten Linien aus?

A: Das sieht so aus, daß das Hauptproblem, wenn es zu irgendwelchen Problemen käme, ist das Hauptgeschehen in Skandinavien - das hätte ich im übrigen nie für möglich gehalten, aber das ist eigentlich ganz logisch.

Alles, was links von der durchgehenden zwei-Grad-Fische-Linie ist, würde ich für relativ - für relativ untangiert halten, so bei achtundzwanzig Grad Wassermann oder fünfzehn Wassermann. Außerdem haben Sie bei drei Grad Fische, also gleich hinter zwei Grad Fisch, den Spiegelpunkt der Jupiterlinie, die diesen Bereich etwas aufbessert.

K: Die zwei Grad Fische, das war doch der Ascendent ?

A: Ja, das mit zwei Grad Fische Linie ist das Septar von 1989 bis 1996, das zweiundzwanzigste Septar, und parallel haben wir das fünfzehnte Septar, das als Zehner-Rhythmus von 1982 bis 1992 die Probleme aus der Siebener-Rhythmus-Zeit dieses Septars von 1940 bis 1947 liefert. Und die sind mit der Trennung Deutschlands 1945 sicher gegeben. Und da kann man dann Rückschlüsse ziehen - zum Beispiel der Mond in der Jungfrau, mit dem Saturn-Quadrat - Unterernährung. Mond - Eiweiße - verstehen'S, Saturn-Quadrat-Mond - zu wenig Eiweiße - Jungfrau - im Darm. Hat zu wenig zum Verwerten. Also zu wenig Nahrung.

K: Aber das meinen Sie jetzt übertragen ?

A: Nein, also das Eiweiß im Darm meine ich schon echt. Das ist drittes Haus, erster Quadrant, real. Das heißt, es gibt zu wenig Essen. Das ist eine Ernährungskrise.

Wissen Sie, es ist immer so unangenehm über so etwas zu reden, ich weiß, daß es unangenehm ist, aber was ist denn schlimmer, darüber zu reden oder es so geschehen zu lassen.

K: Die Gabi Hoffmann, die Berliner Hellseherin hat gesagt, daß es wohl keinen dritten Weltkrieg geben wird aber eine Wiedervereinigung von Berlin, aber nicht in dem Sinne, wie wir es haben möchten, sondern daß praktisch Berlin überrannt wird, aber eine Einigung auf diplomatischem Wege erzielt werden würde, wonach also die Leute dann rausgehen könnten und entschädigt werden und so weiter. Mich würde mal interessieren, wie das in diese Geschichte reinpassen täte, ob Sie da ..

A: Ich würde sagen, daß das nicht reicht. Ich würde sagen, daß die Linie zerteilt in zwei Welten. In eine Welt, die sozusagen eine Wassermann-Welt ist, jetzt kennzeichnen wir es einmal astrologisch und eine andere Welt, die eine Fische-Welt ist. Und die Pforte, über die man in die Fische-Welt hineingeht, die Pforte, das ist die zwei Grad Fische Pforte. Und wenn Sie über die zwei Grad Fische drübergehen, dann gehen Sie über dieselbe Stelle, so wie der Orpheus mit seiner Lyra - oder seiner Leier spielend - in den Hades gegangen ist, um seine Eurydike zu finden. Ich will ja nicht sagen, daß das gilt, aber ich würde sagen, daß der Unterschied zwischen diesen zwei Welten groß sein dürfte, in aller Vorsicht, groß sein dürfte.

Ich wollte an diesem Abend - ich wollte nur informieren, ich werde nie mehr darüber reden. Verstehen'S, mir ist das unangenehm, aber ich wollte informieren und nichts mehr.

Wir wollen jetzt auch das Vorgehen nicht vermischen, sondern unser Vorgehen von den Hellsehern trennen, - sonst müßten wir auch noch die übrigen Hellseher einbeziehen.

K: Würden Sie sich verändern ? - Auf das Wissen hin ?

A: Ich würde nichts besonders verändern, das würde ich nicht tun. Ich würde nichts verändern. Also ich würde nicht nach Sicherung vorgehen. Ich meine, ich habe auch Mars-Saturn, ich würde mich nur verändern, wenn das Schicksal ohne meine Absicht etwas anbieten würde.

K: Wie sehen Sie das Erwirkte des Horoskops, den Jupiter in acht ?

A: Zuerst kommt die Struktur und dann die Kleidung! Herrscher von zehn in acht, das ist die Loslösung von der Realität. Ist die Loslösung vom zweiten Haus, vom Bestand. Und weil der Jupiter aus dem zweiten Quadranten des Lebens kommt, wird das Leben aus seiner gewohnten Realität gelöst.

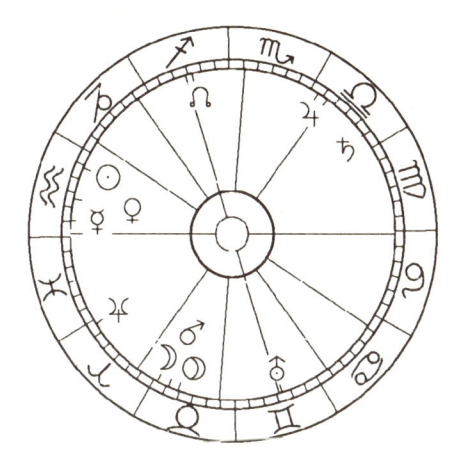

Was ich unter "falscher Größe" verstanden haben wollte - die falsche Größe ist die Vorstellung von der Vollständigkeit. Das heißt, der Mensch ist unvollständig aus sich, das Unvollständige ist in sich unvereinbar und die Unvollständigkeit, die der Mensch in sich hat, macht er im Geschehen zum Ereignis. Das ist die religiöse Schuld, die jeder in sich trägt. Und manche Menschen ertragen die Welt nicht so, wie sie ist, und dann setzen sie gegen die Welt, die ihnen so schrecklich erscheint die Vorstellung von der vollkommenen Welt, ohne jetzt schimpfen zu wollen: Klammer auf - Esoterik - Klammer zu. Verstehen Sie, was ich meine? Und damit bin ich nicht erlösbar, bin nicht vervollständigbar, durch das, was ich erlebe. Und die Vollständigkeit in der Vorstellung, damit haben sie keine Gestalt und werfen keinen Schatten und haben keine Wirklichkeit, denn sie leben das Unerlöste ja nicht, sie leben eine Vorstellung von der Vollständigkeit auf Erden, und die stimmt nicht. Das meine ich mit "falscher Größe", wenn wir es einmal jetzt inhaltlich sehen.

K: Ja, würde die Wissenschaft aber nicht drunterfallen, weil die hält sich nicht für vollständig.

A: "Wir sind so klein, - aber wir sind vollständig durch uns, und wenn nicht heute, so doch morgen". - So reden die Wissenschaftler.

K: Kompetent.

K: Aber die Wissenschaftler sind davon überzeugt.

A: Ja, überzeugt muß jeder sein, der keine Erfahrung hat. - Ein anderer braucht doch nicht überzeugt sein, weil er ja Gewißheit hat und die kommt von dem Erleben. - Ja gut, es tut mir leid, daß ich heute nicht so ganz groß in Form war, aber ich glaube, die Information war gut und ich würde sagen, ja, bitte schön, noch ein paar Fragen?

K: Die Sonne steht heute auf fünf Wassermann.

A: Oh, das ist mir gar nicht aufgefallen.

Ja, die Sonne steht auf fünf Wassermann, das mußte wohl so sein. Im übrigen ist fünf Wassermann, um das noch zu verdeutlichen ein Gruppenschicksalspunkt und zwar der des Unverwurzeltseins. Also Sie können ruhig philosophisch sagen, der Unverwurzelte. Uranus-Merkur haben wir als Gruppenschicksalspunkt und ich will jetzt nichts gegen die sagen, die Uranus-Merkur im Horoskop haben, aber Uranus-Merkur, da behaupten die Wohlanständigen von denen, daß die Uranus-Merkur-Menschen obszön und geil wären. Das kommt immer auf den Status des Betrachters an, aber mit Sicherheit sind die sehr großzügig.

K: Die Sonne da drauf.

A: Wenn Sie die Sonne oder den Ascendenten da haben auf fünf Wassermann, das geht auch meistens in die Richtung. Das heißt, wenn man mit einem Ascendenten oder mit einem Gruppenschicksalspunkt oder mit einem Rhythmus drüberläuft im Siebener-Rhythmus, dann können Sie über die Konstellationen Erfahrungen machen. Und wenn Sie über fünf Wassermann laufen, das sollte man hier gar nicht so laut erzählen, - wenn Sie über fünf Wassermann laufen und Ihr Mann Astrologe ist, dann weiß er, daß Sie zumindest mit dem Gedanken spielen, zwischen zwei Partnern stehen zu wollen.

K: MC, wenn es MC ist ?

A: Der MC ist das Erwirkte, das ist dann - was heißt aber, man muß es ja beim Namen nennen. Das Erwirkte ist, daß man nirgends zugehörig ist.

Das ist das Unverwurzeltsein - die Heiligung des Ego - jetzt nicht in negativen Sinne, das Unterwegssein zur Erfahrung.

K: Fahrendes Volk.

A: .. fahrendes Volk ist es. Genau, das Kind wächst auf - Schlüsselkind - fahrendes Volk oder so was - jedenfalls Merkur-Uranus - verstehen Sie, keine Moral. Moral braucht ja sowieso nur derjenige, der keine Ethik hat. - Ja gut, dann darf ich mich verabschiedender Weise zurückziehen.

Zusatz vom Mai 1987:

Inzwischen ist zum selben Zeitpunkt, in dem damals die Stalingrad-Armee kapitulierte, in der Übersetzung in die jetzt laufende Vergrößerung die Katastrophe von Tschernobyl eingetreten. Der Rhythmus im Uhrzeigersinn erreicht - unter der Auslösung des Uranus - fünfzehn Grad Wassermann. Der Rhythmus gegen den Uhrzeigersinn erreicht den Kardinalpunkt null Steinbock, und zwar im Sinne eines Saturns auf dreiundzwanzig Grad Zwillinge.

Das besagt, daß im Sinne des Zusammenbruchs einer Vorstellungswelt ein kardinaler Punkt erreicht ist, der im Sinne von Saturn-Venus das "Blut in den Adern erstarren läßt", im Sinne von Saturn-Mond ein deutliches Verlassenheitsgefühl zeigt, die Hilflosigkeit.

Damals erkannten viele - wenn auch spät - daß mit Stalingrad das Zeichen gesetzt war, daß das System, trotz aller heroischer Schönfärberei, unter unsäglichen Zerstörungen und unsäglichen Leiden zugrunde gehen würde. Heute, nach dem Stalingrad der vergrößerten Wiederkehr, das Tschernobyl darstellt, wagen viele nicht, diese Erkenntnis für die heutige Zeit sich einzugestehen.

"Astrologisches Magazin"

Vortrag am 27.2.87
von 17.40 bis 21.00 Uhr
in Hamburg
von Wolfgang Döbereiner

A: Mit verstärkter Stimme darf ich Sie begrüßen und im Sinne eines Magazins - ist es überall hörbar oder kann man's leiser drehen?

K: Lauter machen.

A: Sie verstehen's schlecht?

K: Ja.

K: Lauter.

A: Lauter.- Ich muß mich auch erst daran gewöhnen, daß mir jetzt alles, was ich sage, im Ohr dröhnt. Sonst ist es immer umgekehrt. Dann wollen wir versuchen anzufangen im Sinne eines Magazins - ich habe den Titel deshalb gewählt, weil ich mich nicht für ein Thema entscheiden konnte. Es ist ja auch recht vieles auszusprechen, wobei ich ja niemanden ändern will, niemanden überzeugen, möchte niemanden zunahe treten, ich möchte nur verschiedene Dinge ausgesprochen haben, damit Sie notfalls zur Verfügung stehen. Und da wird man ja oft daran gehindert - genügend gehindert - wodurch? - Möglicherweise durch die Esoteriker selbst, welche da ja wenig ... na gut, auf die werden wir noch zu sprechen kommen.

Wenn ich also was gegen Esoterik habe, dann nicht gegen Esoteriker, wenn ich etwas gegen Wissenschaft habe, dann nicht gegen Wissenschaftler - als Person - im Sinne ihres Lebens: ja, - nicht im Sinne ihrer Person, das ist ein großer Unterschied.

Ich habe vor ein paar Wochen in Berlin einen Vortrag gehalten und habe eigentlich die letzten Tage erst begriffen, was ich da gesagt habe. Ich halte das für so wichtig, daß ich in einem Kurzreferat das anführen möchte. Ich habe nämlich in der Zwischenzeit artikulationsmäßig begriffen, was "Esoterik" ist. Und ich habe es begriffen an einem Objekt, das man kaum dafür geeignet halten dürfte, nämlich an dem Bild "Die vier Apostel" von Dürer.

Ich werde dies im Kurzreferat nennen und dann ein paar Konstellationen erklären, damit wir eine Inhaltsangabe haben: also zuerst dieses Kurzreferat, das mir wichtig erscheint, schon wegen der vielen Irrtümer, die existieren, wegen der vielen falschen Deklinationen, die üblich geworden sind. Anschließend werde ich versuchen Ihnen einige Konstellationen nahezulegen, die die nächsten Jahre mundan, das heißt also in der allgemeinen laufenden langsamen Planetenkonstellierung zutreffend sind. Das ist vor allen Dingen Saturn-Uranus, die Brücke vom Saturn-Ufer zum Uranus-Ufer, wo man ja ein Niemand dann ist, aber da kommen wir dann darauf. Dann der Uranus-Neptun als die allgemeine Eindrucksallergie, unter der jeder inzwischen schon leidet.

Da sind ja dann auch Krankheitssymptome, die eigentlich in der Symptomatik - ja, die Heilpraktiker kann man ja auch, - also nichts gegen Heilpraktiker, - aber die Heilpraktiker kann man ja auch schon nicht mehr so ohne weiteres zitieren, weil die sind ja im Gros leider - aber Sie müssen nicht meiner Meinung sein, stellvertretende Schulmediziner geworden. Ich habe auch nichts gegen Hausfrauen, nur - wie soll ich das ausdrücken? - Na, ich habe eine Klientin gehabt - das gehört zwar jetzt nicht zum Thema, aber das macht das Ganze bildhaft rund - die hat mir sehr leid getan, weil sie als Pastorensfrau in einer Kleinkreisstadt Souffleuse im Theater war. Und da habe ich mir immer gedacht "die arme Frau - sitzt - die anderen sprechen die Texte und sie sitzt da unten drin und muß immer da soufflieren". Ich hab' ihr dann, ich gestehe es, geraten, Heilpraktikerin zu werden, die Ausbildung als Weg zu machen, denn damals war die Heilpraktik ja noch ein Weg. Heute gibt's fast keine freien Berufe mehr, den Astrologen kann man gerade noch so bezeichnen, aber ansonsten bleibt auch .. der Heilpraktiker bleibt nicht mehr, ist kein freier Weg mehr, ist auch schon reglementiert. Bleibt eigentlich nur noch der Spieler, Astrologe und Spieler, keine andere Chance sonst mehr. - Und diese Frau wurde dann Heilpraktikerin und heute schreit sie jeden nieder, die Souffleuse. Natürlich von der Vorstellung besessen, daß sie Heilpraktikerin ist. Sie brauchen nur jemandem einen Status geben und schon ist es vorbei mit ihm.

Gut, davon wollte ich eigentlich nicht reden. Aber die Symptomatik - wie gesagt - die entzieht sich der Schulmedizin, der entzieht sich ja sowieso fast alles, ausgenommen der Leute mit Bußwunsch und so sehr man über die Astrologen auch immer schimpfen mag von der etablierten Seite her, bessere Folterwerkstätten und einen besseren Ausgleich für einen Bußwunsch kann ich mir nicht vorstellen als heutzutage in den Kliniken der Schulmedizin, da kommt die Astrologie noch lange nicht nach.

Nun möchte ich noch auf ein paar weitere Irrtümer hinweisen, um von vornherein auch ein bißchen auf das Thema schon einzustimmen. Man meint ja jetzt allgemein, daß das Wassermann-Zeitalter angebrochen sei, das hat auch schon eine ganze Menge von Persilvertretern angelockt, die alle vom New Age reden. Ein Wassermann mit New Age ist gar nicht vorstellbar, und es ist ja auch schon genügend von verschiedener Seite darauf hingewiesen worden, von Wassermann kann heute keine Rede sein, da hätten wir es ja wunderbar und herrlich, wenn wir heute ein Wassermann-Zeitalter hätten, dann könnten wir alle nur jubeln, so schön hätten wir's. Wir haben kein Wassermann-Zeitalter. Das war die Epoche bei den Griechen, aber nicht die unsere und die Sehnsucht danach mag so groß gewesen sein, daß dann eine Renaissance kam in Sehnsucht nach dieser Wassermann-Epoche, die dann jählings erstickt wurde.

Und wenn ich Ihnen das so sage, so nehmen Sie mir das wahrscheinlich ganz gern ab, weil's ja noch nicht weh tut. Weh tut's nur, wenn man weiß, daß der Wassermann erdflüchtig ist und wenn man weiß, was sich wahrscheinlich der Steiner nicht hat sagen trauen im Angesicht seines Weibes - gegen die ich gar nichts hab' - nur ist halt die Anthroposophie aus einem Mißverständnis zwischen dem Steiner und seiner Frau entstanden - das Wassermann-Zeitalter und die Erdflüchtigkeit ist nämlich männlich - das hat sich der Steiner nicht sagen trauen und die Erdsucht, die er sehr wohl beim Namen genannt hat, ist weiblich. Und wenn man bedenkt, daß das Wassermann-Zeitalter, das heute gelten sollte - nach Angaben derer, die da irgendeinen Präzessionspunkt für einen Inhalt nehmen mangels anderer Inhalte - und dann gleichzeitig glaubt, - wo wir heute in einem Matriarchat leben -, daß wir in einem Patriarchat leben, dann kann man nur noch den Kopf schütteln. Wir leben in Wirklichkeit in einem Matriarchat, längst, - schon wenigstens tausend Jahre lang. Aber es ist ein Kunststück, es als Patriarchat zu verkaufen, es ist ein echtes Kunststück.

Zum Matriarchat gehört auch die Phänomenologie. Die Phänomenologie heißt, daß ich ein Phänomen für eine Aussage als Ersatz nehme. Na, das Matriarchat, soweit es also an die Macht gekommen ist, etwa seit - na, dem frühen Mittelalter, ist ja statt der - na, wie nenne ich das ? - statt den kühlen Denkabstraktionen ist das Phänomen getreten, - sowohl in der Naturwissenschaft als auch in der Homöopathie zum Beispiel. Ist eine reine Phänomenologie geworden. Gar keine Frage. Und als Ersatz für das, was man unterdrückt im Sinne der Erdflucht.

Die Naturwissenschaft ist zum Beispiel ein typischer Ausdruck der Erdsucht - ich habe ja nichts gegen Erdsucht - Steiner hat ja selber gesagt - ich muß ihn zitieren - ich habe ja - wie gesagt - nichts gegen Steiner, sondern nur gegen Anthroposophen was, - er hat ja gesagt "die Mitte zwischen Erdsucht und Erdflucht wäre das richtige". Nur, wer findet dann schon die Mitte, die freiwillige, die freiwillige Mitte. Und zwar deshalb, weil die Erdflucht ja niemals bereit ist irgend jemanden zu unterdrücken, die Erdsucht sehr wohl.

Hinweisen möchte ich auf noch einen großen Irrtum: man meint ja immer, die Inder, das Volk der Inder wäre ganz besonders spirituell. Ich muß hinzufügen, ich habe nichts gegen Jungfrauen, und das sagt ja auch nichts, weil jeder hat ja eine Jungfrau im Horoskop und ein jeder hat sie an einer anderen Stelle und so weiter und so weiter. Jeder hat was für Phänomene übrig, aber die Jungfrauen - die Inder sind ein Jungfrau-Volk par excellence, - so was von nicht-spirituell, das darf gar nicht wahr sein. Wie man auf so etwas hereinfallen kann, ist eines der Phänomene - sagen wir einmal - der Nachkriegszeit. Es ist ungeheuer, so direkt nach dem Krieg ist man ja auf die Inder noch nicht so abgefahren, da waren es die Chinesen. Ich weiß aus dieser damaligen Orientwelle immerhin noch einige chinesische Lyriker, - könnte Ihnen sogar ein paar Gedichte aufsagen, - also das hat schon Spuren hinterlassen. Die Inder waren damals noch nicht dran. Jedenfalls sind die Inder so weit von der Spiritualität weg, daß bei ihnen wohl die Sehnsucht am größten nach der Spiritualität sein muß, so wie die Erde nach Wasser schreit, so schreien die Inder nach Spiritualität, weil sie ihnen fehlt. Nun wissen Sie doch, wie eine Jungfrau ist. Die will bei allem - der Fisch ist ja immerhin Descendent bei der Jungfrau, der Fisch ist ja gegenüber, - also bei allem Hang zum Mystischen wollen die doch auch immer etwas sehen, und aus diesem Grund kommt es zu der sogenannten Phänomenologie des Religiösen. Die hat mit dem Religiösen überhaupt nichts zu tun und die hat sich natürlich auch in der Esoterik und überall breit gemacht. In einem Kulturkreis, in dem es einen Thomas von Aquin gab, dessen Erben diese Nachfahren des Kulturkreises sind, finde ich es eine Schande barfuß über Kohlen zu gehen oder im Schneidersitz einen Meter hoch zu springen. Es ist ein so ungeheurer Vorgang von Idiotie, daß es nicht mehr zu beschreiben ist. Man könnte sich darüber unterhalten, wieso es überhaupt dazu kommt, daß eine solche Phänomenologie - aber da komme ich wieder auf's Matriarchat. Aber da möchte ich jetzt noch nicht hin.

Ich möchte davon reden, - das war jetzt die Ouvertüre und jetzt kommt eigentlich der Hauptteil - ich möchte davon reden, wieso es von der Naturwissenschaft zur Esoterik kommt, was die Esoterik mit der Naturwissenschaft zu tun hat.

Die Naturwissenschaft - und das möchte ich noch dazu sagen, weil jetzt das üblich geworden ist: es ist auffallend, wie viele Akademiker sozialistisch - na, ich möchte nicht sagen, daß sie es sind, sondern wie eine Harfe oder wie ein Klavier oder wie eine Geige sind sie sozialistisch gestimmt, - verstehen'S. Die haben einen anderen Kammerton gewählt, nicht, die sind für alle realen Dinge, in denen sowieso nichts mehr zu holen ist, weil's sowieso zum Klassifizieren nicht mehr ausreicht, da haben sie gesagt, "da sind wir sozialistisch, das verteilen wir, - also den Untergang, den wir allen bereitet haben, den verteilen wir an alle gleich, das ist sozial gerecht". Aber dort, wo wirklich was zu holen ist, oder wo bisher noch was zu holen war, auf den sogenannten geistigen Gebieten, wenn man das einmal als geistig bezeichnen will, was die als Wissenschaft mit - ich sag's mal astrologisch - in den dritten Quadranten gezogen haben, da haben sie ihre Pfründe, da gibt's Unterwerfungsvorgänge, die genau vorgeschrieben sind. Da machen sie dann ihren Herdenschein, den kleineren oder den größeren, dann sind sie zugelassen, mit dem sogenannten Denkberechtigungsschein, dann haben sie vom Staat verfügte Zulassungen ohne Beschränkungen, das heißt einen Marktanteil. Da sind die dann nicht mehr sozialistisch. Da sind sie dann kapitalistisch, aber nach außen sozialistisch getarnt. Und das, warum ich immer wieder rede, ist dieses, daß ich darauf aufmerksam machen möchte, daß man all jenen, die noch jung sind, klein sind oder noch nicht geboren sind, den freien Zugang zu den geistigen Bereichen ohne Reglement und ohne Bevormundung erhalten sollte. Und ich weiß, was mir der freie Zugang zur Astrologie wert war und ich möchte darauf hinweisen, daß man es anderen auch erhalten sollte. Und daß nicht jetzt, nachdem die Etablierten, die Dipls und die Doktors und die Professors - statt daß sie sich schämen, was sie alles mitgemacht haben, was sie alles angestellt haben, statt daß sie wie es sich gehört, im Büßerhemd erscheinen - das, was bei ihnen noch vor wenigen Jahren als Nonsens - mit allen Verleumdungen - galt, jetzt im Sinne der "Anmaßung der Aufgeschlossenheit" kapitalistisch ausbeuten wollen und beherrschen, - man müßte ihnen ununterbrochen auf die Finger klopfen, ununterbrochen. Das sind die gleichen, die ein Leben lang das Falsche getan haben, Zerstörung verursacht haben aus ihrer Haltung heraus, die nur zerstören kann - die wollen sich hinüberretten und gleich vorndran sein. Die nennen sich dann mit dem Vereinnahmten "Esoteriker" und gehen dann gegen die vor, von denen sie gestohlen haben.

Das ist ja auch das, was ich meinen Abschreibern übel nehme. Die haben sich vermehrt, - jetzt kommen demnächst fünfter und sechster Band der Lehrbücher heraus, da haben sie dann wieder einen neuen Stoff. Die entdecken immer erst das, was ich g'rad' rausgebracht habe. Und die nehmen die Inhalte der Astrologie oder spezifisch der Münchner Rhythmenlehre, denn die anderen schmecken ja nicht so gut, um damit die Naturwissenschaft zu füttern. Um sich damit in die etablierten Bereiche selbst mit hineinzuhieven. Das ist der Grund. Sie machen aus der Infragestellung einen Konsum. Und den Raum, den ich freigelassen habe, damit keine Könige, Fürsten, Regionalfürsten und Erzbischöfe entstehen, damit jeder einzelne König werden kann, - den wollen sie dann besetzen.

Es wäre ja auch nicht schlimm, wenn's nicht von der Struktur her zerstörerisch sein müßte. Ich will versuchen, das langsam zu erklären. Wenn Sie eine Musik von Mozart hören, oder wenn Sie sich die vorstellen können, kann man sich ja leicht vorstellen heute mit den Walkmans - es zieht ja immer alles gleich in die bürgerlichen Kreise. Es gibt ja heute fast keine Hausfrau mehr, die nicht beim Eierkochen am Sonntagmorgen Mozart hört.

Wenn Sie Mozart hören, dann ist in der Mozart'schen Musik schon etwas von Angst, was in den vorhergehenden Jahrhunderten nicht zu finden war. In der Vor-Mozart'schen Musik gibt es keine Angst, sondern Schmerz oder Leid. "Schmerz" ja, aber keine "Angst".

Mozart ist der Übergang und nach Mozart gibt es keinen Schmerz mehr in der Musik, sondern nur noch Angst. Das heißt, es ist der Schmerz verdrängt worden

- das können Sie vielleicht auch vergleichen mit der Pharmazie, denn die Versuche, Schmerzmittel einzusetzen in der Pharmazie sind immerhin auch schon lang her, das Aspirin gibt's immerhin bereits hundert Jahre.

Die Barockmusik ist völlig frei von Angst. Das ist auch der Grund, warum sie heute in so einer ungemeinen Art konsumiert wird. Da darf die Oberstimme jammern, die Geigen, Oboen oder was auch immer es sei, die dürfen sogar übern Takt und übers Metrum hinausrutschen, das gefällt sogar. Aber der Baß, der Generalbaß, sozusagen die Gebundenheit an das angenommene und akzeptierte Schicksal läuft gleichmäßig durch im sogenannten oder Generalbaß und damit am Schluß ja keine Zweifel auftauchen, wer denn da die Oberhand hat, kommt dann am Schluß die Kadenz, die eindeutig sagt "1 - 4 - 5 - 1". Und das ist eine Musik, die an sich von der Angst wegführt und an den Schmerz hinführt. Die ist aus diesem Grunde so gefragt, weil heute der Schmerz fehlt und nur noch die Angst übrig geblieben ist auch bei Ihnen allen.

Es ist ein Defizit an Schmerz vorhanden und wer versucht zu sich selbst zu kommen, - die Selbstfindung ist ja was Schwieriges, - der wird feststellen, daß er Schmerz nicht mehr empfinden kann. Sie wissen ja "empfinden" ist althochdeutsch "in sich finden" und Schmerz - der Schmerz, den man in sich findet, den bekommt man nicht mehr heraus, im Sinne der Unvollständigkeit, die nicht mehr spürbar wird. Ab Mozart wird der Schmerz vertrieben und alles was im Sinne des Schmerzes infrage stellen könnte - den Schmerz hat man immer nur dann, wenn die Vollständigkeit infrage gestellt ist. Er ist das Aufbrechen des nicht akzeptierten Unvollständigen, ist die Voraussetzung für das Religiöse.

Das ist der Titanic-Effekt. Die Titanic war ursprünglich als Schiff geplant und als sie vom Stapel lief, hieß es auf einmal, sie wäre unsinkbar. Worauf man die Frage stellen muß: was die Titanic tun mußte, um wieder ein Schiff zu werden ? - Sie mußte sinken. Denn es gehört zum Begriff und zur Wirklichkeit des Schiffes, sinken zu können. Das heißt, den Untergang oder die Möglichkeit des Untergangs miteinzubeziehen. Die Möglichkeit des Untergangs ist seit dem Zeitpunkt, in dem man den Schmerz verdrängt hat zugunsten der Betäubung, seitdem ist die Möglichkeit des Untergangs abgewiesen, abgedrängt worden. Das Problem ist nur das, daß jeder, der seinen Untergang nicht annimmt, dem bleibt nichts anderes übrig, als den Untergang anderen aufzuladen, oder auf andere abzuladen. Das ist das Steinigungsprinzip, das heute genauso herrscht wie in den archaischen Dörfern, nur heute etwas differenzierter und mit sozialen Plausibilitäten und Etiketten verdeckt.

Was ich damit ausdrücken möchte ist das gleiche, was ich vor Dürers Bild empfand, - um das von einer ganz anderen Seite noch mal zu sehen. Der Dürer hat die Maße des goldenen Schnitts in seinem Bild verwendet und hat die Bilder nach rechnerischem Kalkül der Harmonie gezeichnet - "gemalt" kann man ja fast nicht sagen. Die Farbe ist nur plakativ. Und ich habe mir überlegt, was das ausdrückt und im Grunde ist es ganz einfach. Er hat versucht die Wirkung vorwegzunehmen. Das heißt, das, was durch das Bild eigentlich erst zu entstehen hätte, hat er als Kalkül im Bild bereits vorweggenommen. Der Betrachter hat keine Chance mehr anders zu empfinden als er, Dürer, dies in dem Bild festzulegen geneigt war. Mit anderen Worten: wenn Sie das nun ins Abstrakte übersetzen, dann müssen Sie sagen, er hat etwas versucht, was die gesamte damalige Zeit versucht hat. Er hat nämlich versucht "seine Gegenwart zum Ganzen zu machen" - damit heiligt er sich und die Mittel, mit denen er arbeitet, den Intellekt. Er wird selber zum vierten Quadranten, das heißt, er wird selber zum Erlöser. Und wenn Sie nun die Selbstbildnisse Dürers anschauen: das ist Christus, der da abgebildet ist, er ist der Erlöser. Das hat mich immer schon gestört, habe dann aber immer schamvoll weggeschaut, wo sich da eigentlich nur der Dürer zu schämen hätte. Und da bin ich dann auf die Esoterik gekommen, da bin ich also dann auf den Satz gekommen, der ungeheuerlich ist, daß man darüber gar nicht mehr zu reden braucht, denn der Satz braucht auch mich nicht, ich hatte nur das Vergnügen ihn zu gebären. Die Esoterik ist die Fortsetzung der Naturwissenschaft und versucht nun "das Ganze in die Gegenwart zu zwingen". Während die naturwissenschaftliche Zeit versucht, die Gegenwart zum Ganzen zu machen, versucht die Esoterik das Ganze in die Gegenwart zu zwingen, nämlich in die Gegenwärtigkeit jedes einzelnen. Und damit den Himmel auf die Knie zu zwingen im Sinne der Vorstellung vom Ganzen von sich. Das ist ein Versuch den eigenen Untergang auszuschließen und auch wenn der Untergang sozial auf alle verteilt ist, gleich verteilt ist, ist der Untergang dann so sicher wie bei der Titanic.

Nun ist es so, daß die Wissenschaft mit dem Versuch die Gegenwart zum Ganzen zu machen bestimmte Arten von Vorgehensweisen hat. Auf die Definitionen der Wissenschaft braucht man gar nicht so sonderlich viel hören, weil die taugen nichts. Das sind Formeln der Macht, genau so wie früher die Glaubenssätze in der Inquisition, in der damaligen Inquisition, denn heute haben wir ja eine andere Inquisition. Das sind Formeln der Macht .. die Wissenschaftsdefinitionen, denn die Wissenschaft erklärt sich durch das, was sie tut. Das zu tun ist Nonsens, ein absoluter Nonsens, aber alle stehen sie stramm. Wissen Sie, so wie früher, wenn's geheißen hat "die Partei". Ich komm' vom Kreisleiter und die Partei sagt dies und jenes, da stehen's stramm. Wenn Sie heute sagen "es ist wissenschaftlich", dürfen Sie alles, dann dürfen Sie Tiere umbringen, Menschen quälen, alles, das ist Wissenschaft, das ist erlaubt und der Staat steht wie seinerzeit bei der Inquisition hinten dran und schützt die Übeltäter. Das heißt also mit anderen Worten, die Wissenschaft gibt es nicht. Ich kann es Ihnen noch anders sagen mit den Worten der Wissenschaft:

Die Wissenschaft definiert sich methodologisch - sagen die. "Methodologisch" heißt, sie definiert sich über die Beschreibung der Art ihres Vorgehens. Nun wissen Sie alle selbst, daß sich die Methoden immer verändern nach dem Bereich, an den ich die Methoden anwende. Das ist doch ganz logisch, nicht? Ist das nicht logisch? Ist schon logisch. Ich werde zum Beispiel eine Kartoffel nicht schlürfen, völlig klar.

Und die Wissenschaftsdefinition hat sich auch schon so - nach Feyerabend, das ist der letzte Definierer, - hat sich schon so verändert, daß auch die Astrologie in die Definition der Wissenschaftlichkeit mithineinfällt, das heißt also, Wissenschaft ist.

Wenn ich Ihnen zum Beispiel mitteile, daß irgendeiner eine Diplomarbeit für Betriebswirtschaft - man höre und staune - für Betriebswirtschaft über die MRL gemacht hat, wenn Sie nicht wissen, was MRL ist, dann möchte ich es Ihnen sagen, es ist die Münchner Rhythmenlehre, - er hat also da eine Diplomarbeit gemacht und hat festgestellt, daß nach - ich weiß nicht - Jantsch - Popper - ich weiß nicht was, die Münchner Rhythmenlehre Wissenschaft ist, verstehen'S, als ersten Übergriff.

Also die Wissenschaftsdefinition gibt es nicht, das ist nur eine Beschreibung des Vorgehens gegenüber der Wirklichkeit. Wo der Mensch zuerst Tabus brechen mußte, um überhaupt eindringen zu können und zerstören zu können und mit jeder Wirklichkeit, die zerstört wird, wird ein Stück Wahrheit von der Erde verdrängt oder ein Stück Himmel, wie Sie's genannt haben wollen auch immer, davon verdrängt und der Himmel wird ausgeschlossen. Und für den ausgeschlossenen Himmel braucht man natürlich in der naturwissenschaftlichen Welt einen Ersatz und da ist man dann zu dem Zeitpunkt, als dann der Pluto in den Krebs lief, ist man auf die Idee gekommen, daß man sagte "wir brauchen eine Psychologie". Die ist auch eine Fiktion, die Psychologie gibt's nämlich auch nicht. Die Psychologie wurde nur geschaffen, beziehungsweise sie konnte sich nur entwickeln als Abdeckung des naturwissenschaftlichen Weltbildes gegen den Himmel. Und zwar gab's dann noch eine Tiefenpsychologie, die sollte dann auch noch entsprechende Phänomene deutlich herausstellen, dann ist jeder genügend abgelenkt und ohne Himmel geht's dann auch. Da machen auch eine Menge Astrologen mit bei dem Spiel. Machen eine ganze Menge mit, die auf diesen auf den Abgrund zusteuernden Wagen auch noch aufspringen wollen. Narren.

Nun, wenn man vom Vorgehen der Wissenschaft ausgeht, was macht sie, die Wissenschaft, was hat sie für Methoden, was ist "Methode" bei der Wissenschaft. Das ist ganz einfach. Das ist ein gewisses Sicherheitsverhalten des Menschen, das in einer perfekten Weise ausgebaut wurde. Nämlich der Umkreis wird neutralisiert, um kalkulierbar zu werden. Das heißt, der Umraum wird von Leben frei gemacht, um kalkulierbar zu sein im Sinne der Orientierung und der eigenen Sicherheit. Das heißt mit anderen Worten, daß jede wissenschaftliche Disziplin und daß jede Art des Vorgehens von Wissenschaft und ihren Anhangsgebieten und von ihr beherrschten Gebieten nichts tun kann, als den Umkreis von Leben befreien. Das heißt, Umraum neutralisieren. Was anderes ist nicht möglich. Das heißt, ein Anhänger oder ein Mitläufer dieses Systems muß zerstören, auch wenn er im besten Wissen des Bewußtseins glaubt, Gutes zu tun.

Das heißt, es ist undenkbar, daß die Wissenschaft oder daß es innerhalb der Wissenschaft eine Umkehr gibt. Und wenn heute irgendwelche Wissenschaftler, - die sich im übrigen gar nicht artikulieren können, das kommt erschwerend hinzu, die sollten Sie mal reden hören - wenn die also sagen "gut, wir haben die Atombombe hergestellt", die haben sie ja "entwickelt", "jetzt müssen wir sie wieder abschaffen". Ich bin ja ungebildet, aber ich meine, so vierhundert Jahre nach dem Thomas von Aquin, daß da nicht mehr überbleibt in einem Kulturkreis als solche Idioten und daß die dann auch noch das Sagen haben bloß deswegen, weil sie einen bestimmten - weil die Mami sie vielleicht das Telefon zerlegen hat lassen, und das war dann so schön und da sind's dann gleich steckengeblieben in dem Vorgang. Und die beherrschen jetzt alles. Mit voller Arroganz. Und jetzt kommt die Frage: ist das bewußt oder ist das nicht bewußt? Ich gestehe ja jedem zu, daß er um seine Existenz Angst hat, ich gestehe es ja jedem zu, aber dann soll er die kleinen Brötchen backen, die seiner Angst entsprechen. Oder ich möchte es anders sagen: Angst hat jeder, aber dann soll er die kleinen Brötchen backen, die der Reaktion seines Verhaltens auf Angst entsprechen.

Ich habe es nach neunzehnhundertfünfundvierzig gesehen, da hat man den Leuten alle die Titel genommen, kurzfristig, - also in der amerikanischen Zone hat man das gemacht, weil die Amerikaner haben gesagt "jeder, der den Titel "Rat" hinten dran hat an seinem Titel, das ist ein Nazi". Infolgedessen haben die alle Kommerzienräte, Gerichtsräte, Studienräte, alles was "Rat" hieß, wurde eingesperrt, sofort, kriegte sofort den Titel los. Sie hätten die mal alle rumlaufen sehen sollen, die Männer ohne Titel, was da an Erbärmlichkeit übrig geblieben ist. Man sah in aller Deutlichkeit, was vorher rumgelaufen ist, war der Doktor, nicht er, oder der Professor, nicht er. - Schlimm ist das. Aber das sind genau die, die dann mit dem Wirtschaftswunder - wissen Sie, der Krieg wurde von denen als lästige Unterbrechung ihrer Klassifizierungsversuche angesehen, - damals war im Sinne der Aufrüstung der Ingenieur, der sogenannte Gesellschaftsberuf. Kurz nach dem Krieg war es dann der Jurist und jetzt ist es der Arzt "Herr über Leben und Tod", das ist ein schönes Spiel, ein schönes Spiel, der Kaufmannsladen ist da gar nichts mehr wert dagegen. Und die haben dann gleich danach wieder angefangen dort fortzusetzen, wo sie aufgehört hatten. Und jetzt kommen wir zum nächsten Problem: weil sie aber kein Empfinden und keinen Schmerz mehr hatten, hatten sie auch keinen Instinkt mehr. Das heißt also mit anderen Worten: wenn ich keinen Schmerz haben möchte, muß alles eliminiert werden, was mich überhaupt an Schmerz erinnert oder was einen Schmerz assoziieren könnte. Das heißt, ich muß gleichzeitig mit der beginnenden Wissenschaftlichkeit versuchen, - also mit der fortschreitenden, der progressiven - muß ich also gleichzeitig versuchen alles aus der Welt zu tilgen, was in irgendeiner Form Ausdruck sein könnte. - Brauchen Sie nur einmal in eine Satellitenstadt hinausgehen, brauchen Sie nur die zeitgenössische Kunst, die Malerei, die Musik, die zeitgenössische anschauen, da ist alles gestrichen, was an Ausdruck erinnern könnte, weil es darf ja nicht assoziieren. Und diese Ausdruckslosigkeit, mit der kann man ja nicht leben, eigentlich, also muß ich von einer Vorstellung leben. Ich lebe also dann von der Vorstellung der Erinnerung an ein Empfinden.

Nehmen wir ein Beispiel: die eigentliche Tragik heutiger Kinder. Die Kinder leben ja nur noch die Vorstellung ihrer Eltern, weil sie ja kein Empfinden, keinen Ausdruck haben und es bei den Kindern noch nicht einmal die Erinnerung daran gibt. Das heißt, die Kinder können ja noch nicht einmal die Erinnerung an früheres Empfinden als Vorstellung leben. Sie haben keine Chance mehr. Sie können nur das aufnehmen, was die Eltern als Vorstellung an die Erinnerung an Empfinden ihnen wiederum anzubieten haben. Das ist so ein Schneewächtenprinzip. Bei irgendeiner Generation bricht es dann ab. Wenn also zum Beispiel zwei Buben "Lausbuben" sein wollen, dann können die nicht mehr Lausbuben sein, sondern sie sind die Lausbuben aus der Erinnerung der Mutter an Lausbuben in ihrer Vorstellung. Das heißt, die Kinder leben in einem ungeheuren Getto, in einem ungeheuren Getto der Empfindungslosigkeit im Sinne der Vorstellungswelt ihrer Eltern. Ein grauenhafter Zustand und ein grauenhaftes Bild.

Jetzt wenn man sich überlegt, was ist denn dann eine Vorstellung ? In der Vorstellung tauchen ererbte Erfahrungen auf. Ererbte Erfahrungen, die das Empfinden zu orientieren haben, damit im Empfinden im Sinne des in sich Findens etwas hochsteigt und zum Erlebnis wird und im Erlebnis - wenn man es mal in Hinsicht auf die Gattung sieht - zu einer neuen Ausformung wird. Nun ist es so, daß ein Mensch, der von der Vorstellung lebt, als Person selbst ausgeschlossen ist, weil er, wenn er von der Vorstellung selbst lebt ohne sie für's Empfinden orientierend werden zu lassen, von einer ererbten Erfahrung einer Vor-Vor-Generation lebt. Das heißt, er ist, wenn er von der Vorstellung lebt als Person ausgeschaltet, ihn gibts nicht mehr als Person, sondern er lebt selbst Attrappe seiend, die Vorstellung früherer Generationen. Das heißt, längst vergangene Zeiten in der heutigen Zeit. Das heißt: antwortet in seinem Verhalten, das durch die Vorstellung bestimmt ist, antwortet auf die heutige gegenwärtige Situation mit Reaktionen aus dem neunzehnten Jahrhundert und mit Bedürfnissen aus dem neunzehnten Jahrhundert. Das heißt mit anderen Worten: es leben die Klassifizierungsversuche derer, die da im neunzehnten Jahrhundert sich im Hinterhof wähnten und das Allgemeinwohl für ihr Nachholbedürfnis verbrauchen - das begleitende Kolorit stimmt, wenn heute die Bauchaufschwünge auf den Teppichstangen oder das Balancieren auf dem Geländer als Kunst verkauft wird - das heißt, es wird die soziale Klassifizierung des neunzehnten Jahrhunderts gelebt mitten auf einer untergehenden Welt. Ein groteskes Bild.

Das ist eigentlich das, was ich als Kurzreferat benennen wollte, daß es weder Positivierungen noch Relativierungen geben kann. Entweder ein Denksystem ist im Sinne seiner Notwendigkeit lebenzerstörend, dann muß es das sein, auch dann, wenn die einzelnen das Nicht-Lebenzerstörende wollen. Es kann keine andere Chance geben als die Aufgabe der naturwissenschaftlichen Denkhaltung mit allen Konsequenzen. Das ist die einzige Chance die Aufhebung des naturwissenschaftlichen Weltbildes, die Aufhebung des naturwissenschaftlichen Kastensystems - schauen Sie, wenn ein Löwe ein Schaf gejagt hat, dann hat das Schaf von vornherein gewußt, daß das ein Löwe ist, das war völlig klar. Wenn früher einer den anderen unterwerfen wollte, dann mußte er das schon selbst tun und er mußte für das, was er meinte, auch einstehen. Ich bedauere es manchmal, daß die sogenannte Degenzeit vorbei ist. Ich hätte immer einen dabei. - Da mußte man für sein Wort einstehen. Und je öfters und je länger man dafür einsteht, desto besser wird man dann.

Heute ist es so, daß sie mit ungeheuer vielen Etiketten - ich muß vorausschicken, daß das Mörderische in jedem Menschen ist, in dem Maße, in dem er sich selbst behaupten möchte in der Welt. Und wenn er seine eigene Infragestellung nicht annimmt, oder seinen Untergang, dann muß er dies auf andere abladen und das ist auch der Grund, warum ein Niederstürzender noch alle Untergänge seiner ihn Umstehenden noch darauf geworfen bekommt. Das heißt, jeder Tod eines anderen, jeder Untergang eines anderen ist die Bestätigung des einen. Und das ist nur etikettenweise verziert und verfälscht, aber in Wirklichkeit existiert es noch. Das heißt, die Angst im Sinne des Selbst-Etwas-Seins, im Sinne der

Durchsetzung im Realen ist insofern mörderisch, weil mich jeder Untergang eines anderen weiterbringt. Das heißt, weil mich jeder Untergang selbst weiterleben läßt. Es kommt etwas hinzu, das ist nicht nur Gefühl, sondern das ist Realität, weil die Beziehungen der Menschen untereinander mit geheimen Nabelschnüren so geartet sind, daß in der Tat innerhalb eines Zugehörigkeits- oder Bereichkreises nur soundsoviel Kräfte vorhanden sind, die bei entsprechenden Ausgleichsbewegungen innerhalb einer Gruppe sich so verändern können, daß der eine untergeht, - sozusagen als Gesteinigter. Da hilft nur ein einziges Mittel, nämlich nicht mehr zugehörig sein. Das ist die Problematik der sozialen Zugehörigkeit.

Je weniger ich also meinen Untergang akzeptiere und das tue ich ja nicht, wenn ich Wissenschaftler bin oder an den Fortschritt glaube, dann bin ich ja nicht derjenige, der den Untergang mit einbezieht, dann muß ich also versuchen meinen Untergang, möglichst anderen aufladen zu können. Wenn ich aber versuchen will meinen Untergang möglichst vielen aufladen zu können oder abzugeben, dann muß ich mir doch einen Job suchen, bei dem ich das tun kann. Und jetzt brauchen wir ja keine Wanderung durch die Naturwissenschaften unternehmen, da gibt's doch so viele Möglichkeiten, um Untergänge zu verteilen mit guten Etiketten und dann kriege ich noch einen Nobelpreis, wenn's sein muß, dafür. Das ist die grausige Wirklichkeit unterhalb dieser Attrappe dieser obersten Bewußtseinskruste, wo Sie auf Etiketten leben wie auf Eisschollen. Sie alle hier, alle. Es ist so ungeheuer, das läßt sich gar nicht sagen, - nur deswegen, weil sich keiner traut dort, wo der Freud und der Jung schon einmal ins Wasser geschaut haben, auch zu tauchen. Das ist die grausame Wirklichkeit des Studierens, das ist die grausame Wirklichkeit der sogenannten Stellenwertsfragen. Das ist die grausame Wirklichkeit des Ausschließens von Untergängen, des Ausschließens von Unvollständigkeiten, des Ausschließens von Widersprüchlichkeiten. Die werden ja nur scheinbar per Zeit akzeptiert, indem man sagt: wir kriegen das ja schon alles, das wird ja in Zukunft gelöst. So läuft das ab. Insofern ist gar keiner so unschuldig - unschuldig ist sowieso keiner, weil die religiöse Schuld haftet uns allen an, insofern tue ich Ihnen keinen Gefallen, wenn ich hier heraußen stehe und Ihnen das erzähle. Denn solange ich nicht hier heraußen stehe und Ihnen es nicht erzähle, haben Sie noch die Chance in der Blindheit Ihrer religiösen Schuld zu verweilen. Dadurch, daß ich Ihnen es erzähle, ist ja die Gefahr, daß Sie es begreifen, sehr groß. Und damit natürlich die Gefahr, daß aus einer religiösen Schuld, aus einer religiösen anonymen Schuld dadurch daß es hochsteigt über die Schranke des Bewußtseins, nein nicht "des Bewußtseins", der "Bewußtheit", daß es hochsteigt und damit zur persönlichen Schuld zu werden imstande ist. Weil Sie dadurch, wenn Sie die religiöse Schuld nicht zur persönlichen werden lassen wollen, irgendwie dann zur Änderung - ja, ich würde sagen - Ihres Lebens nicht gezwungen aber doch veranlaßt sein könnten. Auf der anderen Seite ist es so, daß jeder eine Ahnung über die religiöse Schuld in sich hat, und das ist eben dann der Ausschluß des Himmels, der da vollzogen wird. Die Esoteriker kommen ja insofern aus der Naturwissenschaft, weil sie die Folgebewegung sind, indem sie das Ganze in ihre Gegenwart zwingen wollen. Normalerweise müßte ein Satz, der die Esoterik so definiert, daß sie das Ganze in die Gegenwart bringen möchte, der müßte eigentlich in Zukunft die Esoterik unmöglich machen. Er wird's nicht tun. Aber wenn das Empfinden und der Ausdruck verloren sind durch die Naturwissenschaft, dann bedarf es nicht nur der Vorstellung für das alltägliche Leben oder für die Vorstellung von der Erinnerung an Empfinden, oder an die Reste von Empfinden. Dann bedarf es auch als Ersatz, weil ja die Psychologie nicht mehr fähig ist, die Abdeckung der naturwissenschaftlichen Denkhaltung gegen den Himmel zu übernehmen, bedarf es auch der Vorstellung von der Vollständigkeit. Darum gehen ja auch so viele Psychologen jetzt in die Esoterik. Wie sich die da tummeln, ist ungeheuer und sie übernehmen das gleiche Amt, das sind sie ja schon gewohnt, da sind sie ja drauf eingetrimmt, den Himmel abzudecken. Und das gibt nämlich dann die Vorstellung, wenn ich das Ganze in Gegenwärtigkeit bringe, mache ich das Gegenwärtige vollständig und schließe den Untergang aus, schließe ich den Himmel aus. Es bleibt die Scheinreligiosität von diesen Ein-Meter-Schneidersitz-Sprüngen, die bleibt. Diese Primitivität, - also es ist heller Wahnsinn. Dafür gibt's ganze Gruppen, die - vergegenwärtigen Sie sich doch das, die fühlen sich erhoben, wenn sie barfuß über glühende Kohlen gehen.

Also wer da nicht entsetzt ist, also man könnte ja fast lachen drüber, wenn's nicht so schlimm wäre. Und die machen ja auch schon Weltmeisterschaften, wer im Schneidersitz am höchsten springt.

Wenn die das Ganze in die Gegenwart bringen wollen, dann rufen sie das Ganze des Nicht-Bewußten herbei, und dann kommt der Neptun, und dann heißt es "Land unter".

K: Wir würden jetzt gern etwas hören über die astrologischen Aspekte.

A: Die kommen jetzt sofort, das war die Vorbereitung für Saturn-Uranus. - Sofort heißt: sehr bald.

Nun braucht man natürlich dann im Sinne der Esoterik die Vorstellung und das ist dann die Vorstellung vom Reinen. Können Sie sich unter der "Vorstellung vom Reinen" was vorstellen ? Die Vorstellung vom Reinen ist natürlich die Vorstellung vom Ganzen, denn weil ich das Ganze nicht in die Gegenwart zwingen kann, muß ich die Vorstellung vom Ganzen haben. Und da sind wir bei der Esoterik. Die Vorstellung vom Reinen ist die Esoterik und das ist die Anthroposophie. Und ich weiß, ich mache mir unendlich viele Gegner auf allen Seiten und allen Lagern. Aber es muß einmal wenigstens artikuliert werden. Die Esoterik ist bereits dabei, sich so zu gebärden und so aufzutreten mit den gleichen leuchtenden Augen sicherer Überzeugung wie seinerzeit die SS, die auch den Totenkopf auf den Revers hatte. Und der Nationalsozialismus ist nichts anderes als ein esoterischer Ausgangspunkt gewesen, der politisch wurde im Sinne der Vorstellung vom Reinen. Was machen Sie denn, wenn Sie die Vorstellung vom Reinen haben und wollen diese Vorstellung organisieren und in die Realität umsetzen. Dann haben Sie doch immer den Totalitätsanspruch der eigenen Vorstellung vom Reinen. Die Vorstellung vom Reinen ist aber nicht das Reine. Sondern es ist ja nur Ihre Vorstellung vom Reinen. Was machen Sie also? Sie werden doch alles ausmerzen, was der Vorstellung vom Reinen nicht entspricht, das ist doch so logisch wie nur irgendwas und das hat der Nationalsozialismus gemacht und das werden die Esoteriker machen. Ich schwör's Ihnen. Und der Ausleseprozeß, der geht bei den Anthroposophen schon in der Schule los. Wie werden denn die Kinder erzogen? Die Eltern werden genauso - in München ist es jedenfalls so - entmündigt. Die Eltern sind nur noch stellvertretend tätig für die Elternschaft der Schule. Jede Ideologie macht das so. So hat's der Nationalsozialismus gemacht, ich bin in ihm aufgewachsen, der hat's genauso gemacht, da war nicht ein Unterschied. Der Typus ist der gleiche. Mama's Sieger, Mama's Zauberer, die Schützen, nichts gegen Schützen - Mama's Gendarme natürlich auch, weil das Matriarchat muß ja überwacht werden und die Überwachung des Matriarchats übernehmen ja nicht die Mütter selbst, die ja alles ausschließen und verfolgen, was erdflüchtig ist, - alles. Aber überwachen tun dieses Matriarchat oder die matriarchalische Ordnung natürlich die in der Gefangenschaft der Mütter stehenden Söhne, Mama's Sieger.

K: Können Sie uns nicht jetzt Ihr Konzept vorstellen, Herr Döbereiner?

A: Bitte?

K: Sie haben jetzt hier Ihre zwanghaften Vorstellungen, die wir alle nicht ..

A: Nein, das ist nicht zwanghaft, das ist höchstens eine Psychose, - da muß ich Sie verbessern.

Ich sage es ja nicht oft, ich bin ja auch nicht oft hier, ich sag's nur einmal, das genügt ja. Aber einmal muß man es sagen. Es hat ja nichts mit den Müttern selbst zu tun, es geht um die Denkkategorien des Mütterlichen, die als Vorstellung zur Macht gekommen, ihre Kinder nicht entlassen will und die verfolgt, die ihr entkommen sind.

Ich wollte das einmal artikuliert haben. Was dann die Artikulation anfängt bei Ihnen, das ist eine Auseinandersetzung zwischen Ihnen und dieser Artikulation - in völliger Freiheit. Ich will Ihnen ja nicht irgend etwas oktroyieren. Ich will's ja ausgesprochen haben als einer, der nun glaubt - mit einem gewissen Recht, einen gewissen Zugang zu haben. Ich will's Ihnen anbieten, ich will Sie nicht konfrontieren, ich will's nur anbieten, ich zwinge niemanden zum Kaufen.

Wir haben also die nächsten Jahre eine Konstellation, laufend, mundan, Saturn-Uranus. Und diese Saturn-Uranus-Konstellation - drei Jahre, glaube ich. Das heißt, wer in den nächsten drei Jahren heiratet, zum Beispiel, hat einen Saturn-Uranus im Ehehoroskop. Wer in den nächsten drei Jahren Kinder kriegt, hat Kinder mit Saturn-Uranus im Horoskop. Kommt noch eins hinzu, der Uranus-Neptun, die sogenannte Waschanlage, das ist eine Eindrucksallergie gegen Eindrucksgifte, das ist eine allergische Waschanlage, mit allen möglichen Symptomen, die dazu gehören. Und diesen Saturn-Uranus, was er zu bedeuten hat,..

K: Der Uranus und Saturn sind aber jetzt im Schützen.

A: Ja, - ich habe für Sie ein Horoskop aufgelegt von einem Mann, um Ihnen an ihm den Saturn-Uranus zu erklären. Dieser Mann hat schon gelebt. Diese Konstellation Saturn-Uranus ist ja auch in anthroposophen Kreisen ungeheuer weit verbreitet. In meinem Buch habe ich sie beschrieben als "die Weihe des Hauses".(Anm.: Astrologisch-homöopathische Erfahrungsbilder - 1980). Das sind so .. ich weiß nicht, ob Sie sich unter der "Weihe des Hauses" was vorstellen können, aber das ist die Vorstellung vom Geschraubtsein. Vielleicht ist Saturn-Uranus auch das Gewinde. Jedenfalls im Hauptsymbol ist Saturn-Uranus die Brücke. Und das ist es tatsächlich. Zum Beispiel hat sich bei dem Maler Ernst Ludwig Kirchner, dem Mitbegründer der "Brücke" bei der Gründung Saturn-Uranus ausgelöst - dann, in Basel ist irgendein Schiff gegen einen Brückenpfeiler genau bei Ascendent siebzehn Waage, also beim Gruppenschicksalspunkt für Saturn-Uranus aufgefahren. Die Jugendzeitschrift der Anthroposophen heißt "die Brücke" zum Beispiel, also es gibt eine Unmenge von Symbolbeispielen. Ich bin dadurch draufgekommen, daß ich einen Film gesehen habe "Die Brücke bei Remagen", wo gekämpft wurde im Zweiten Weltkrieg. Da habe ich auf die Sendung dieses Films das Horoskop gemacht und fand nun als Umstand Saturn-Uranus vor und glaubte es nicht: "das kann doch wohl nicht die Brücke sein, Saturn-Uranus", aber das ist es. Und zwar ist es der Sprung oder die Bewegung vom Steinbock zum Wassermann. Wenn man sich nun vorstellt, die Bewegung vom Steinbock zum Wassermann ist ein ungeheurer, ich möchte sagen, es ist ein immenser Sprung. Es gibt kaum einen Übergang von einem Zeichen zum anderen, in dem der Sprung so gewaltig und so groß ist, wie zwischen Steinbock und Wassermann.

Der Saturn ist immer stellvertretend tätig. Wenn der Saturn immer stellvertretend tätig ist, dann heißt das nicht, daß er für Menschen stellvertretend ist, sondern möglicherweise für a-personale Werte - also Werte gibt's da ja keine - Qualitäten. Und man kommt also vom Saturn-Ufer auf das Uranus-Ufer, um am Uranus-Ufer Niemand zu sein. Das heißt, wenn man also auf dem Uranus-Ufer ist, dann ist man Niemand. Niemand ist also dann Niemand. - Im übrigen gehen natürlich sehr viele an die Brücke hin, die Saturn-Uranus haben, da gehen sehr viele an die Brücke, aber sie bleiben dann zögernd doch an dem Saturn-Ufer stehen, weil sie doch auf's Uranus-Ufer nicht hinüber wollen und weil das so viele sind, die sich da gestaut haben, haben sie sich einen Namen gegeben, die nennen sich Anthroposophen.

Wenn nun jemand Saturn-Uranus im Horoskop hat, in seinem persönlichen, sozusagen als Besitz, möglicherweise als noch nicht gelebten Besitz oder noch nicht verwerteten Besitz Saturn-Uranus hat, dann heißt das, daß er eigentlich diesen Sprung zu vollziehen hat von Steinbock zu Wassermann, er hat über die Brücke zu gehen. Über die Brücke hat jeder zu gehen, auch wenn der die Konstellation nicht hat. Nur heißt das bei dem Betreffenden, der die Konstellation hat, daß es einiger Anstrengung bedarf, um über die Brücke zu gehen. Und jetzt versteht man auch, warum so viele Anthroposophen Saturn-Uranus haben, - weil es einiger Anstrengung bedarf, um über die Brücke zu gehen um Niemand zu sein. Die Voraussetzung aber, um Niemand zu sein ist, ein schwaches Ego zu haben, oder sagen wir einmal, gar kein Ego zu haben. Das Schwache ist das Empfangende und das Schöpferische. Das heißt mit anderen Worten: ich soll deshalb Niemand sein, weil ich schöpferisch zu sein hätte. Weil ich dem Himmel einen Platz durch mich oder mein Tun auf der Erde zu geben hätte, weil ich Wirklichkeiten, mit einem vierten Quadranten zu schaffen hätte. Deshalb habe ich Niemand zu sein, denn eine Welle überträgt sich immer genau an dem Punkt, an dem die geringste Eigenbewegung herrscht. - Also das nur einmal als Beispiel. Wer natürlich kein schwaches Ego will, der verdrängt das Schöpferische und den Himmel aus sich, der muß dann von der Vorstellung von sich als Starker leben, - der lebt nicht mehr sich, denn er ist ja schwach. Der kommt dann nie ans Uranus-Ufer der Erfahrung, denn nur Niemand hat Erfahrung. Der muß dann die Vorstellung vom Saturn leben, nicht daß er stellvertretend sei, sondern daß er maßstäblich sei.

Es ist so, daß jeder nur aus der Schwäche gebären kann, denn das Starke reproduziert. Deshalb haben die Reproduzenten einen Haß auf die reproduzierten Quellen. Das ist völlig klar. Es stört ja auch keinen mehr als das Original, das stört immer.

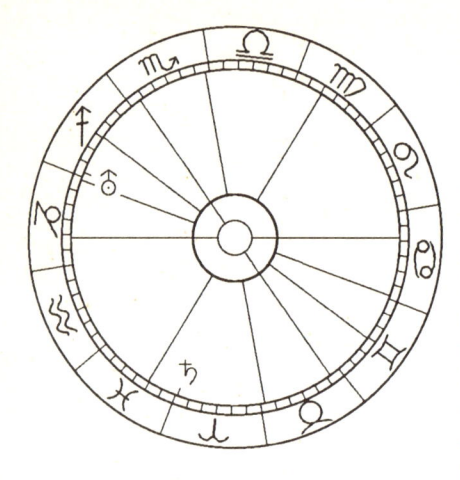

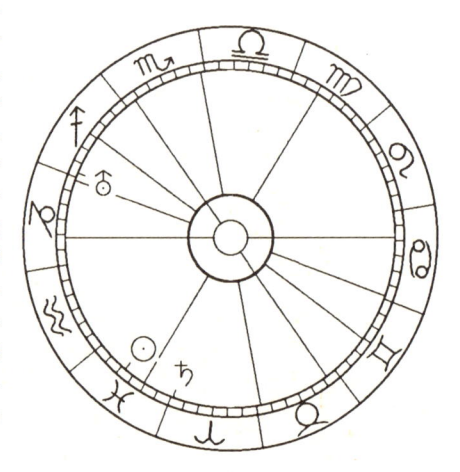

Da habe ich also nun einen Mann, der hat nun als Herrscher von eins beide, nämlich den Saturn und den Uranus firmierend hat als Herrscher von eins. Hier haben wir das Problem in aller Deutlichkeit, besonders stark hervorgehoben und beide Planeten haben als Herrscher von eins ein Quadrat zueinander. Das heißt, bei dem ist der Sprung von dem Saturn-Ufer, wo man noch stellvertretend für etwas tätig ist, für eine Anschauung zum Beispiel - was meinen Sie, wie Sie sich mitten im Fluß des Lebens von einer Anschauung tragen lassen können ohne naß zu werden, ohne dem Neptun wirklich zu nahe zu kommen, der Reinigung. Der Mann hat nun - na, das Glück oder das Pech - wie Sie's also nehmen wollen und hat nun auch die Sonne hier vorne noch im ersten Haus. Was tut er? Gut, er ist stellvertretend tätig, - wo ist er tätig? Na, im sozialen Bereich. Und zwar ganz real, stellvertretend, ordnungsdienend mit dem Saturn in zwei im Fisch, - natürlich ein bisserl eine wacklige Gegend, - er war Gouverneur oder Resident von Niederländisch-Indien. Das ist ein hoher Posten, damals, Mitte vorigen Jahrhunderts und da war er im Sinne des Saturns stellvertretend tätig. Wahrscheinlich waren die Eingeborenen, weil im Fischbereich, recht religiös, wahrscheinlich religiöser als er, - weiß man ja nicht. Jetzt ist der also stellvertretend tätig und summiert sein Ego - summiert sein Ego in der Bedeutung eines Stellenwertes. Nun weiß man ja astrologisch, daß - entweder ich habe die eigene Bedeutung oder die Bedeutung des Stellenwerts. Lebe ich die Bedeutung eines Stellenwertes, ist die einzige Bedeutung, die ich habe, die, die Bedeutung eines Stellenwerts gelebt zu haben. - Er lebt also die Bedeutung des Stellenwerts. Was muß er also tun, damit er über das Ufer geht, um Niemand zu sein? - Er muß das tun, was er tatsächlich gemacht hat, er muß seinen Dienst quittieren. Und weil das ein Quadrat ist, ist das unter sehr großen Anstrengungen vor sich gegangen. Er hat aus Protest gegen die Behandlung der Eingeborenen seinen Dienst quittiert und ward ab diesem Augenblick existenzlos und das bitte ich zu bedenken mitten in einer Zeit, in der der Kolonialismus die große, große Mode war, wo jeder seinen Gummibaum im Zimmer hatte, um seine weltweite geistige Peripherie zu bestätigen. Das heißt, ab dem Moment hat er angefangen, aus dem Konflikt, der entstanden ist, dadurch, daß er Gouverneur von Niederländisch-Indien war, zu schreiben. Und wurde - der Mann heißt Multa-tuli - das ist ein Pseudonym - Multa tuli - ich habe viel getragen - heißt im übrigen Edward Douwes Dekker mit zwei K und wurde dann - bis heute gilt das noch - zum bedeutendsten niederländischen Schriftsteller. Das heißt, er wurde Niemand - verstehen Sie und in dem Moment begann das Schöpferische. Nur, der Saturn in zwei war dann die Auswirkung, daß er ganz real existenzmäßig keinen Stellenwert hatte, daß die Existenz unsicher war, daß er Schulden hatte - er hatte auch die komische Idee, er könnte auf der Spielbank gewinnen, hat da mehr verloren als er gewonnen hat - mit so einem Saturn gehe ich auch nicht auf die Spielbank oder auch nur dann, wenn - na ja gut, wir könnten ja mal einen Kurs über Spielbank machen: wann gehe ich zur Spielbank und was mache ich dann?

Nun ist die Diskrepanz des Sprunges vom Saturn-Ufer zum Uranus-Ufer hier ganz übermäßig stark, wie in wenigen Horoskopen. Die Konsequenz des Sprunges, daß die so ungemein stark ist, ist in den meisten Horoskopen nicht der Fall, aber bitte, die ist auch gegeben, weil wir hier ja nicht nur den Saturn und den Uranus als Herrscher von eins haben, sondern auch noch dazu vom zweiten Haus zum vierten Quadranten. Und dann noch nicht nur im vierten Quadranten, sondern dann auch noch im zwölften Haus.

K: Zum elften.

A: Der Uranus, ja, den zählen wir ein bisserl in das zwölfte, ich werde es Ihnen gleich sagen, warum, weil - was braucht er denn da, wenn die eine Anlage mitten in den Niederungen dieses irdischen Jammertals ist mit allen möglichen höllenmäßigen - was wir vorhin gesagt haben, - "überleben wollen" heißt "den anderen sterben lassen", - das ist der Vorgang - kein - und das meine ich jetzt nicht böse - kein Arzt kann sich diesen Vorgängen bei sich selbst, auch wenn sie weit unter seiner Bewußtseinskruste sind, entziehen. Keiner kann sich dem entziehen. Drum bin ich auch gegen jedes Eingreifen, auch das Pendeln. Ich sage immer:

pendeln dürfen nur die Heiligen. - Stellen Sie sich mal vor, Sie gehen zu irgendeinem Arzt hin, der pendelt Ihnen das Mittel aus, woher wissen Sie, ob der unbewußt nicht eine Aversion gegen Sie hat ? Die schleicht sich doch dann ins Pendeln ein, hernach kriegen Sie plötzlich irgendeine toxische Gabe, nicht. Weil's Pendel das so gesagt hat.

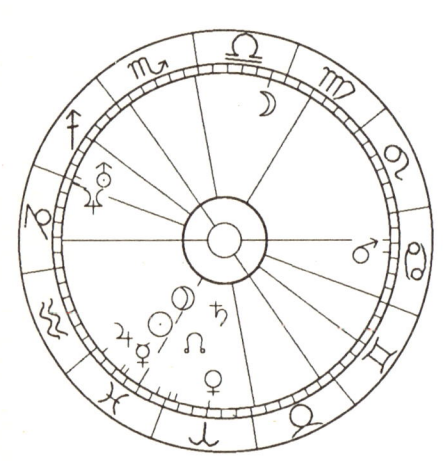

Nun hat er also die eine Anlage in dem Bereich - den Saturn, - wo man überleben will, im Raume der Dualität. Die andere Anlage hat er aber im zwölften Haus, den Uranus, dort, wo er Niemand sein soll. Und der Weg ist immer vom Saturn zum Uranus im Sinne des Tierkreises vom Steinbock zum Wassermann. Was braucht er also, um sich gegen die sehr direkten Eindrücke des Lebenskampfes im ersten Quadranten zu schützen ? Er braucht eine Reinigung. Er braucht eine Reinigungsschleuse. Er braucht eine Waschanlage. Die hat er auch, denn die sind ja sehr nett, die die Konstellationen verteilen, weil die hat er da auch gekriegt, der hat den Neptun dann beim Uranus - erstens einmal hat er Saturn-Neptun gekriegt, damit er nicht alles mitkriegt. Damit er ein bisserl Absence sein kann, und zweitens hat er Neptun-Uranus, die Waschanlage, nämlich die Eindrucksallergie, ("Astrologisch-homöopathische Erfahrungsbilder" - 4. Auflage - 1986) die eine an sich in den organischen Auswirkungen sehr gefährliche Konstellation ist. Sie zeigt Leberschädigungen fortlaufender Art an, die entstehen - also im Sinne des Verfalls von Gewebe, nachweisbar im Blut, sogenannte Transaminasen, ohne daß irgendwelche Entzündungs- oder Leberentzündungssymptome gegeben wären. Insofern ist das gefährlich. Ich bin mir auch gar nicht klar darüber, ob diese Uranus-Neptun-Konstellation, nur allein dadurch entsteht, daß äußere Eindrücke zu allergischen Reaktionen führen, oder ob es möglicherweise die Reinheitssehnsucht ist, die einen die eigenen Unvollständigkeiten nicht leben läßt, und dann sozusagen eine innere Vergiftung durch nicht gelebte Unvollständigkeit die Folge ist. Ich bin mir nicht sicher, aber es ist jedenfalls das Schlangensymbol. - Es gibt zwei Leberschlangen, eine von beiden ist für Uranus-Neptun zuständig. Die eine ist für Saturn-Neptun und die andere ist für Uranus-Neptun, ich weiß nur nicht, welche für welche dieser beiden Konstellationen. Die eine ist die Crotalus horridus und die andere ist die Vipera berus, die Klapperschlange und die Kreuzotter, wobei ich der Klapperschlange für Uranus-Neptun den Vorzug gebe.

Diese Eindrucksallergie braucht er, um immer wieder gegen aufgenommene Eindrücke des Lebenskampfes für seine Anlage in zwölf gereinigt zu werden. Diese Reinigung geht über eine Allergie vonstatten. Die Allergie begleitet eine Psychose (Psychose hier im noch nicht gewandelten, im ursprünglichen Sinn). Und diese Psychose ist - jede Psychose kommt vom Himmel, jede Neurose kommt von der Hölle. Wenn ich die Infragestellung im Sinne einer Psychose nicht annehme, bleibt mir nichts anders übrig, als diese mit einer Neurose abzudecken. Ich spreche jetzt zwar in Begriffen von Etablierten, damit wir uns wenigstens verständigen können, ohne daß ich jetzt da viel voraussetzen muß. Anstatt Psychose kann ich sagen, ein religiöser Reinigungsbegriff begleitet von einer Allergie. Die Allergie hat aber nichts mit Pollen zu tun, sondern nur mit Eindrücken. Und woher dann die Reaktion, die tatsächliche Reaktion vom Immunsystem im Sinne der Bildung von Antikörpern herkommt, ist eine Frage. Entweder sind die so dümmlich, daß die auf die Übermittler der Eindrücke losgehen, nämlich auf's Nervengewebe, oder daß irgendwelche Substanzen entstehen, durch die das Immunsystem gegen das Nervengewebe gereizt wird. Das wird nämlich lahmgelegt. - Uranus-Neptun ist ja auch die Nervenlähmung, wenn Sie's wörtlich übersetzen, aber aufgrund wovon? Uranus-Neptun ist ja auch umgekehrt der Entgiftungs-Stau, möglicherweise werden zuviele Depots auf einmal freigemacht, die Entgiftungswege überlastet. Die Leute atmen nicht mehr voll durch und merken's nicht. Die ganze Lunge ist voll Schleim, die merken es nicht. Sie atmen nicht durch, die Verdauung stimmt nicht, es gibt einen Zwerchfellhochstand, es gibt so - was gibt's denn da alles ? - Roemheld nennen sie es und so weiter, - also da gibt's eine Unmenge von Erscheinungen. Es gibt auch sogenannte Schockwellen im Kopf und es gibt auch diese Vorstadien von - na, wie heißen die ? - epileptiformen Zuständen, - von "Anfällen" möchte ich nicht reden, dafür reicht es nicht, aber immerhin von Zuständen. Die Eindrucksschwierigkeit ist so groß, daß Atemnot entsteht, Atemblockierungen und Atemlähmungen, die zuerst als Herzsensationen aufgefaßt werden, was sie überhaupt nicht sind, denn wenn Sie den Puls messen, geht der ganz normal weiter. Es führt im übrigen dann auch zu allergischen Reaktionen im Gefäßbereich, es gibt so etwas wie ein "Gefäßasthma", das gibt's nicht in der Schulmedizin, aber bei uns gibt's es. Gefäßasthma, dadurch gibt es den sogenannten allergischen Hochdruck, - den gibt es auch nicht in der Schulmedizin, aber bei uns gibt's ihn, dafür behaupten wir, daß es den labilen Hochdruck nicht gibt, denn jeder labile Hochdruck ist ein allergischer Hochdruck. Und jeder Hochdruck ist mit homöopathischen Allergiemitteln zu senken, ganz egal, wie alt und wie korpulent die Person auch immer sein mag und wie lang sie auch immer schon Hochdruck gehabt haben mag, - innerhalb von drei Wochen ist der Fall erledigt, kommen Sie von zweihundert- was weiß ich - zweihundertzwanzig konstant auf hundertsechzig, hundertfünfzig, bei einer Sechsundachtzigjährigen mit - ich weiß nicht, wieviel Gewicht. Woran Sie sehen können, wie schuldig die Anmaßung des Alleinvertretungsanspruches macht, denn warum werden denn diese Möglichkeiten ausgeschlossen?

Jedenfalls diese sogenannten allergischen Hochdruckler sind alles solche, die unter einer Eindrucksallergie leiden, sind alles solche, die entweder Uranus-Neptun, Mars-Neptun, Venus-Neptun haben. Andere gibt's nicht. Es gibt einen Nierenhochdruck, das ist was anderes, aber der hängt meistens noch damit zusammen, es kann ja Mischmotive geben, das kommt ja erschwerend hinzu. Jedenfalls hat er diese Eindrucksallergie im Sinne einer Psychose, im Sinne einer Reinigung der Seele von Eindrücken des Sich-Schuldig-Fühlens. Diese Allergie und die Psychosen sind heute wesentlich verbreiteter als früher, weil da gab's noch kein Fernsehen und keine Nachrichten, was alles passiert in Japan oder in - was weiß ich. Man kann sie ja nicht verarbeiten, die Eindrücke, die einem da bildmäßig serviert werden, denen können Sie ja nicht ausweichen, denn Sie können ja ein Bild, das Ihnen serviert wird nicht intellektuell abwehren, das ist ja nicht möglich. Und da gibt's dann diese Allergiehäufungen, wer je Klienten hat, müßte es eigentlich wissen, daß das eine ansteigende Zahl ist von Personen, die dann nicht mehr ohne Atemnot auf die Straße können oder die Schwindel oder die Gleichgewichtsstörungen haben oder - ja, religiöse Reinigungsprobleme. Und dann ist das entscheidende: Wer diese Reinigung im Sinne des Himmels, im Sinne einer Psychose abwehrt, weil er ja dann in einer gewissen Weise aus dem Verkehr gezogen ist, weil ja der Neptun löst ja das koordinierte Normalverhalten auf. Mit Recht. Wenn also einer dann unter Ausschaltung seiner Seele oder seines emotionalen Verhaltens versuchen möchte, ein Mindestmaß an Verhaltensnorm für's tägliche Leben zu holen, der holt sich dann eine Neurose. Die Neurose ist immer Pluto, Pluto-Merkur, Pluto-Uranus, Pluto-Mars, Pluto-Venus, Pluto-irgendwas. Und diese Neurose im Sinne eines Vorstellungszwangs für ein bestimmtes Handeln ersetzt dann die eigene Handlung, die ja durch die Psychose ausgeschaltet ist. Normalerweise müßte man ja auf den hohen Berg gehen in der Wüste oder in den Wald mit einer Psychose, das wäre das Ideal. Vielleicht richten sie mal eine Psychosen-Wüste irgendwo ein, dann werden sicher die Neurosen weniger und die meisten dieser Neurosen im Sinne der Zwangsverhaltensweisen sind ja auch noch Waschzwänge, - verstehen Sie? - Das heißt, das, was ich inhaltlich verwehre, versuche ich durch äußeres Handeln im Sinne der Neurose zu ersetzen. Ein ganz ein plausibler einfacher Vorgang. Und wenn Sie dem die Neurose wegnehmen, läuft er voll in eine Psychose hinein, - das ist ganz klar, das muß man dann wissen. Was ist angenehmer, eine Neurose oder eine Psychose? Gesünder ist allemal eine Psychose.

Dann wollte ich im Sinne eines Magazins ein ganz kleines Beispiel bringen. Sie sehen hier ein Geburtsbild mit einem Skorpion-Ascendenten. Der Pluto steht in sieben, heißt "es begegnet ihm eine Vorstellung". - Ist klar. Der Betreffende braucht also sich nur möglichst lange und oft im Freien aufhalten, weil dann die Chance größer ist, daß ihm eine Vorstellung begegnet, - an Wegkreuzungen und so. Weil da treffen dann mehrere Straßen zusammen. Nun ist es so, daß er mit jeder Vorstellung nicht zufrieden ist, die ihm begegnet, es muß eine Spezialvorstellung sein. Und wie Sie sehen ist der Neptun dabei, es ist die Vorstellung vom Reinen. Jetzt werden Sie mir zugeben, daß er da schon etwas länger warten muß, bis ihm die Vorstellung vom Reinen begegnet. Na gut, ich kann Ihnen verraten, dem ist sie begegnet. - Dem ist die Vorstellung vom Reinen begegnet. Nun hat er die Sonne in Haus zwei noch dazu im Steinbock, da machen wir gleich Nägel mit Köpfen, sagt er, die Vorstellung vom Reinen, die mir da begegnet ist, die wollen wir doch gleich einmal so richtig real werden lassen. Das heißt, es wird also im steinböckischen Richterspruch eingeteilt in die Leute, die die Vorstellung vom Reinen erfüllen und die Leute, die die Vorstellung vom Reinen nicht erfüllen. Bis hierher könnte es Esoterik sein, nicht? - Bis hierher. - Das ist das Horoskop vom Hermann Göring. Nur um in aller Deutlichkeit zu sagen, wie gefährlich eine Vorstellung vom Reinen oder eine Vorstellung vom Religiösen und wie totalitär sie in ihrem Anspruch ist und wie sie gezwungen ist, über die Person hinaus alles zu eliminieren, was dieser Vorstellung von Religion oder vom Reinen nicht entspricht. Das ist ein entsetzliches Beispiel.

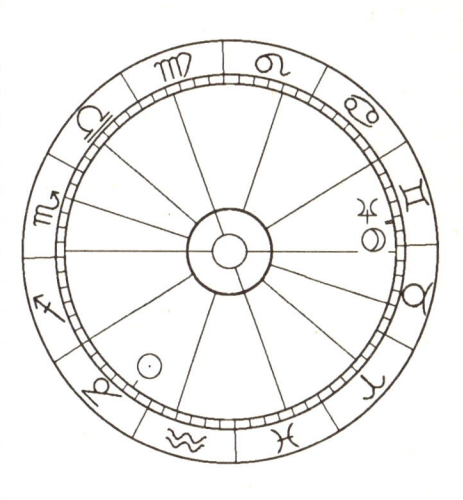

Sie fragen natürlich, was hätte er tun sollen? - Er hat eine schöne weiße Uniform gehabt mit diesen weißen Aufschlägen, nicht "sehet her, ich bin ein

Reiner". - Ja, ja, da muß ich ja direkt aufpassen, nicht. Ich meine, wegen Döber-reiner.

Ich wollte das Bild also mal bringen. Was er anders hätte machen können, wäre dies gewesen, daß er sich in seinem Ego nicht identifiziert hätte mit der Vorstellung, sondern die Vorstellung aus seinem Empfinden hätte wirken lassen. Ich muß das anders erklären: wenn jemand eine Unmasse von Planeten im dritten Quadranten hat, also so vierzig Planeten im dritten Quadranten, dann heißt das, daß er für seinen Bereichsraum - ob das ein größerer Bereichsraum ist oder ein kleinerer, das ist völlig egal, im Sinne von Flurgrenzen oder von Zellbildungen innerhalb einer Gemeinschaft die Aufgabe des Orientierers zu übernehmen hat. Das setzt aber voraus, daß er über etwas orientiert, was nicht er selbst ist. Wenn er also über etwas orientieren soll, was nicht er selbst ist, muß er sich ausschließen und ein schwaches Ego haben, - völlig klar. Wenn er das aber nicht will, und viele Menschen wollen das nicht, weil das Eingeständnis der Schwäche des Ego ein Eingeständnis der Unvollständigkeit ist, aus diesem Grunde wollen sie stark sein, diejenigen, die schwach sind. Also haben sie die Vorstellung von sich als Starker und in dem Moment leben sie ihr Ego als unzerstörbare Vorstellung. Denn ihr Ego ist zerstörbar, aber die Vorstellung, mit der sie sich verbinden, die ist unzerstörbar, die ist unbesiegbar. Und wenn der dann sein Ego mit dem identifiziert, womit er zu orientieren hätte, macht er sich Gott gleich. Und mit Sonne auf zwei ist er dann ein Gott mitten auf Erden.

Wenn er aber orientiert, dann orientiert er das Empfinden, das sich in der Vorstellung wiederfindet und übt nicht Zwänge für das reale Handeln aus. Dann wird die Orientierung von seinem Wesen oder von seinem Leben ausgehen und für sein zuständiges Revier - Sonne Haus zwei - wirksam werden, - ohne daß sein Ego von der Vorstellung verteidigt werden muß. So aber verwechselt er sich mit der Vorstellung und schließt alles andere aus. Das heißt, die Vorstellung vom Reinen wird so in den ersten Quadranten verlagert, daß die Vorstellung vom Reinen stellvertretend für sein Ego zum Dualitätskampf im Sinne des Kampfes oder des Überlebens wird, sodaß nur das überleben darf, was seinem Ego im Sinne der Vorstellung vom Reinen entspricht und alles andere muß eliminiert werden. Dann sind wir wieder bei demselben Schluß.

Im übrigen: die Auslösung bei Hermann Göring von Pluto-Neptun in sieben - das war exakt der Januar 1933. Im Januar 1933 hat sich bei Göring der Pluto-Neptun ausgelöst, die Vorstellung vom Reinen.

Das hier ist das zehnte Septar des Mannes. Was ist hier gefordert? Das Erwirkte ist Pluto Opposition Uranus von fünf zu elf, die Aufhebung der Vorstellung, weil sie als Vorstellung für die Realität falsch ist. Das ist ein Regulativ. Für den Fall, daß er die Vorstellung stellvertretend für sein Ego benutzt, wird diese Vorstellung aufgelöst und sein Leben damit, weil er ja die Vorstellung lebt. Genau bei der Auslösung von Pluto zwölf Jahre später - jawohl, genau bei der Auslösung Pluto-Uranus hier im zehnten Septar war, 1945, 1946, da ist die Vor-stellung zusammengebrochen, wie sie eben mit ihm zusammenbrechen muß. Hätte er für sein Ego keine Vorstellung gehabt, was wir ja leicht sagen können, dann hätte er die Pluto-Uranus-Konstellation gehabt, die Opposition, und hätte gesagt: also die Astrologie stimmt nicht, weil ich habe keinen Zusammenbruch. Aber unsere Prognosen stimmen ja deswegen immer so genau, weil ja immer nach dem gröbsten Gefälle der Konstellationen gelebt wird, das ist ja üblich.

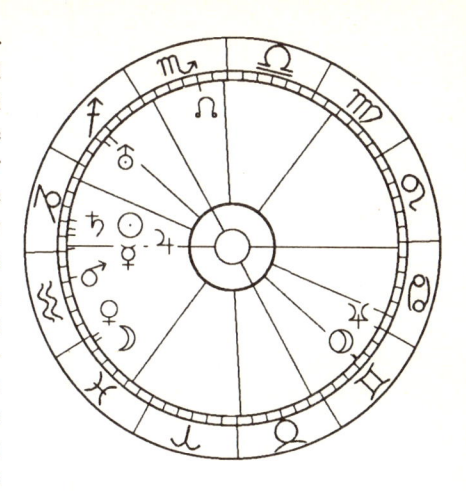

Ich habe jetzt noch ein Horoskop da, das etwas zu denken gibt - es ist das Horoskop meines Großvaters. Mein Großvater war ein Musiker und hat sich einen Namen gemacht, das heißt, man hat ihm einen gemacht und es wurde in München eine Straße nach ihm benannt. Die ist ganz nett, sind so Villen, die stehen da so und die Leute, die dort wohnen, gehen auch, aber es ist keine besondere Straße. Nun ist vor drei Monaten an dieser Straße - an dem Horoskop meines Großvaters, der längst verstorben ist, ist hier der Transit-Mars gelaufen und der Transit-Mond, dazu auf dem Ascendenten mit Saturn Opposition Uranus im Wassermann. Nun werden Sie zugeben, daß das eine ziemlich massive Konstellation ist im Sinne von der an sich schon angelegten Saturn-Uranus-Opposition, auch noch verstärkt dadurch, daß der Saturn im Wassermann steht und noch verstärkt dadurch, daß der Ascendent auch noch dort steht.

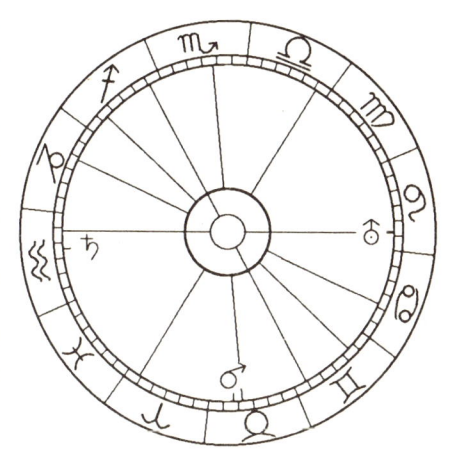

Mein Großvater hat in der Tat zweimal flüchten müssen vor der Gefahr von Erschießung und zwar einmal 1919 aus Versehen bei der Räteregierung in München, da haben sie ihn für irgendwen gehalten und dann das zweite Mal aus Versehen - beinahe aus Versehen 1934 beim Röhmputsch, hätte sie ihn aus Versehen auch erschossen. Das heißt hier ist die Konstellation des Erschießens - passiert einem ja auch nicht alle Tage, daß man zweimal in die Gefahr kommt, aus Versehen erschossen zu werden. Im Horoskop ist diese Erschießungssituation durchaus gegeben. Und jetzt kommt folgendes Phänomen. In dieser Döbereiner-Straße ist in jener Nacht, als der Mars bei dem Saturn am Ascendenten war und der Mond auch am Ascendenten, ein Student - und ich betone - aus Versehen erschossen worden von einem Studienrat - ich weiß nicht, ob es durch die Zeitungen gegangen ist, von einem Studienrat, der gemeint hat, es brechen..

K: Das war kein Student, das waren Schüler.

A: Oder Schüler waren es, es waren keine Studenten. Schüler - aus Versehen erschossen wurden. Und ich sage Ihnen das, weil ich ja davon recht betroffen war, weil da überlegt man sich dann schon, in welcher Straße man wohnt. Weil ich wohne zum Beispiel in der Agnes-Bernauer-Straße - das sagt Ihnen nichts, - schon ? Aber in Bayern sagt das schon was, weil die Agnes Bernauer war die Geliebte, die, wie es hieß, unwürdige Geliebte für damalige Zeiten von Herzog Albrecht ? - wer ist denn geschichtlich .. ? - Na ja, irgendeiner wird's schon gewesen sein, in Landshut irgendwo hat er sie auf seinem Schloß heimlich geheiratet und sie war die Tochter eines Bademeisters, so damals. - Bitte ?

K: In Straubing.

A: In Straubing. - In Straubing, Sie haben recht, ja. Und die ist dann - was ja interessant ist, natürlich schon unter Obrigkeitsleitung, aber immerhin, von ihresgleichen nämlich, von dem sozial niedrigsten Stande mit Haßrufen begleitet in - von der Donaubrücke in die Donau versenkt worden. Und jetzt versuche ich schon zu schauen, nachdem ich da in der Agnes-Bernauer-Straße wohne, was die für ein Horoskop hat. Also Sie können das ja mal - ich will Ihnen ja nicht Angst machen, verstehen Sie, ich meine, Sie können ja - das ist ja auch nicht ungefährlich - in der Adenauerstraße oder sonstwo zu wohnen, ich weiß ja nicht, wo's so was gibt, wegen - ich will ja nicht von Verkalkung reden, na gut, aber das wollte ich also als Beispiel wollte ich das noch bringen. - Wieviel Uhr haben wir?

K: Dreiviertel acht.

A: Noch eine Frage ? Was würde Sie interessieren, daß es beantwortet würde ?
- Ja ?

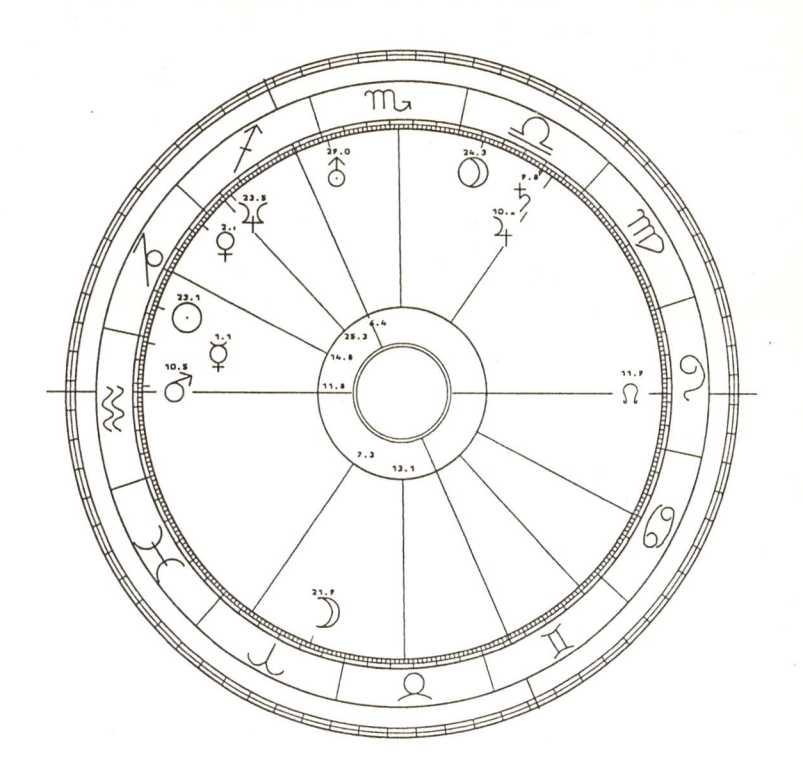

K: Das erste Horoskop haben wir doch noch gar nicht besprochen (Anmerkung: es lag zur Information das Horoskop der großen Konjunktion vom 14.1.81 auf).

A: Die große Konjunktion - haben Sie sich's aufgeschrieben? Diejenigen, die interessiert sind? Es wird immer behauptet, insgeheim, dem Döbereiner seine Horoskope, seine große Konjunktion stimmt nicht. Und das machen dann so Evergreens, hätte ich bald gesagt, also so astrologische Newcomers, machen vier Jahre Astrologie und meinen, ich würde dreißig Jahre lang ein falsches Horoskop benützen, obwohl - man müßte es jemandem ja auch gönnen, das zu tun, wenn er ein falsches benützt. Na ja gut. Die große Konjunktion von 1842, wie sie bei mir angegeben ist, stimmt, man kann sich darauf verlassen und die Septare auch. Voriges Jahr habe ich hier schon einmal über die Wiederholung der Jahre 1940 bis 1947 in den größeren Rhythmus von 1982 bis 1992 gesprochen - das heißt mit anderen Worten: die Zeit von 1940 bis 1947 wiederholt sich jetzt von 1982 bis 1992, selbstverständlich in einem vergrößerten Muster. Und Sie wissen selbst, wenn Sie ein Muster im Kleinen haben und dasselbe Muster im Großen, oder in einer Vergrößerung, dann wirkt ein und dasselbe Muster im Eindruck anders. Es holt sich auch andere Möglichkeiten. Das eine ist der Mond-Rhythmus, der Siebener-Rhythmus und das andere ist der Zehner-Rhythmus, der Löwe-Rhythmus.

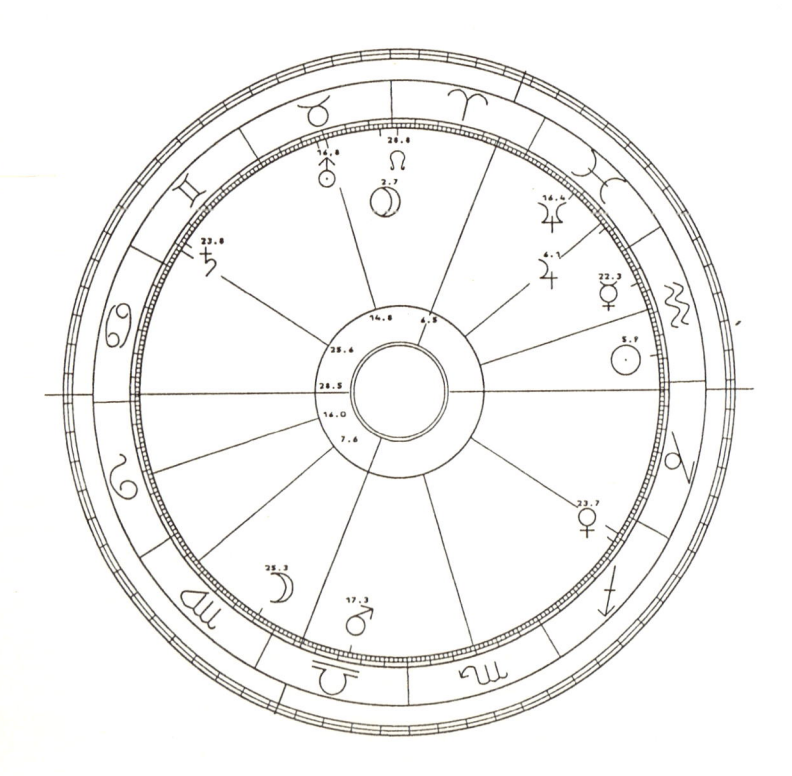

Die Ebenen sind schon insofern verlagert, als das, was ich in der Siebener-Rhythmus-Zeit nicht gelöst ist, daß das in der Zehner-Rhythmus-Zeit zur Auswirkung kommt. Und da haben wir jetzt eben etwa erreicht den Sommer 1943 - das heißt, wir leben jetzt im Moment im Sommer 1943 und für mich - da war der totale Krieg zwar noch nicht ausgerufen, die Bombenkriege sind dann g'rademan so schön angegangen, die Zerstörung. Wenn Sie es verfolgen 1943 im Sommer sind in einem großen Maße nach heftiger Diskussion die ersten Nachrichtenhelferinnen und Flakhelferinnen eingezogen worden und jetzt, wo wir die Zeit vom Sommer 1943 jetzt hier leben ist die Diskussion ob Frauen bei der Bundeswehr einen aktiven Posten übernehmen oder nicht, im Gange. Und gleichzeitig habe ich im Fernsehen in der Tagesschau einen Spot, eine filmische Abhandlung gesehen über dänische Flaksoldatinnen, wie die am Flakgeschütz an einer Flakabwehrkanone da mit Helm und den Schifferlmützen, wie die da agiert haben, die Kanone links und rechts gedreht und so weiter und ecetera mit dem gleichen Text, den ich von 1943 her aus der deutschen Wochenschau von damals kenne.

Wenn wir jetzt Saturn-Uranus die nächsten drei Jahre haben und Uranus-Neptun, Uranus-Neptun ist ja die Strahlenbelastung. Deshalb glaube ich auch, daß die Entsprechung für Uranus-Neptun auch Strontium ist. Uranus-Neptun ist die Strahlenbelastung und - na, die haben noch lange Konjunktion und dann kommt der Saturn dazu. Und Sie dürfen ja nicht vergessen, das sind die drei mundanen Planeten des vierten Quadranten, die nun dann gemeinsam im Steinbock stehen. Das ist ein Zeichen, da ist überhaupt keine Frage. Und das heißt, daß der Saturn-Uranus sagt, alle sollen die nächsten drei Jahre über die Brücke gehen, um Niemand zu sein. Aber Sie wissen natürlich genau so wie ich, daß keiner rübergeht. Und manche gehen wieder zurück, also ich hab's da gut, weil bei mir steht der Jupiter beim Uranus und wenn ich am Uranus-Ufer immer ankomme, dann habe ich gleich den Jupiter da, das ist natürlich ein Vergnügen. Und die große Konjunktion, wo diese Septare gelten, ist eine, die aufgebaut ist nicht auf der ekliptikalen Konjunktion, weil das ein Nonsens ist, was interessiert mich denn das Innenleben der Sonnenflecken, sondern das Entscheidende ist die Konjunktion zwischen Jupiter und Saturn nicht von der Ekliptik gesehen, sondern vom Äquator gesehen. Denn die Konjunktionen finden ja zu anderen Zeitpunkten statt, je nachdem, welchen Betrachtungsort ich wähle. Und mich interessiert ja die Erde mehr als die Sonnenflecken, also wähle ich als Betrachtungspunkt, wann die Konjunktion zustandekommt, wähle ich doch den Äquator und nicht die Ekliptik, das müßte doch eigentlich allgemein klar sein. Nur, daß das nicht klar ist und daß ich dann sogar bezichtigt werde, ich habe falsche Horoskope, hängt doch nur daran, daß viele aus dem naturwissenschaftlichen Denken offensichtlich noch nicht herausgekommen sind. Je anonymer und je neutralisierter, desto besser, schieben wir mal die ganze Wahrheit vom Äquator weg auf die Ekliptik, da auf der Ekliptik kann sie eine Zeitlang sein, laufen wir zwar mit dem falschen Horoskop herum, macht aber nichts, dafür sind wir umso ruhiger. Gut.

Und diese große Konjunktion, die neue von 1981 ist am 14.1.1981, das ist auch Münchner Länge, das können Sie auf jede Länge machen, das können Sie auf Berliner, Pariser, New Yorker Länge machen, das ist ganz egal und ist neun Stunden-null-eine-Minute- und achtundfünfzig-Sekunden, - an denen können Sie sehen, daß ich mir's habe berechnen lassen, Mitteleuropäische Zeit und das heißt Greenwich-Zeit muß also eine Stunde abgezogen werden und dann jeweils die Ortslänge dazu und insofern ist also das Horoskop der großen Konjunktion von 1980 (31.12.1980 - 21:20:52 GMT - München), das in meinem zweiten Band der Erfahrungsbilder steht, das ist ekliptikal. Und da können Sie dann wieder Septare machen und können dann die Zeiten einbeziehen. Es ist zum Beispiel so, daß die Septare der großen Konjunktion heute noch gelten, können Sie daran sehen, daß zum Beispiel der MC des Septars von 1972 bis 1982 war Steinbock, von einem solchen Septar und derjenige, der damals Bundeskanzler war, war jemand, die Sonne da oben im Steinbock hatte, nämlich der Helmut Schmidt. Und jetzt die zehn Jahre haben einen MC von Widder und derjenige, der heute Bundeskanzler ist, ganz egal, wie

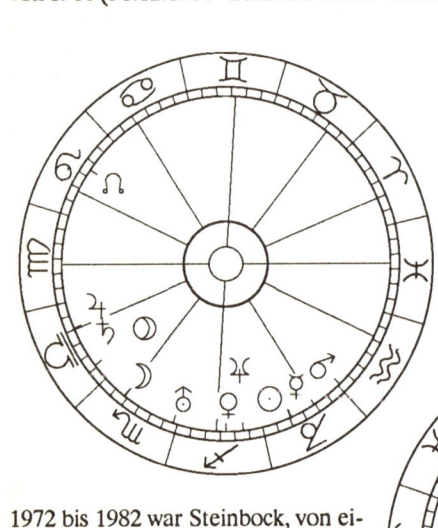

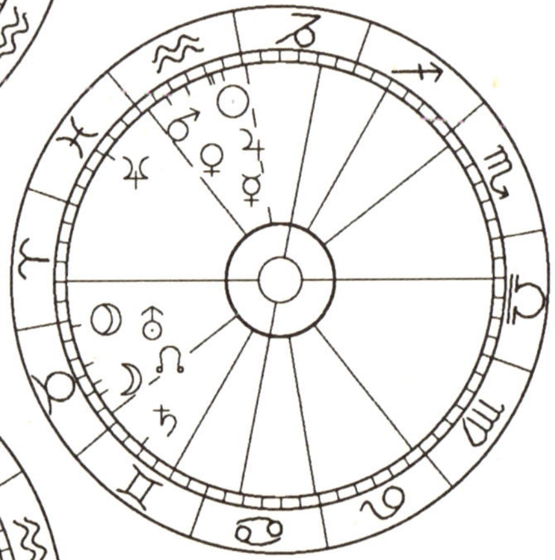

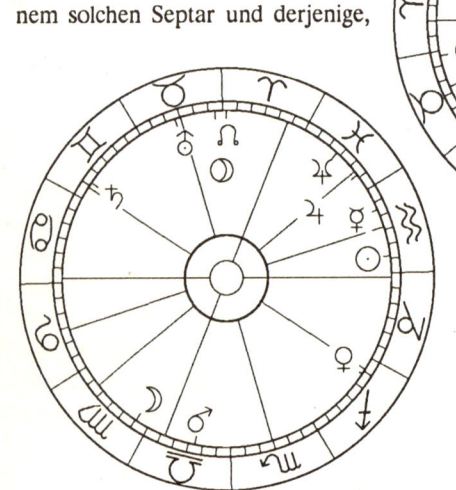

auch immer Sie gewählt haben, ist ein Herr Helmut Kohl mit einem Sonnenstand genau auf diesem MC von diesem Septar. Das ist ungeheuer, ein anderer konnte es offensichtlich - kann's nicht werden. Wenn man dann noch weiß, daß dieser Herrscher von zehn Mars-Uranus ist und das "schwache Vaterbild" oder die Unsicherheit darstellt, gibt's ja keinen, der geeigneter ist, die Konstellation zu erfüllen. Aber - es müßte eigentlich heißen "die Infragestellung", - verstehen Sie? Er spielt lieber das "schwache Vaterbild" als die Infragestellung. Gut, das wäre es eigentlich, jetzt wollte ich nur noch fragen, ob Sie irgendwelche Fragen noch haben, sonst würde ich sagen, oder irgendein Thema angerissen haben wollen ..
- Ja ?

K: Könnten Sie über die mundane Konjunktion Saturn-Neptun etwas sagen, von 1989, in dem Septar.

A: Ja, das sind sogenannte .. der Saturn-Neptun, der kommt mundan 1989 in den Septaren - ich kann das Septar ja hinhängen, die Karte davon. Ich tu's eigentlich auch so ganz gerne nicht, aber es ist - wir haben ab 1989 haben wir eine Saturn-Neptun-Opposition. Die Konstellation ist eigentlich die Konkurskonstellation. Jeder Konkurs ist ja ein Schuldgefühl - wie soll ich das sagen ? - zu siebzig Prozent - sind wir einmal vorsichtig: es ist so, daß wenn Sie Schuldgefühle gegenüber dem Himmel haben, dann haben Sie eine Psychose, das ist gesund. Also in unserem Sinne. Wenn Sie Schuldgefühle gegenüber einem anderen Menschen haben, dann ist das ungesund, - und zwar deshalb, weil die Schuldgefühle gegenüber einem anderen Menschen eine Unterwerfung sind. Das heißt, jede Unterwerfung unter andere Menschen drückt sich aus in einem Schuldgefühl. Es gibt kein anderes Schuldgefühl als das einer Unterwerfung. Und mit der Unterwerfung ist es nicht getan, weil auf dem Weg der Unterwerfung wird immer etwas transportiert und zwar der eigene Untergang. Das heißt, jede Unterwerfung übernimmt, jedes Schuldgefühl signalisiert die Bereitschaft den Untergang eines anderen zu übernehmen. Jedes Schuldgefühl signalisiert - "ich übernehme Deinen Untergang".

Das ist wie mit der Steinigung. Wenn ein Organismus sich entgiften möchte, dann sammelt er an einer bestimmten Stelle zu einem Abszeß alle Gifte an, die dann sozusagen ausgeschieden werden und der Organismus ist für eine bestimmte Zeit giftfrei,- wenn nicht g'rade der Herd gefunden worden ist. Und in einer jeden Art von Gemeinschaft wird sozusagen an einer Stelle der sozialen Gemeinschaft abgeladen, wird Schuld abgeladen. Ich kann's noch direkter erklären. Das ist der Ziegenbock-Effekt. Früher, wo Pferde wegen des allgemeinen Transportwesens ein ungeheueres Kapital dargestellt haben und man über diese Dinge wahrscheinlich noch mehr wußte, hat man in die Pferdeställe Ziegen oder

Ziegenböcke reingestellt. Die Ziegen oder Ziegenböcke waren dann innerhalb des Pferdestalls eine Minderheit. Es ist nun tatsächlich so, daß die Minderheit, weil sie Minderheit ist - ich versuch's mal pauschal - hormonell darauf reagiert. Jeder reagiert auf das Minderheitengefühl hormonell, indem die Abwehr zusammenbricht. Also das läuft über irgendeine Nebennierenrindenüberfunktion und so weiter und so weiter und so weiter. Das ist wurscht, wie's läuft, aber die Abwehr bricht zusammen. Das heißt, der Ziegenbock übernimmt die für die Gemeinschaft zuständige Problematik der Erkrankung, der Ziegenbock geht ein, die Pferde bleiben gesund, die Bereichskonstellation ist in der Ziege erfüllt.

Das war ein früher probates Mittel, wenn Sie eine alte Bäuerin fragen, also bei uns in Bayern jedenfalls, wenn'S die fragen, die sagen "ja, ja, da hat man immer eine Goaß rein, und die ist dann allweih eingegangen, aber den Pferden ist .." - verstehen Sie diesen Vorgang? Den können Sie übersetzen auf alle möglichen Bereiche. Das heißt, in eine soziale Gemeinschaft paßt einer, der Saturn-Neptun hat, nicht hinein. Es paßt einer mit Mond-Neptun nicht hinein, es paßt einer mit Saturn-Neptun nicht hinein, das heißt, der kann nur in dieser sozialen Gemeinschaft sein, wenn er sich tarnt. Er ist sozusagen Minderheit, mentale Minderheit und als mentale Minderheit bekommt er eine Abwehrschwäche, er übernimmt sämtliche Schicksale. Er übernimmt - das ist ja nicht nur in bezug auf Krankheit, er übernimmt ja auch das Schicksal. Deshalb sind die Leute ja so gefragt. Die sind irrsinnig beliebt solange sie Unglücksträger sind. Die Unglücksträger der anderen, die den Untergang der anderen übernehmen. Es ist ja nicht immer ein großer Untergang, es sind ja viele kleine Untergänge, die da übernommen werden. Es ist ja kein großer. Es gibt ja ganz tragische Geschichten, die ich so ungern wie nur was anspreche, aber denken Sie doch bloß einmal an die eineiigen Zwillinge, wo die Wissenschaftler, so blöd sind die, - aber die sind ja wirklich blöd, - untersuchen wollen, ob die das gleiche Schicksal haben. Das können Sie doch gar nicht haben. Das haben sie doch nur in den wenigen Fällen, in denen das Gleichgewicht zwischen beiden noch einigermaßen erhalten ist. Ich würde Ihnen auch nie raten bei eineiigen Zwillingen in irgendeiner Weise einen allein zu beraten oder möglicherweise homöopathisch zu behandeln oder sonst irgendwas, weil Sie greifen da in eine .. - ja? - Haben Sie es noch nicht erlebt, Sie helfen der Mutter und die Tochter wird krank. Dann helfen Sie der Tochter und die Mutter wird wieder krank, - für wen wollen Sie sich dann entscheiden? Doch lieber für keinen von beiden, lassen wir das doch lieber die zwei ausmachen, wer überbleibt oder wer aus der Gemeinschaft rausgeht, nicht, das ist ja ein heikles Spiel. Und das ist dieser Ziegenbock-Effekt - und der Ziegenbock hat Schuldgefühl, weil er Minderheit ist, verstehen Sie, so geht das an. Und in dem Moment wird der Untergang der anderen auf den Ziegenbock transportiert. Ich möchte nicht - es ist so gefährlich, weil ich möchte das Thema eigentlich nicht - ich möchte inhaltlich nichts verletzten, wenn ich sage, daß das Christliche der Kreuzigung ja nichts anderes ist als die Reinigung der Welt durch das Opfer. Es ist ja nichts anderes. Nur möglicherweise in einem von mir nicht angetastet sein wollenden Bereich, weil der uns nicht zur Verfügung steht. Also nicht zu unserer Verfügung steht.

Wenn zum Beispiel dieser Saturn-Uranus gelebt würde, daß alle sagen - unsere heutige Zeit: "wir müssen alle Niemande sein", dann würde der Saturn-Neptun keinen Konkurs ergeben können. Und der Fisch ist ja auch noch das Niemandsland. Aber schauen Sie sich das mal an, es ist das Horoskop von 1989 bis 1996 bezogen auf den Mitteleuropäischen Bereich, das heißt also, München oder Nürnberg oder Berlin, das ist ein Unterschied von zwei, drei Grad, aber Sie sehen eine Grenze, der Ascendent bei München steht auf neunundzwanzig-Komma-sechs Grad Wassermann, östlich von München haben wir Fisch, und zwar auch noch den Gruppenschicksalspunkt für Saturn-Neptun extranoch einmal, zwei Grad Fische, außerdem daß er hier sowieso als Opposition gegeben ist und das auch noch kardinal bei null Grad Widder.

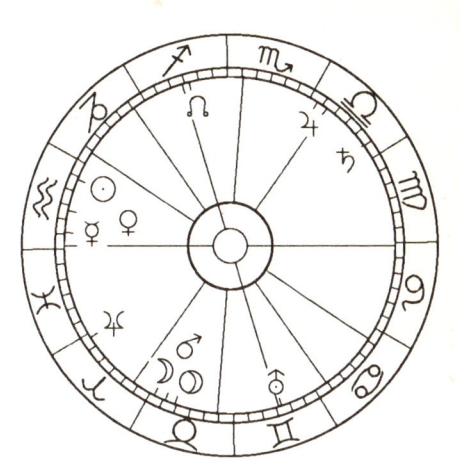

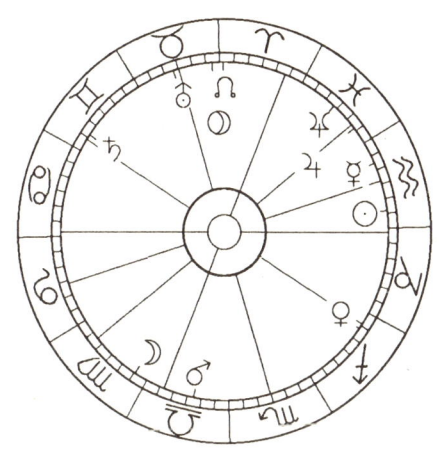

Wir sind 1989 beim April 1945, das heißt "eine Welt geht unter". Wessen Welt geht unter? Nicht, das ist ja immer die Geschichte. Die sagen ja immer Weltuntergänge, bloß weil die eigene untergeht, meint man immer in holder Übertragung, die ganze Welt geht dann unter. Aber sicher ist, daß hier eine ganze Denkhaltung zusammenbricht. Das heißt, die Restauration, die von nach fünfundvierzig oder von 1950 bis 19-

- bis jetzt gemacht wurde, die bricht zusammen - der Punkt von fünfundvierzig wird wieder erreicht. Das heißt nicht, daß jetzt deswegen die Russen kommen oder sonstwer - obwohl es auch wieder nicht auszuschließen ist, sondern es heißt, daß eine Denkwelt endgültig zusammenbricht. Und ich muß Ihnen sagen nach Tschernobyl, also ich meine, daß die alle noch so weiterleben, daß eine Form ohne Inhalt noch so lange überleben kann, ist ja so was von erstaunlich, das ist ja auch schon wieder ein Phänomen, wo man staunen muß. Und wie sich die Wissenschaftler, obwohl heute noch nicht ein Wissenschaftler darüber nachgedacht hat, woran es wohl liegen mag, daß die Aktivitäten in einer so zerstörerischen Weise vor sich gehen. Verstehen Sie, die kommen immer nur mit Verfahren oder mit guten Vorsätzen so wie in der Schule. Jetzt, ab morgen mache ich meine Hausaufgaben regelmäßig oder irgend so was, nicht, also die sogenannten - noch kein Mensch hat darüber nachgedacht, daß das Prinzip des naturwissenschaftlichen Vorgehens darin liegt, im Sinne des intellektuellen Vorgehens Umraum vom Leben zu befreien, um ihn in seinen Fakten kalkulierbar zu machen. Daß natürlich mit der Neutralisierung des Umraums der eigene Standort unberechenbar wird, ist ja ganz klar.

Das ist ja doch alles ganz einfach, das habe ich aber mal einem Astrophysiker gesagt bei einer Diskussion, der den Halleyschen Kometen da verfolgt hat, - nicht er allein, die Russen, und alle haben's, und das war also eine - die haben ja auch so Handbewegungen, die sind alle so echt, wenn sie sich freuen, machen sie so. Dem habe ich das erzählt, der hat zu mir gesagt "das versteht er nicht", dann habe ich gesagt, "dann wollen wir mit dem Bösen erst gar nicht erst anfangen", dann hat er erst noch einmal groß geschaut, verstehen Sie, das sind .. die können nicht mehr denken und Heidegger hat's ja - schauen Sie, es gibt ja so viel Leute, die's gesagt haben, es ist ja nicht bloß der Heidegger, es ist ja nicht bloß der Guardini, es ist ja nicht bloß der Friedrich Georg Jünger und so weiter, - verstehen Sie, es ist ja gesagt worden vor dreißig Jahren - nein, es hat ja nichts genützt. Und das Schlimmste ist nur, daß wir mit dem ganzen Gesocks zusammen untergehen müssen, nicht. Na ja, was heißt - mir wird immer gesagt .. dann heißt's immer "wir haben uns alle schuldig gemacht". Dann muß ich immer sagen "ich nicht". Ich habe nicht mitgemacht, ich habe von Anfang an die Existenzlosigkeit gewählt, weil ich mich im vollen Bewußtsein dessen, was ich tat nicht schuldig werden wollte an dem, was die Gesellschaft und der Staat tun. Ich habe es gewußt und was ich als Zwanzigjähriger weiß, kann ich von jedem verlangen. Das kann ich wirklich von jedem einzelnen verlangen, von jedem. Das heißt, ich kann's nicht verlangen, aber verstehen Sie, von schuldig machen ist in diesem Sinn bei mir keine keine Rede. Ich darf schimpfen, verstehen'S, drum ist ja mein Schimpfen so unangenehm, weil ich darf.

Ja gut, das ist also diese Geschichte: wenn man's geographisch nimmt, geht diese null Grad Fisch-Linie östlich von München entlang und an .. - durch Frankfurt an der Oder. Wenn Sie das als Linie nehmen. Es geht genau entlang. Und Fisch ist ja immer das Niemandsland. Und ich habe ja voriges Jahr diese ganzen Septare geographisch aufgezeichnet auf Karten und die drei Monate später erfolgte Strahlung von Tschernobyl ging ja exactement diesen Strahlenweg, exakt, da waren die höchsten Strahlenwerte. Dann hat sich der Wind extra noch einmal gedreht, damit wirklich diese ganzen eingezeichneten Linien, wo ich Ihnen noch sagte, wenn Sie sich erinnern "ich verstehe nicht, wieso da oben in Skandinavien und Finnland sich so viel an - na, an Konstellationsfigurationen, warum sich da also so viel verengt." Und das wird auch in Zukunft so sein, das wird das strategisch problematische Gebiet sein.

Wenn Sie Saturn-Neptun in diesem Bild sehen, dann soll der Saturn zur Begegnung werden, und zwar als Bild der Trennung zwischen subjektiv und wirklich, als Bild der Grenze zwischen personal und apersonal. Und das ist vom vierten Quadranten her erwünscht, weil der Saturn aus Haus elf und zwölf kommt. Und wenn man das als Folge der mundan-vierten-Quadranten-Planeten sieht, dann ist klar, daß der Uranus das Subjektive aufheben muß, das heißt, man muß die Selbstaufhebung gebären, und der Neptun hebt dann die Personalität auf - im Blick auf den Saturn. Und wenn dann noch die Sonne in Haus zwölf ist, dann wird das im Sinne von Geschehen- und Gewährenlassen schicksalhaft. Etwas östlich kommt dann der Uranus ins dritte, als Herrscher von zwölf, da wird das Ungreifbare zum Geschehen.

Nun dürfen Sie nicht vergessen, daß im Septar des ersten Weltkriegs die Grenze zwischen dem Tierkreiszeichen Krebs und dem Tierkreiszeichen Löwe genau durch Verdun gegangen ist. Das heißt, die Franzosen konnten vom Krebsgebiet nicht auf das Löwegebiet übergreifen und die vom Löwen, die Deutschen, konnten nicht auf das Krebsgebiet. Da war die Tierkreisgrenze, da war der Grabenkrieg, das ist ungeheuerlich, wenn man das nachverfolgt. Das zweite ist, beim Zweiten Weltkrieg war die Grenze in dem Septar, wenn man es

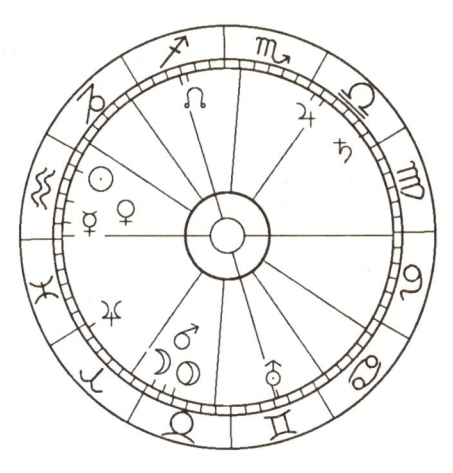

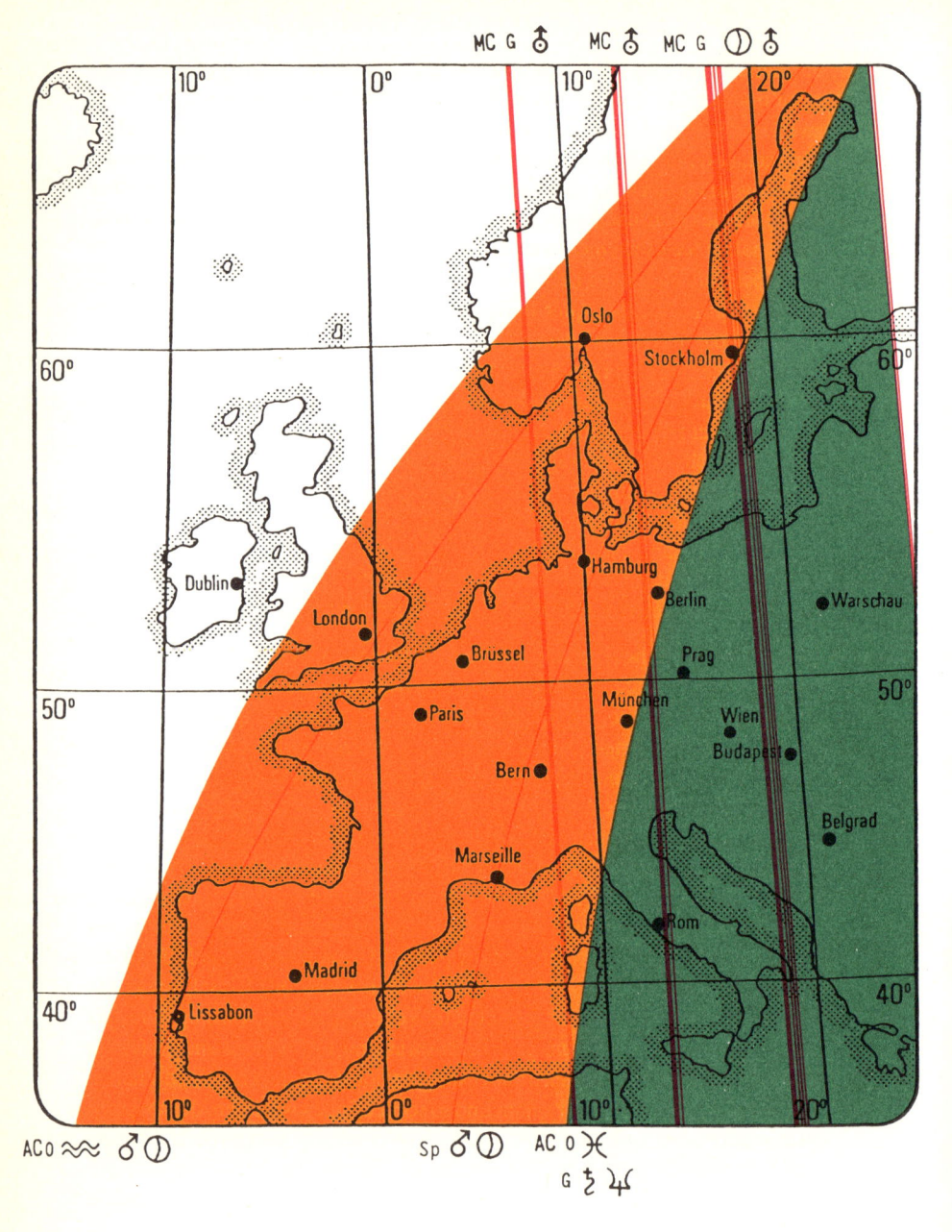

22. Septar

auf Karten überträgt von Krebs zu Löwe genau der Elbe entlang, genau exactement dort, wo der Eiserne Vorhang ist, weil nämlich auch noch der Pluto auf zwei Grad Stier ein Quadrat zu den Null-Grad Löwen hatte. Das heißt, Sie haben ganz genau da die Grenze, wo die vom Krebs nicht zum Löwen rüberkommen und die vom Löwen nicht zum Krebs, es sei denn, sie hätten ein Visum. Und hier haben Sie die Grenze von zwei Tierkreiszeichen, nämlich vom Wassermann zum Fisch, haben Sie exactement hier entlang, das sind die zwei Grad Fisch. Das ist ein Lebergrad, da hat die Leber viel zum entgiften auf zwei Fische. Hier haben wir die Grenze, die hier quer durchgeht und wenn Sie jetzt einmal verfolgen genau wo die Werte am höchsten waren von der Radioaktivität, - haben Sie's genau an den Linien, nirgendwo anders. Das hat sogar einen Superwissenschaftler, der irrsinnig hoch dafür bezahlt wird, daß er nicht - er muß gar nicht arbeiten, er muß immer nur denken, - da gibt's so ein paar, den Job möchte ich auch mal. Und wird auch nicht abgefragt, sondern das kommt dann immer freiwillig. Und der hat seiner Frau immer verübelt, daß sie in die Rhythmenlehrekurse geht, weil er gesagt hat, "Du bist ja von .. stammst ja aus dem Mittelalter" - und so. Und der war dann plötzlich Feuer und Flamme und hat gesagt, das ist ja ungeheuer, und dann wollen sie es natürlich gleich verwerten, aber ich mach da nicht mit, ich bin ja inzwischen am Uranus-Ufer, ich bin ja Niemand.

Das ist die Einlösung eines vordatierten Schecks, verstehen Sie ? Wenn wir jetzt schon so leben würden wie es dann möglicherweise von uns verlangt wird in eingeschränkter Weise, dann würde nichts zusammenbrechen. Nur ist es ein Unding, das zu erwarten. Schauen Sie sich die ganzen Stellenwerte an, die sich aufbauen, die ja doch noch alle an der Macht sind, verstehen Sie, die haben doch ihr Leben verkauft für einen Stellenwert: Jetzt soll das plötzlich alles nichts mehr wert sein. Die sind ja auch bösartig, was glauben Sie mit welcher Bösartigkeit irgendwelche Versuche von mir noch relativ arglos gedacht, früher, - Astrologie ins Beweisfeld zu bringen im Sinne von Mahnmal, - "bitte schön, das ist möglich, jetzt seid's mal vorsichtig und so". Ich habe eine Wetterkarte veröffentlicht zwei Monate im voraus in der Abendzeitung (siehe "Astrologische Zeitschrift für die Münchner Rhythmenlehre" - Heft 5). Es ist sowieso ein Rätsel, wieso die Münchner Abendzeitung eine gezeichnete Wetterkarte eines Astrologen auf der dritten oder zweiten Seite ganz groß herausbringt mit allen Hochs und Tiefs zwei Monate voraus. Wahrscheinlich haben die gemeint, die trifft ja nie ein, die haben gesagt, das ist ganz lustig, der spinnt und so schnell finden wir einen, der so spinnt auch wieder nicht und da tun wir dann die Wetterkarte reindrucken. Bloß, es war großes Schweigen wie die Wetterkarte eingetroffen ist. Verstehen Sie ? Mit jedem Hoch und mit jedem Tief. Und ich weiß noch genau, weil ich ja sonst keine Ahnung habe vom realen Wetter, weil das ist mir ja wurscht, wegen mir würde ich es ja nicht ausrechnen. Und da habe ich bei Sizilien war ein kleines Tief und das kleine Tief habe ich eingezeichnet, wieder rausradiert, wieder eingezeichnet, weil ich mir gesagt habe, also eigentlich ist's da, aber andererseits kann ich mir nicht vorstellen, daß ausgerechnet - da so ein Tief ist. Und dann habe ich mir gedacht, na ja gut, das Gesetz geht vor, schreibst es rein, wird schon falsch sein. Auch dieses Tief, alles wunderbar da, - kein Mensch hat sich gerührt. Verstehen Sie, aber das sind dann dieselben, die überall erzählen, die Astrologie ist uns die Beweise schuldig geblieben. Überhaupt nicht, sie sind unterdrückt worden.

Im Hamburger Seewetter-Amt hat eine Meteorologin gesagt zu einer Journalistin "da hat's doch den Wetterastrologen gegeben, in München, von dem hört man gar nichts mehr, den haben wir fertig gemacht", - dabei habe ich bloß nicht mehr mögen, weil ich bin ja nicht blöd. Zum Beispiel am fünften November 82, vor dem Jahr, in dem der sogenannte "Jahrhundertsommer" war - da haben alle gesagt, es wird ein strenger Winter, da habe ich in der Abendzeitung gesagt, "das wird gar kein Winter", - aber der nächste Sommer wird wunderbar, das wird ein "Jahrhundertsommer", - und so war's. Im März darauf hat Herr Kaminzky von der Sternwarte Bochum gesagt "es wird ein Jahrhundertsommer", dann war's klar, weil's ein Wissenschaftler gesagt hat (siehe Astrologiezeitung für die Münchner Rhythmenlehre - Heft 5).

Wissen Sie, die vermeiden alles, was in irgendeiner Weise die Macht einschränken könnte und die Journalisten und die Juristen helfen dazu. Die Juristen unterhalten sich jetzt darüber, wie es ausgeschlossen werden könnte in Zukunft, daß die Juristerei in dem Dienst steht irgendeiner Ideologie. Dabei steht sie ja, während sie das tut im Dienste der Ideologie von der Wissenschaft, denn es geht ja schon gar nicht mehr um die Wissenschaft, sondern um die Vorstellung von der Wissenschaft, und die ist ja mörderisch. Die Journalisten, die Medien, alle machen da mit. Verstehen Sie, das sind alles Helfershelfer, die in diesem System der Zerstörung von Umwelt, deren Prinzip es ist, die Umwelt zu zerstören, mithelfen. Und meinen, sie könnten rückwärts aus dem Fenster rausschauen und sagen "wir ändern's, während wir in dem Wagen bleiben". Die wollen aus dem Wagen nicht raus und sie meinen, sie könnten es ändern, wenn sie hinten rausschauen, weil da sieht's dann immer noch besser aus als vorn. Und aus diesem Grund, weil sich nichts ändern wird und weil die, die sich wichtig nehmen, sich weiterhin selbst - lieber gehen sie unter, als daß sie sich nicht wichtig nehmen würden. Vielleicht sind die dann so stramm wie früher die Kapitäne, die vorm untergehenden Schiff dann noch salutiert haben, bloß haben wir da nichts davon. Deswegen wird sich nichts ändern und deswegen wird das System untergehen. Und was ich dann fürchte, ist, daß anschließend nach dem Untergang dieselben Typen wieder das Maul aufreißen, genau die gleichen, und zwar in Richtung

Bigotterie, dann werden's alle heilig. Dann ist wieder die Freiheit weg. Es ist ein ungeheurer Vorgang, wenn man das miterleben muß und sehen muß, daß sich nichts ändert, und selbst, daß sie auf Argumente nicht eingehen, weil sie sich ja - sie antworten ja auf Auseinandersetzung mit Gesetz, sie setzen sich ja nicht auseinander, verstehen Sie, sie haben ihre standesherrlichen Marktanteile, die sind ihnen staatlich, gesetzlich gesichert, da können sie anstellen, was sie wollen, denn innerhalb dieses zerstörerischen Systems schützt sie die Jurisprudenz. -

Kein Mediziner kann etwas anderes tun als zerstören auch im besten Wissen des Bewußtseins helfen zu wollen, er kann nicht anders, weil das Prinzip des Systems es nicht zuläßt. Wer das nicht erkennt, ich muß sagen, der ist dann zu dumm, um noch irgendwo zuständig sein zu wollen. Es ist ein so ungeheurer Vorgang und keiner will's begreifen, jeder fühlt sich persönlich angegriffen. Jeder fühlt sich .. wissen Sie, das, was ich Ihnen jetzt sage, "das muß man relativieren", heißt's, "so kann man das nicht sehen," oder "ein bisserl was ist schon dran". Dann gehen wir halt "ein bisserl unter".

Wissen Sie, daß so, wie die heutige Zeit ist, das habe ich vor dreißig Jahren gesagt und vor dreißig Jahren haben sie dann zu mir auch gesagt "ja, also so kann man das nicht sehen und das ist nicht so", aber es ist genau so gekommen. Und wissen Sie, warum ich das beurteilen kann ? Weil ich nicht auf dem Schiff bin sondern außerhalb, wie ich's verlange von jedem. Jeder muß ein Outlaw sein, Sie können doch nicht ein System beurteilen, wenn Sie innerhalb des Systems stehen, das ist ja nicht drin, ist nicht möglich, weil Sie dann in die Abhängigkeit des Systems gebannt sind. Aus diesem Grunde sind die alle wie blind. Und mir sind sie böse, weil ich sage, wie es ist. Was ist denn das schlimme, ist das schlimme das, daß es so ist, oder daß ich Worte darüber verliere ? Das schlimme ist doch das, daß es so ist und nicht, daß ich Worte darüber verliere. Ich erwarte auch, daß die in den nächsten Jahren voll gegen mich vorgehen, und mit meinen sogenannten Klassifizierungsschülern, da gibt's jetzt schon eine ganze Stange, werden's ja gut unterstützt, die liefern ja die Inhalte der Münchner Rhythmenlehre ab, um sich selbst in die etablierten Etagen von Stellenwerten hochzuhieven. Inzwischen sind ein paar neue dazugekommen, just sind auch schon Etablierte dabei. Das ist völlig klar, weil die meinen, man könnte mich rechts überholen, in Gottgleichheit mit weißem Jäckchen und weißem Höschen, "so sauber sind wir", "und edel". Die teilen jetzt auch schon astrologische Stellenwerts-Scheine aus, um noch mehr Unfähige anzulocken.

Gut, mir geht's nur um Warnung.

K: Soll dann die Medizin abgeschafft werden ?

A: Ich will Ihnen folgendes sagen: ich würde sagen, daß zum Nutzen der Patienten die Medizin abgeschafft gehört im augenblicklichen Zustand. Die ist nur noch ein Kennzeichnungsorgan, die die Therapie längst an die Pharmazie abgegeben hat. Schauen Sie, die Medizin geht davon aus, daß sie methodisch vorgeht. Das heißt, sie kennt die Bilder nicht. Die Folge ist, daß sie eine Unzahl von Diagnosen hat, fast keine Lebens- oder Erklärungsbilder, sondern nur einzelne Symptomreihen, Symptomketten und in der Therapie bleiben nicht mehr übrig als fünf Antibiotikaprodukte plus Varianten. Auf tausendundeins Diagnosen kommen dann vielleicht durchschnittlich sieben - möglicherweise noch leicht unterschiedliche Therapiemöglichkeiten, die keine Heilung, sondern eine Unterdrückung des Heilungsvorgangs darstellen, die also das Leid verewigen oder zementieren und nicht zur Heilung sondern zur Versehrung führen.

Ich brauch' doch nicht wissen, wie der Namen der Krankheit ist, wenn ich weiß, welches inhaltliche Prinzip sie veranlaßt hat. Ich brauch' doch nicht wissen, welches Etikett des öffentlichen Auftretens sich die Krankheit sucht, wenn ich den inhaltlichen Zusammenhang dieser Krankheit weiß. Ich kann also die Diagnose voll übergehen. Ich kann die ganzen Diagnosewerkstätten voll übergehen. Und das ist ein Ausgangspunkt, die ganzen Monumentalbauten, die klinischen braucht's nicht, diese Trutzburgen, die scheinen sich ja zu fürchten, die Ärzte, die sind ja wehrburgartig. Alles das braucht es überhaupt nicht und was in den Krankenhäusern alleine stirbt und leidet, nur deswegen, weil bereits vorhandene Erfahrungen ausgeschlossen sind, wissen Sie, wer diese Schuld - wer in einem solchen Maße aus eigener Ungelöstheit Erfüllungsgehilfe von solchen Vorgängen wird, ich muß sagen, die Schuld möchte ich nicht auf mich laden. Und die muß man auf sich laden, wissen Sie, ich sage das so deutlich - es ist vielen viel zu hart. Es ist in Wirklichkeit noch viel härter, ich kann es gar nicht so hart aussprechen, wie's in Wirklichkeit vor sich geht, diese ungeheure Tragik des Umbringens von Menschen, nur weil eine Denkhaltung ihr Prinzip durchsetzen will, möglicherweise über die Gutwilligkeit von Ärzten hinweg. Es ist ein so ungeheurer Vorgang, daß er überhaupt nicht faßbar ist, vielleicht kapieren sie ihn einmal in fünfzig oder hundert Jahren, vielleicht, - das Ausmaß ist ja gar nicht mehr zu empfinden, so ungeheuer ist das.

Die astrologische Homöopathie ist eine wirkliche Alternative, ich kann Ihnen ein Beispiel sagen, das der Erfahrung entspricht. Ein Heilpraktiker, der hat ungeheure Darmprobleme gekriegt, er war nahe am Darmverschluß, hat sich röntgen lassen und man stellte fest: Karzinome, zwei Stück, ganz schöne Brocken. Dann wurden die Mittel aus dem Horoskop zusammengestellt, das waren sechzehn Mittel. Da war dann eine "C 1000" dabei, da hat er gefragt, ob's die überhaupt in der Apotheke gibt. Der hat dann alles hergerichtet für den Notfall, Operateur,

Krankenhaus, Bett und sechs Wochen später hat er mit seinem Operateur geredet und die Chirurgen sind ja offensichtlich Männer der Tat und der hat ihn gleich auf den Tisch raufgelegt und hat gesagt "das kriegen wir gleich", - das eine Carcinom war überhaupt nicht mehr da und das andere Carcinom war nur noch ein Drittel seiner ursprünglichen Größe. Wissen Sie, wenn dem so ist, dann frage ich Sie, welche Schuld das Nicht-Wissen ist? Dann frage ich Sie, welche Schuld die Abwehr des wirklich Alternativen auf sich nimmt?

K: Haben Sie sich mal mit AIDS beschäftigt, jetzt?

A: AIDS - ich muß Ihnen sagen, ich gehe ja nicht gezielt auf Dinge los, mich interessiert ja eigentlich nichts. AIDS interessiert mich auch nicht. Und zwar deswegen nicht, ich lasse - ich verenge mein Denken nicht dadurch, daß ich was Bestimmtes denken will, sondern ich lasse denken, verstehen Sie. Und wo es mich hindenkt, da sage ich "interessant". Und drum interessiert mich AIDS nicht, weil wenn ich jetzt spezifisch über AIDS nachdenken sollte, dann müßte ich ja drüber nachdenken und das will ich nicht.

Aber eines ist sicher, AIDS kann nur einer kriegen - das heißt, jetzt übertreibe ich - ich habe natürlich sehr viele AIDS-Horoskope zugeschickt bekommen und ich habe kein einziges AIDS-Horoskop gesehen, in dem nicht gewesen wäre Saturn-Merkur oder wahlweise Uranus-Merkur oder ganz am Rande Neptun-Merkur oder der rhythmische Übergang in der rhythmischen Auslösung durch's Horoskop über zwei Zwilling oder zwei Schütze oder der Gruppenschicksalspunkt zwei Zwilling oder zwei Schütze. Und wenn Sie mich sozusagen jetzt schon zwingen über AIDS nachzudenken, zwangsläufig jetzt, dann ist es doch immerhin auffallend, daß Saturn-Merkur, Uranus-Merkur und Neptun-Merkur der Reihe nach alle Planeten des mundan vierten Quadranten im Verhältnis zum Merkur des dritten Hauses sind, das ist doch immerhin auffallend. Das heißt, es wird hier eigentlich von einer Seuche die falsche Zugehörigkeit in einem geheiligten Denksystem belangt. Denn eine Infektionskrankheit kriegen Sie immer nur dann, wenn Sie in der falschen Zugehörigkeit sind. Lues kriegt nur einer, wenn er von den Müttern nicht loskommt. Dann sagt sein Unterbewußtsein "schauen wir doch, wo wir in der Umgebung eine Ansteckung herkriegen könnten, weil dann, wenn er schon von den Müttern nicht loskommt, dann geben wir ihm wenigstens so eine Syphilis, daß sich keine Frau mehr mit ihm einläßt". Dasselbe ist bei Tuberculinum - bei Tuberculose, - jede Infektionskrankheit steht im Dienste jemanden aus einer falschen inhaltlichen oder äußerlich falschen Zugehörigkeit über das Unbewußte zwangsweise herauszuholen. Das heißt, jede Infektion ist gesucht. Jede Infektion ist von dem eigenen Unterbewußten gesucht. Das heißt, Sie kommen dann in die verquere Lage, daß einerseits Ihr Oberbewußtsein, alles tut, damit Sie alle Ansteckungsfälle vermeiden, während gleichzeitig Ihr Unterbewußtsein alles tut, damit Sie welche kriegen. - Zu lösen ist halt die Situation.

K: Die Unterwürfigkeit?

A: Die Unterwürfigkeit gegenüber einem System. Schauen Sie, Saturn-Merkur ist die Heiligung des Intellekts, wenn ich mit Saturn-Merkur kompensiere. Wenn ich mit Saturn-Merkur nicht kompensiere, dann lebe ich den Hinweis von Saturn-Merkur, der heißt "Du sollst Deinen Merkur dem vierten Quadranten zur Verfügung stellen". Das heißt "Du sollst möglicherweise der Sendbote von Wahrheit sein" oder "Du sollst der Sendbote" - ich möchte nicht, daß der Himmel im vierten Quadranten wegpsychologisiert wird, und in diesen Bildern kann man ruhig sprechen ohne sich zu genieren - Saturn-Merkur heißt "Du sollst der Sendbote des Himmels sein." Das ist natürlich nicht schön, denn wenn ich mitten in der Herde, die vom Himmel nichts hält, der Sendbote des Himmels bin, dann halten die von mir auch nichts, das ist ganz logisch. Also bin ich lieber nicht Sendbote und lebe nicht das, was wirklich ist. Dann lebe ich doch lieber das Ganze in mir, meiner Gegenwärtigkeit - das ist dann die Heiligung meines Ego, indem ich wie Dürer oder die damals beginnenden Neuzeit versuche die Gegenwart zum Ganzen zu machen. In dem Augenblick lebe ich die Reaktion auf das Zugehörigsein zu einem System der Heiligung des Unvollständigen. Das Unvollständige kann aber nicht geheiligt sein. Und das ist AIDS.

Ich kann es auch anders sagen: inhaltlich bedeutet Saturn-Merkur den Versuch, das Unvollständige des Merkur kompensatorisch zum Ganzen zu machen durch den Saturn, - AIDS wäre demnach das Aufbrechen der nicht-akzeptierten Unvollständigkeit gegen die Vollständigkeit des "geheiligten Merkur", der Heiligung des Intellekts.

Jeder, der Saturn-Merkur hat und mit Saturn-Merkur kompensiert, der verläßt sich auf seinen Intellekt. Das heißt, er heiligt seinen Intellekt insofern als er sagt "gut, ich schließe den Himmel aus, die Vollständigkeit liegt im Menschen selbst", während er gleichzeitig in falschen Tönen von Gott spricht. Der Dürer hat ja auch die "vier Apostel" als "vier Apostel" hingezeichnet, sodaß sich unter dem religiösen Motiv insgeheim und klammheimlich die A-Religiosität oder das Böse einschleicht. Und dieser Saturn-Merkur ist die schwache Körperabwehr und in verstärktem Maße die Fortsetzung von Saturn-Merkur, die ja über den vierten Quadranten zum Uranus-Merkur läuft und vom Uranus-Merkur natürlich zum Neptun-Merkur. Das heißt, die Aufgabenstellung wird immer schwieriger. Wenn sie bei Saturn-Merkur noch relativ einfach ist, muß man bei Uranus-Merkur schon abheben, da muß man ja schon weiter von der Gesellschaft abheben.

Und bei Neptun-Merkur - Neptun-Merkur ist wörtlich übersetzt "sag' die Wahrheit".

Wissen Sie, Sie können das Bild wählen: Sie sind im Lebensfluß und dieser Lebensfluß hat Ufer - das ist für die Jungfrauen schwierig, weil sie nie wissen, sollen sie ans linke oder sollen sie an's rechte Ufer, aber gut. Am Lebensfluß ist also das Ufer und der Fluß, in dem Sie sind, ist das Bewegte in Ihnen und das Ufer ist das Stationäre. Und viele Menschen haben nun das Bedürfnis stationär zu werden und ans Land und ans Ufer zu gehen. Nämlich an das Ufer einer einzigen Artikulation, denn jede Uferstelle hat nur eine bestimmte Artikulation, denn ein Stückchen weiter unten hat das Ufer eine andere Artikulation. Die gehen dann raus, gehen ans Ufer und werden stationär. Vielleicht wollen sie ein Blümchen untersuchen und bauen dann gleich ein Max-Plank-Institut d'rumherum, oder so was. - Na ja gut. - Und in dem Moment, wo sie stationär sind, kommen sie aus dem Leben und machen natürlich aus der augenblicklichen Gegenwärtigkeit des Stationärwerdens ihre ganze Welt und den Himmel dazu. Das heißt, sie schließen den Fluß aus. Und das ist der vorausgenommene Tod, denn diejenigen, die in festen Häusern leben, - ich will's ja nicht so hart sagen - aber es ist eine Vorgrabstätte. Na, überlegen Sie doch einmal.

Also gut, nehmen wir einmal an, es studiert einer. Es muß ja nicht Medizin sein, irgendwas. Oder er geht in eine Lehre, dann ist er zu einem bestimmten Zeitpunkt mit der Lehre fertig, dann will er was erreichen. Dann will er was erreichen und dann läuft ihm auch ein Mädchen noch über den Weg, die gefällt ihm auch noch oder er ihr, je nachdem, wer den Ton angibt. Dann wird geheiratet, dann wird er völlig erdsüchtig, weil dann muß ein Haus her von Wüsten- - das ist ja auch schon - "Wüstenrot" - also das sagt ja schon alles. Dann muß - dann ist ein Haus von Wüstenrot da und das ist genau so bemessen, daß man von Hölderlins Wort: "Dichterisch wohnt der Mensch" also wirklich nicht mehr reden kann.

Das sind genau soundso viel Quadratmeter, wo er noch nicht einmal hin und hergehen kann, das hat er mit dreißig, da wohnt er dann auch drin ab dreißig oder ab achtundzwanzig und die Hypotheken oder sonst was hat er dann abbezahlt mit vierzig. Inzwischen sind die Kinder größer, da hat er sich dann auch rumgeplagt, er selber kommt gar nicht - muß immer Mülleimer leeren, g'rad wenn er nachdenkt, da muß er immer Mülleimer leeren und da vergeht die Zeit so dahin und mit sechzig ist er ein vergreister Dreißiger. Es ist nichts mehr passiert. Er ist in demselben Haus, wo er mit dreißig eingezogen ist und da wird er dann auch sozusagen vom Beerdigungsinstitut rausgetragen. Ist das - ja sicher - ist das nicht eine Vorgrabkammer mit etwas mehr Bewegungsfreiheit? Der bleibt doch an dem Ufer, an dem es ihn angeschwemmt hat, an dieser Station der Artikulation, wo er stationär wird, bleibt er doch ein Leben lang hängen, er ist doch aus dem Leben draußen, verstehen Sie, er hat ja nicht gelebt. Das ist sowieso die Frage des Reviereinnehmens oder der Revierlosigkeit.

K: Die Leute, die ans Ufer gehen, die müssen das auch erarbeiten.

A: Stimmt, es ist noch nie soviel für Scheinwerte gearbeitet worden wie heute, Sie arbeiten doch für Attrappen. Im übrigen können Sie ja prophylaktisch einiges dagegen tun, wer .. na sicher ..

K: Ja, was denn ?

A: AIDS ist doch das Risiko des Lebens. Das heißt, genau das Risiko, das in der Sozialgesellschaft und in der Wissenschaft und sonst überall ausgeschlossen wird, genau dieses Risiko präsentiert sich im Sinne des Todes zum Leben auf einen Schlag.

Und prophylaktisch können Sie etwas machen. Es gibt ja Menschen mit schwacher Körperabwehr. Die Menschen mit schwacher Körperabwehr sind die mit Saturn-Merkur und Uranus-Merkur - die sind also ganz besonders körperabwehrschwach und sind aus diesem Grunde ganz besonders anfällig für Grippen - Infekte und was es so alles gibt und sind aus diesem Grunde natürlich auch in schulmedizinischer Behandlung besonders gefragt für Antibiotika-Behandlungen. Und diese Antibiotika-Behandlung hat bisher bei den Saturn-Merkur-Leuten dazu geführt, daß sie - können Sie immer abfragen - daß sie Diabetes - also daß sie eine diabetische Stoffwechsellage gekriegt haben. Und da können Sie immer nachfragen "ja, wann ist der Diabetes aufgetreten ?" - "Da und da." "Ja, haben Sie da vorher eine Grippe oder was gehabt ?" "Ja, habe ich gehabt." "Ja, haben Sie da Antibiotika gehabt ?" "Ja, habe ich gekriegt." - Es ist immer wieder dasselbe, bei Saturn-Merkur-Leuten nach Antibiotika-Gabe ist immer der Diabetes aufgetreten. Das zweite ist der Keuchhusten - das sind die Leute, die Keuchhusten kriegen, die werden auch - oder es sind solche, die zum Beispiel eine Keuchhusten-Impfung kriegen und nicht vertragen. Also jemand, also hat noch nie Keuchhusten gehabt, kriegt als Einjähriger gleich Keuchhusten-Impfung. Das ist ungefähr so wie die Unterdrückung des Keuchhustens in der Wirkung. Die sind später die Diabetes-Gefährdeten gewesen. Das hat sich seit AIDS geändert, die kriegen keinen Diabetes, sondern die kriegen AIDS beziehungsweise haben die Notwendigkeit dafür. Und die Prophylaxe ist schlichtweg die, daß man - also jetzt ganz einfach mal - die homöopathischen Mittel von Saturn-Merkur, Uranus-Merkur, einfach wenn man die Konstellation hat, anwendet. Verstehen Sie, also "Pertussinum", "Ceanothus americanus", - "Hyoscyamus", - und die allerbeste Prophylaxe ist natürlich, den Herd zu stillen, nämlich sich zu überlegen, ob man über das Intellektuelle kompensiert. Ein Saturn-Merkur-Mensch handelt ja nicht, der plant um nicht handeln zu müssen. Ein Saturn-Merkur hat eine Unsumme von Plänen und er findet immer neue, damit er ja nicht handeln muß. Wenn ein Saturn-Merkur ins Kaufhaus geht, dann hat er einen strategischen Plan, wo er das Auto parkt und wo er die Handschuhe hinlegt, - die sind AIDS-gefährdet. Verstehen Sie, nur die. - Ich kann's noch deutlicher sagen. Diejenigen, die nicht erdflüchtig sind, obwohl sie es aufgrund ihres Geburtsbilds zu sein hätten. Diejenigen, die nicht spinnen, weil sie zu ordentlich sind in der Welt der Mütter, diejenigen, die kriegen AIDS. Das ist die Kompensation der Überlegenheit durch die Heiligung des Intellekts. Es ist die intellektuelle Verhaltensweise gegenüber Umwelt. Es ist die sachliche Denkreaktion, es ist zum Teil der Instrumentalneurotiker, derjenige, der sich zum Ganzen macht. Bei dem bricht die Unvollständigkeit durch. Die läßt sich nicht mehr neutralisieren.

Na ja gut, - jedenfalls, AIDS, wenn Sie nun Saturn-Merkur haben oder wenn Sie in der rhythmischen Auslösung über zwei Zwilling oder zwei Schütze laufen oder wenn Sie in Auslösung Ihres Horoskops Saturn-Merkur oder Uranus-Merkur haben - ja, der ist ja nicht schlimm. Dann nehmen Sie halt Pertussinum und Ceanothus americanus und dann - wissen Sie, ich bin ein gnadenloser Optimist, ich hätte zum Beispiel keine Angst vor AIDS. Ich hätte sie einfach und schlichtweg nicht. Weil ich - verstehen Sie, ich habe nur Angst vor dem, was .. - wo ich mich selbst unrein mache. Ich habe nie Angst vor einer äußeren Ansteckung. Und ich bin auch ganz sicher, daß wenn ich mich mit jemand einließe, der AIDS hätte, ich würd's nicht kriegen. Ich würde es schlichtweg nicht kriegen. Also ich würde jetzt nicht extra jemand suchen. Und was die machen, ist jetzt ja eine echte Angsthysterie, die erzeugen eine echte Hysterie. Nun müßte man natürlich auch überlegen, was ein Virus ist und was der Virus macht. Ich schätze, der Virus ist Uranus, ein Virus ist Uranus - er ist nicht zu greifen und hebt auf - und hebt die Abwehr auf. Und die Abwehr ist im zweiten oder dritten Haus, also muß es der Uranus sein, das ist gar keine Frage. Der Uranus müßte der Virus sein, also müßte auch Phosphorus helfen dagegen. Aber ich weiß ja nicht, was dagegen helfen soll, wenn's einer hat, man kann's ja nur versuchen, daß man die alten Krankheiten, die dazu geführt haben, wieder rauskriegt. Ich würde sogar eine Theorie entwickeln, die daraus besteht, daß ich meine, wenn der Organismus darauf reagiert, daß eine schwache Abwehr durch Antibiotika sozusagen überzogen wird, dann müßten eben diese Antibiotika, die gegeben wurden als homöopathische Verdünnung bei AIDS wieder helfen. Rein theoretisch, wenn das homöopathische Prinzip gilt, dann müßte das einen Versuch wert sein.

K: Welche Verbindungen des Planeten?

A: Konjunktion - Opposition - Quadrat - Spiegelpunkt, was auch immer es sei. Was will der Saturn-Merkur von Ihnen, - fragen wird einmal so. Wenn Sie einen Saturn-Merkur haben oder wenn Sie ihn im Transit haben oder wenn Sie ihn auslösungsmäßig haben oder wie auch immer, dann will der Saturn-Merkur von Ihnen, daß Sie sich wie die Raupe an irgendein Blatt, das man nicht einsieht, isolieren, mit Chitin-Panzer umspinnen und Ihre Metamorphose durchmachen. Das heißt mit anderen Worten: Sie haben sich zu isolieren, haben sich nirgends zugehörig zu fühlen, haben nirgends zugehörig zu sein und haben sozusagen ihre bisherigen Ansiedlungen des Fühlens und Denkens zu verlassen um unterwegs zu sein und unterwegs zu sein in eine Neuansiedlung des Denkens. So können Sie die Metamorphose auch auffassen. Und in dem Augenblick, in dem Sie diese Isolation nicht wollen, diese Unidentifiziertheit, denn der Saturn-Merkur ist ja das Sich-Nicht-Identifizieren-Können, - aber über den Intellekt unbedingt wollen. Und wenn Sie das nicht tun, daß Sie sich dann der Metamorphose hingeben, dann sind Sie AIDS-offen. Dann sind Sie offen für AIDS, AIDS bringt Sie schon an so ein abseitiges Blatt, AIDS bringt Sie in die Isolation, drum ist das so eine Idiotie zu sagen, "man müßte die AIDS-Habenden umarmen", dann kriegen sie es ja noch mehr, weil sie sollen ja nicht umarmt werden. Sie kriegen ja AIDS, damit sie nicht umarmt werden, verstehen Sie? Sie kriegen es ja, damit sie isoliert werden, weil es ist ja der Vorgang des Chitin-Panzer - die Metamorphose könnte ja nicht vonstatten gehen, wenn ich nicht isoliert wäre. Die anderen reden doch dann bloß drein, stellen Sie sich mal eine Metamorphose mitten in Ihrer Familie vor, - also das ist ja ein Unding, jeder weiß es besser dann. Der Onkel sagt, "das ist unmöglich, die kriegt Flügel", oder irgend so was. Derweil sind es gerade die Flügel, die sie braucht. Und die Metamorphose brauchen Sie, weil die nicht-akzeptiere Unvollständigkeit durchbricht, beziehungsweise durchbrechen will.

K: Noch eine Frage ..

A: Ja.

K: .. Sie sagten vorhin "ich heile die Mutter und die Tochter wird krank".

A: Ja.

K: Gibt es so einen Aspekt für Symbiose im Horoskop?

A: Jeder Mensch hat Mechanismen, stilliegende Mechanismen, die erst bei Bindung in ein Gefüge oder eine Herde wach werden. Das heißt, jeder Mensch hat Mechanismen, die erst dann zum Tragen kommen, wenn er in einen Verband eintritt. Solange er nicht im Verband ist, sind diese Mechanismen schweigend, schlafend oder sonstwie. Nun ist es so, daß in die Mechanismen, die ein Mensch hat, gleich sein Stellenwert einprogrammiert ist. Das heißt, jeder Mensch hat für den Fall, daß er in eine Herde eintritt schon seinen einprogrammierten Stellenwert für die Herde in sich. Nun ist das ganz normal, daß komme ich in eine Herde herein, dann habe ich da meinen Stellenwert - "Aha, was bist denn Du ?" "Ich bin Gamma" "Ich bin Alpha." - "Macht auch nichts", sagt der Gamma, weil er ist ja Gamma, er will ja kein Alpha sein und so weiter. Es geht alles sehr schön, bis auf einmal zwei Gammas zusammentreffen. Es muß ja nicht so sein, daß zwei Alphas zusammenkommen, sondern daß zwei Gammas zusammentreffen, reicht ja auch. Jetzt muß einer verschwinden, weil sonst das Gleichgewicht im Verband durch die Besetzung des gleichen Stellenwerts zweimal verändert wäre. Es ist auch nicht so, daß der Gamma nun plötzlich ein Beta werden könnte. Nein, er ist Gamma, er bleibt Gamma, er kann nichts anderes machen als innerhalb dieses Verbandes untergehen oder aus dem Verband ausscheiden und sich einen anderen Verband suchen, wo mal gerade kein Gamma da ist. Er kann aber aus seinem Gamma nicht einen Beta oder eine Alpha machen, - höchstens, wenn er Saturn-Neptun hat, aber da kriegt er dafür eine Leberzirrhose. Gut. - Verstehen Sie, das heißt, er kann aus dem Verband austreten, dann passiert ihm gar nichts, das komische ist aber, daß denen der Untergang lieber ist als das Rausgehen aus dem Verband. Das verstehe ich nicht. Das ist auch dasselbe wie Mutter und Tochter. Das ist ja in der Tat so, da scheinen ja .. da scheinen ungeheure Vorgänge zu sein. Auch gegenüber Sohn und Vater, nur nicht quer, quer nicht, immer nur im gleichen Geschlecht. Als ob das gleiche Kraftpotential, das in der Familie in dem Verband für beide gegeben ist, sich durch beide teilt. Und es scheint in der Tat so zu sein, daß wenn das Mutter-Symbol verlassen wird, und das ist das entscheidende, gleichzeitig die Mutter krank wird. Nehmen wir einmal an, es ist eine Tochter, es kann in dem Fall sogar ein Sohn sein, das ist jetzt völlig egal, der ist verheiratet, nicht gut, verläßt - was heißt "nicht gut", er verläßt halt die Ehe. Nehmen wir einmal an, er verläßt die Ehe, der Ablöseprozeß fällt ihm schwer, wie das oft so ist, er braucht bloß über die siebzehn Grad Krebs laufen oder Saturn-Mond haben, dann fällt der Ablöseprozeß immer schwer. Die Mutter weiß gar nichts davon, daß der Sohn sich scheiden läßt, weil die Mutter - von mir aus - in Argentinien lebt und mit ihrem Sohn keinen Kontakt mehr hat. Während der Sohn aus diesem Mutterzusammenhang einer seelischen Gemeinschaft herausgeht, wird gleichzeitig die Mutter krank. Der Zusammenhang - ich kann ihn nur als Phänomen erklären - also "nahebringen", gar nicht "erklären". Der Zusammenhang ist aber gegeben.

Und jetzt gehen wir einen Schritt weiter. Ich habe das beobachtet bei allen, die noch - auch bei der Entfernung Europa und Argentinien - in der Vorstellung der Mutter leben. Mütter haben ja Aufträge für die Kinder. Väter haben Vorstellungen für die Kinder, beides ist tödlich und fordert Unterwerfung. Das heißt, die Vorstellung fordert genau so Unterwerfung wie der Auftrag. Der Auftrag ist auch eine Unterwerfung unter die Absichten der Mutter. Nun ergibt sich die Theorie oder Hypothese oder - also ich bin momentan der Meinung -, daß jede Art von Unterwerfung unter eine Vorstellung oder unter den Auftrag der Mutter denjenigen, der unterwirft von dem Unterworfenen - ich sage mal allgemeine - Kraft zufließt. In Wirklichkeit ist es nicht nur Kraft, sondern in Wirklichkeit ist es Schicksal. Das heißt, dem Betreffenden fließt auch von dem Unterworfenen Schicksal zu. Das heißt, da sind wir aber jetzt schon beim Tauchen, nicht, also da sind wir jetzt schon, - der Unterworfene hat ein Erlebnis nicht, das dann dafür der Unterwerfer hat. - Ist das vorstellbar?

Angenommen, es hat jemand eine Vorstellung über Sie. Ihre Mutter - ich will es jetzt nicht sagen, daß sie es hat, aber als Beispiel. Hat eine Vorstellung über Sie. Sie sollen möglicherweise irgend etwas, was die Mutter nicht erlebt hat an der Stelle der Mutter erleben. Das heißt, Sie sollen das Leben Ihrer Mutter verlängern und kriegen einen Auftrag - ist das vorstellbar? Das ist nämlich bei der Mutter leichter vorstellbar. Ich kann's aber auch sagen über den Vater. Der Vater möchte, daß Sie den und den Charakter kriegen, Sie sollen Vorstellungen erfüllen. Kinder machen das sehr oft, gerade wenn sie Angst vor den Eltern haben, weil sie dann in der Vorstellung der Eltern geschützt sind.

In dem Moment, wo Sie als Kind in der Vorstellung Ihres Vaters leben, in dem Augenblick ist es ja nicht mehr so, daß Sie nur sich selbst ernähren, seelisch, sondern auch Ihr Regiepult. Das ist aber in dem Fall im Sinne des achten Hauses nicht mehr in Ihnen sondern in Ihrem Vater, denn Sie leben ja die Vorstellung Ihres Vaters. Also ernähren Sie Ihren Vater mit Schicksal. Ihr Vater sitzt in Ihrem achten Haus mit der Vorstellung für Sie, an Ihrem Regiepult, achtes Haus, Skorpion. - Verstehen Sie, was ich meine? Also haben Sie doch das Schicksal für Ihren Vater. Also Ihr Vater kriegt Ihr Schicksal, nicht Sie. - Ist es jetzt verständlich? Das ist nämlich an sich ein Vorgang mit ungeheuerlichster Auswirkung, weil jetzt müssen Sie doch einmal überlegen, wovon leben denn die Spitzenmarxisten, wovon leben die Spitzen- .. bitte?

K: Gurus.

A: .. Gurus, sicher. Verstehen Sie, was ich meine, in dem Moment ..

K: Wenn ein anderer mein Schicksal lebt, was bleibt dann für eine Alternative?

A: Wenn einer sein Schicksal nicht lebt - er kann sich ja von der Vorstellung des Vaters oder dem Auftrag der Mutter oder einer Ideologie freimachen, aus dem Schutz der Vorstellung von jemand oder etwas heraustreten.

K: Ja, aber das kann man nicht mehr erkennen.

A: Das merkt man schon, also im Zweifelsfalle gehen Sie dann zu einem Schüler der Münchner Rhythmenlehre, also nicht zu jedem, gut, nicht zu jedem, nicht unbedingt zu allen Regionalfürsten, die's gibt.

Hier in Hamburg und auch in der Schweiz ist alles okey, aber in einigen Städten in Deutschland meinen sie, sie müßten die Stellen, die ich imagemäßig nicht besetzt habe, um allen zu helfen mündig und eigenständig zu sein - die meinen also, die müßten diese besetzen um Regionalfürsten zu sein. Die dann die Anerkennung aus der Wirkung der Rhythmenlehre auf sich münzen und nicht ertragen oder auf andere Zwecke umleiten. Das sind dann die Gefangenen der Mütter, durch die sie hochgehoben werden - ich störe dabei, weil ich ihnen entkommen bin, deshalb soll ich durch das stürzen, was ich entwickelt habe. - Das sind dann auch diejenigen, denen die Wahrheit nicht positiv genug ist.

Aber wissen Sie, ich bin ja nicht betroffen, Sie sind ja betroffen, nicht ich. Also ich meine, da stört's mich auch nicht weiter.

Über das Matriarchat, da müßten wir ja einen Abend alleine reden, damit es kein Mißverständnis gibt. Es geht ja beim Matriarchat, bei der Diktatur des Matriarchats geht's ja gegen das Erdflüchtige nicht darum, ob Frauen gleichberechtigt arbeiten, das ist ja alles Nebensache. Wichtig ist ja, daß die Matriarchats-Weltordnung stimmt, selbst wenn sie zum Nachteil der einzelnen Frau ist. Verstehen Sie, das Erdsüchtige muß stimmen. Das Erdflüchtige muß ausgeschlossen sein, drum gibt's ja auch keine Denksysteme mehr. Die Münchner Rhythmenlehre konnte dadurch entstehen, daß sie nicht beachtet wurde. - Schauen'S, wer kann den heute noch richtig spinnen, wem wird's denn heute noch sozial erlaubt, verrückt zu sein? Abzuheben? - Verstehen'S, der ist doch gleich krank. Der muß dann die Erlaubnis einholen, ob er unzweckmäßig sein darf, vom sozialen Umfeld.

Die griechische Zeit war eine erdflüchtige Zeit, das war eine herrliche Zeit. Und ich kann schon verstehen, daß dann g'rade noch die Renaissance entstanden ist, die g'rademan noch von diesem griechischen Ideal, nicht des Baustils und nicht der Philosophen, sondern des Vorgangs, der die Philosophen ermöglichte, nämlich die Erdflüchtigkeit zu leben, das war die Sehnsucht. Und die Erdflüchtigkeit in der Sehnsucht ist heute so stark, daß sie heute sagen - heute sagt man zwar nicht, "wir haben jetzt eine Renaissance", sondern heute sagt man "wir haben das Wassermann-Zeitalter", es stimmt bloß leider nicht. Verstehen'S, es stimmt nicht, das ist eine Art indirekter Renaissance-Wunsch, der heute herrscht, aber stimmen tut's nicht, die Mechanismen sind alle anders. Bei Wassermann-Zeitalter, meine Güte, da gäb's kein Reglement, da gäb's kein soziales Reglement. Da gäb's keine Atombomben, da gäb's keine Spaltungen. Die Folgen der Zwillingsepoche wären weg (Anmerkung: etwa ab dreizehntem Jahrhundert bis zwanzigstem Jahrhundert), AIDS gäb's auch nicht, obwohl's bei den Griechen viel Homophile gegeben hat. - Nur, die gehörten da mit rein, der Homophile ist in einer Mutterwelt diskriminiert. Wo denn sonst? Doch nicht in einer Männerwelt.

Das Matriarchat lebt in Ordnungssystemen, aus dem Zwang des Zentripetalen, dem Zusammenfügen zum Figurativen, dem Phänomen. Und in der Welt des Zentripetalen gibt es keine Denksysteme, deshalb muß es von Phänomenen leben. Und diejenigen, die daraus ihre Macht beziehen, das ist ein ganz bestimmter Typ von Mutter, den kenne ich auf zehn Kilometer, fast eine eigene Gattung, mitsamt ihrem Anhang, den von ihr Gefangenen, Mama's Sieger und so weiter, die unterdrücken geradezu mit einem Vernichtungswillen, der ihnen nicht bewußt wird, jede Art von abstraktem Denkvorgang. Wer nicht mehr in der Gefangenschaft ihrer Denkkategorien lebt, ist vogelfrei. Ihnen gegenüber ist jedes Unrecht erlaubt, das Matriarchat steht dahinter. Das kann niemand besser beurteilen als ich, mit welchem Haß Erdflüchtigkeit verfolgt wird.

Erdflüchtigkeit heißt für mich, außerhalb von Phänomenen stehen, außerhalb von Ordnungssystemen stehen des Phänomenologischen, - wie der Vogel an der Peripherie. Ich bin ja nie in Systemen gewesen, deshalb fällt mir doch so viel ein, - ich bin ja aus den Umhüllungen des Phänomenistischen herausgetreten. Ich wünsche jedem, Mann oder Frau, außerhalb der Bedingtheit von Phänomenismen zu leben. Das ist der "Tanz ums goldene Kalb".

Ich wünsche es jedem außerhalb davon zu leben, dann sind Sie frei. Sie können doch nicht innerhalb eines Systems ein System überschauen, das ist doch nicht drin. Sie können doch in einer Gesellschaft, wenn Sie drinstecken, können Sie doch - das ist ja nicht möglich, Sie müssen außerhalb stehen, das ist gar keine Frage, das verstehe ich unter Erdflucht. Leute, wie Aristoteles, den man bis heute nicht kaputt machen konnte, der alle tausend Jahre immer wieder aufersteht, weil er so goldrichtig die vier Causalitäten gesehen hat, der in der Erdflucht der Griechen gelebt hat, das ist die Erdflucht. Die Denksysteme, die abstrakten unbezüglichen Denkspiele, Platons reine Idee entsteht aus der Erdflucht, aber nicht aus den Ordnungssystemen, in denen statt dieser abstrakten Systeme und Denksysteme sogenannte Phänomenismen gesucht werden wie zum Beispiel - ich habe es ja schon gesagt - die Homöopathie ist phänomenologisch aufgebaut, überhaupt nicht mehr inhaltlich, es hat kein abstraktes Bild mehr, das ist die Stierkomponente in der Homöopathie, - ausschließlich. Drum ist ja auch seit Hahnemann nichts mehr passiert. Die berufen sich ja heute noch alle auf den

Hahnemann, obwohl sie ihn mißverstanden haben und obwohl sie ihn alle hier zum Teufel gejagt haben, dieselben Typen, die sich heute auf ihn berufen.

Als Astrologe habe ich zwei neue Mittel beigebracht, von denen sie natürlich alle nicht reden, die Homöopathen, weil das ist eine echte Schand', da kommt ein Astrologe, der nichts versteht. Das Aceton zum Beispiel, das habe ich eingeführt, - gegen Migräne - weil ich's an mir selber erlebt habe. Ich habe mal aus Versehen aus einer Flasche Aceton - die war umgefüllt mit einem verkehrten Etikett und ich habe in einer heißen Nacht des August - denke ich mir, "ist so ein saurer Landwein, ist jetzt gerade richtig", Stöpsel runter und laß laufen und da war Aceton drin. Und ich habe in der Folge solche Migräne-Anfälle gekriegt, die sagenhaft waren, vor allen Dingen, wenn Acetongeruch vom Fingernägelreinigen in der Nähe war, da war's aus. Und da haben wir gesagt "similia similibus", also muß das Aceton ja gegen Migräne helfen und das tut's in siebzig Prozent aller Fälle, da hilft Aceton gegen Migräne.

Die Homöopathie ist kein abstraktes Denksystem mehr, es werden Modalitäten zusammengestellt. Wenn Sie zum Beispiel wissen, daß "Tartarus emeticus" zu Uranus-Neptun gehört, die Waschanlage ist, die Allergie-Anlage, wegen Eindrucksvergiftung und gleichzeitig die Angst vor der Wahrheit, der Schrecken, der Schlangenschrecken. Und wenn Sie wissen, daß das "Tartarus emeticus" früher als Stein der Weisen galt, das ist wenigstens schon der Ansatz eines Bildes. Das ist zwar kein Denkgebäude, aber es ist wenigstens der Ansatz eines Bildes. Verstehen Sie, es hilft mir doch nichts, wenn bei Tartarus dann drinsteht: "Hustet den Schleim aus der Lunge - grün", verstehen'S ? Ja gehen Sie doch mal durch die Homöopathiebücher, in jeder zweiten Seite räuspert's, kotzt's und bricht's. - Ja sicher, das sind doch keine Bilder. "Kopfweh wird besser beim Bücken", - na sicher, Sie wissen, daß das Ignatia ist, aber bitte schön, was ist das ? Das ist doch nichts, dann will ich auch nicht gesund werden, wenn ich nicht weiß, was für eine Struktur dahinter steht.

Das sind alles Dinge, die ich noch anregenderweise vermitteln wollte - dazu eben die Gedanken über Vorstellungen oder übernommene Untergänge. Das ist eine These, daß jede Unterwerfung unter eine Vorstellung dem Betreffenden, - ob das der Vater ist oder eine Ideologie - Kraft gibt, Schicksal gibt. Das ist ein völlig offenes, unerforschtes Gebiet, aber es läuft. Das taucht vielfach in Äußerungen von Schizophrenen auf, und die müßten es ja wissen, denn die sind ja besetzt. Da hängt die Gesundung oft davon ab, daß er irgendeine Ideologie nicht mehr hat, plötzlich wird der gesund, braucht gar kein Medikament.

Das sind die Dinge, die ich vermitteln wollte. Sie können es ja hier liegen lassen, oder mit nach Hause nehmen, können Ihre eigenen Umstände ein bisserl betrachten unter diesem oder jenen Augenwinkel und möglicherweise nur in bezug auf Schuldgefühl muß ich halt sagen, das ist - das kann man sich nicht leisten. Schuldgefühl gegenüber anderen Menschen kann man sich nicht leisten, weil man damit den eigenen Untergang - und ich habe das selbst erlebt - ich weiß', wovon ich rede und ich habe den vollen Untergang eines anderen Menschen gelebt. Ich habe den vollen Untergang eines anderen Menschen gelebt an die Grenze meines Lebens und ich wußte, daß es der Untergang des anderen war und ich konnte diesen Untergang nicht mehr zurücktransportieren. Ich konnte ihn nur zurücktransportieren an der Krisis meines Krankseins durch einen ungeheuren Kampf im Delirium mit eben jener Person. Die ab dem Moment, wo ich krank wurde, gesund wurde. Und in dem Moment, wo ich gesund wurde, starb. Als ich im Delirium mit dieser Person kämpfte, an einem völlig anderen Ort seiend als diese Person, ist diese gestorben, ab nächsten Tag ging's mir gut. Also gut ging's mir noch nicht, aber - verstehen Sie, ich weiß, wovon ich rede.

Es ist auch kein Zufall, wenn zum Beispiel Mütter Ihren Sohn gebären, weil sie ihren erdflüchtigen Ehemann nicht in Ihrem System haben, aus diesem Grunde den frischgeborenen Sohn zum Prinzen küren und zum zukünftigen König ernennen. Das ist kein Zufall, wenn dieser Vater dann, wenn Krieg ist, ein paar Monate später fällt, sondern es ist nur logisch. Wenn wir weniger innere Beziehung zueinander hätten, dann wäre es einfacher. Und daß der dann homosexuell wird, ist auch logisch, weil sonst bleibt er doch der Mutter nicht als Partner, das ist doch die einzige Chance. Dann darf er erdflüchtig sein, aber im Rahmen der Schuld gegenüber der Mutter. Verstehen Sie, weil dann ist er schon erdflüchtig, aber im Rahmen der Schuld der Mutter und er bleibt ihr als Partner. Es ist ja so gekonnt. Und wenn die das alles wüßten, würden die vor Entsetzen zusammenbrechen und das kommt noch erschwerend hinzu. Dann darf ich mich verabschiedender weise zurückziehen.

Eduard Douwes Dekker - Multatuli 2.3.1820

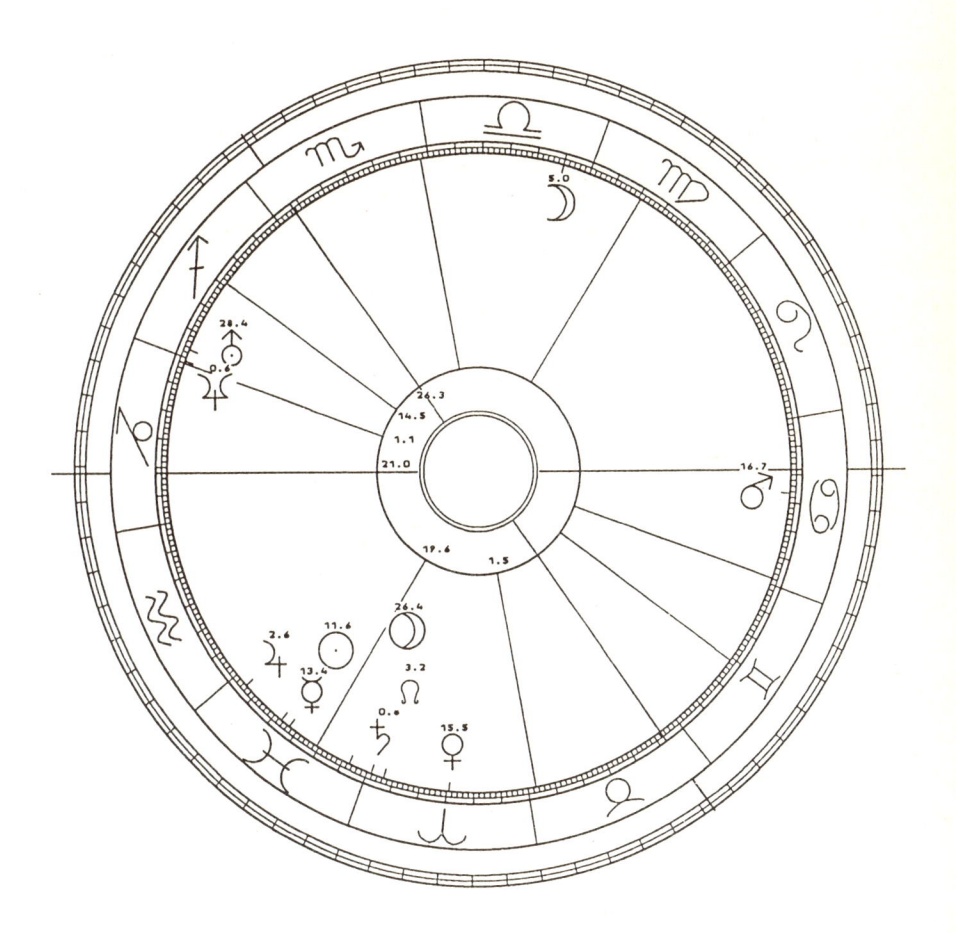

Christian Döbereiner 2.4.1874

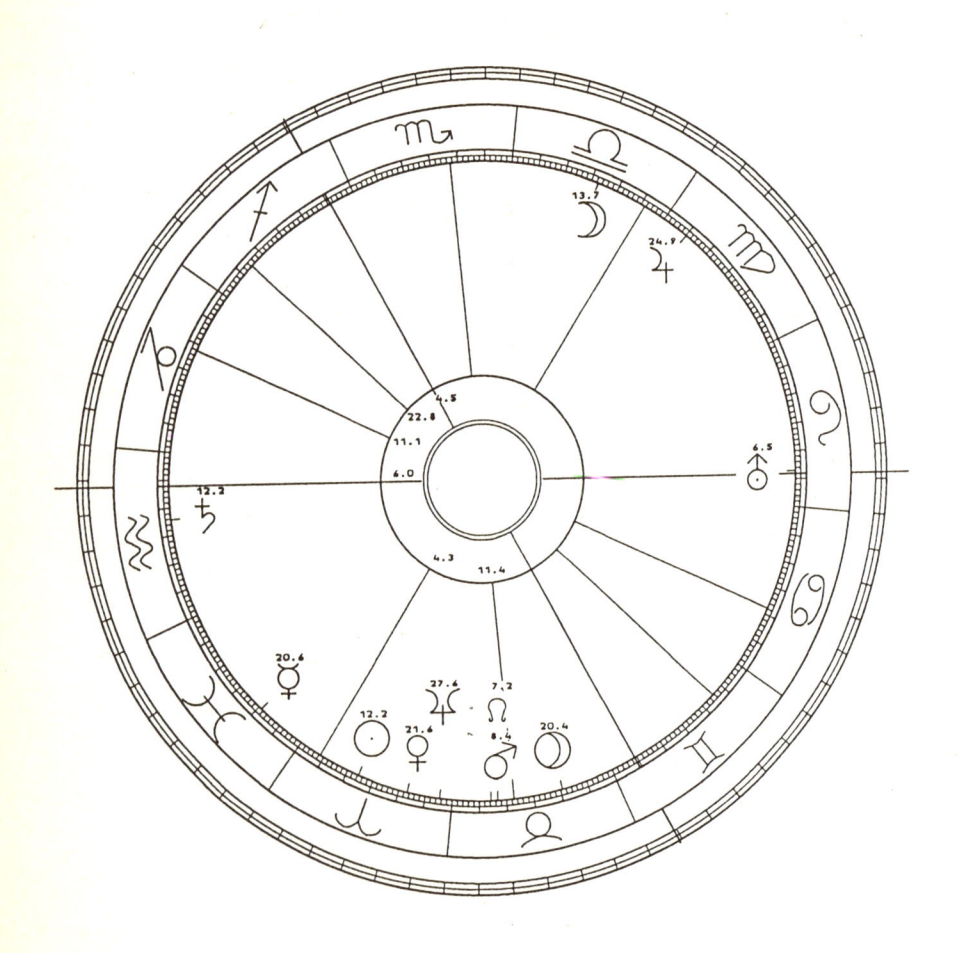

Hermann Göring 12.1.1893

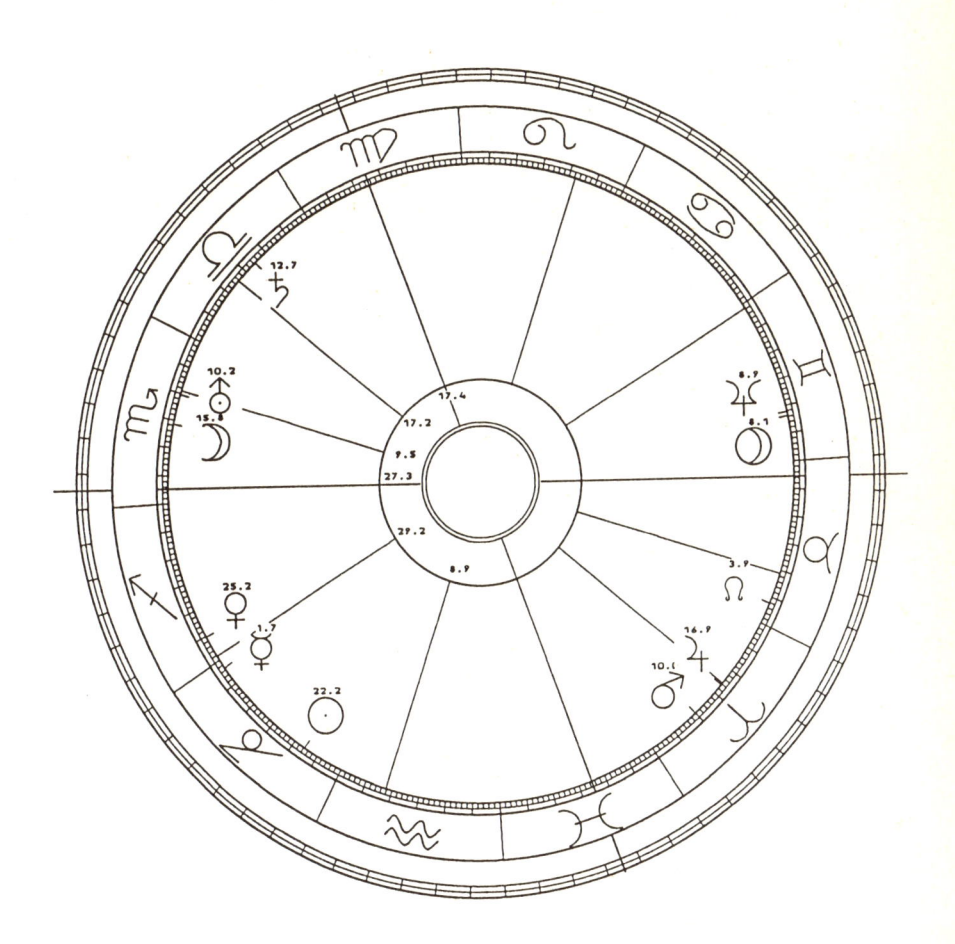

"Vortrag ohne Titel"
Berliner Vortrag
am 20.10.87

A: Ich möchte Sie schonend darauf vorbereiten, daß ich kein Konzept habe und auch keinen ausgearbeiteten Vortragsplan, weil ich mich und Sie der Gunst der Stunde zugänglich machen wollte. Das birgt natürlich, wenn man eine Wanderung macht zwischen verschiedenen Themen, birgt das ein gewisses Risiko, dem ich Sie durchaus aussetzen möchte. Es könnte ja sein, daß man bei dieser Wanderung durch etwas langweiligere Gegenden kommt. Es kann sein daß am Schluß ein durchgängiges Thema entstanden ist, es kann aber genau so gut sein, daß keines entsteht.

Gegen den Vortrag im Sinne des intellektuellen Ausgeklügeltseins und Planens bin ich deshalb, weil, wenn es schon ein Vortrag sein soll, muß er vollendet sein im Sinne dessen, daß Form und Inhalt zusammenfallen, daß die Form selbst schon zur inhaltlichen Aussage wird, wie in der Sonatenform in der Musik. Einen derartigen Vortrag habe ich einmal gehört von Martin Buber, und ich muß Ihnen sagen, seitdem ich den Buber'schen Vortrag gehört habe, habe ich nie mehr einen Vortrag gehalten, habe ich nur noch Kurse gehalten. Auf solche Vorträge muß man sich ausschließlich ein viertel bis ein halbes Jahr vorbereiten, - so entstehen solche Vorträge - und sie haben etwas sehr schönes an sich, nämlich die Ausschließlichkeit und die Unwiederholbarkeit. Denn so ein Vortrag ist innerhalb von zwei Stunden verklungen, ist einmalig und nicht mehr wiederholbar und man hat sich auf diese kurze Zeit ein halbes Jahr vorbereitet - das hat fast etwas von einem Opfer, das verlangt wird, wenn das Vollendete gegeben werden soll.

Dazu fühle ich mich aber nicht fähig, vielleicht einmal in zwei Jahren, und dann würde ich diesen hier bei Ihnen in Berlin halten.

Für die Wanderung möchte ich folgende Richtungen ankündigen im Sinne einer Exposition, und zwar erst einmal die Frage, warum der 20. Juli 1944 scheitern mußte. Das ist deshalb aktuell, weil sich die Wiederholungen dieser Geschehen von damals im nächsten Jahre wiederholen. Zu ändern ist daran nichts mehr, infolgedessen möchte ich Ihnen wenigstens einen Begleittext für zukünftige Ereignisse liefern.

Als zweites wäre die Frage zu klären der Gefährlichkeit von Bomben, inhaltlich nicht uninteressant, weil Bomben nicht überall explodieren können, sondern nur dort, wo Vorstellungscontainer vorgegeben sind. Das heißt, ich behaupte, daß wenn in Deutschland keiner eine Vorstellung gehabt hätte, im Zweiten Weltkrieg, hätten die Engländer und Amerikaner Millionen von Bomben werfen können, und es wäre keine explodiert, - aber sie sind explodiert, was darauf hinweist, daß alle in Vorstellungen gelebt haben, die dann geborsten sind.

Am Schluß können wir uns unterhalten über den Weg der Aphrodite - ich habe einen neuen Tierkreis entworfen, den alten, den ich in der Mitte der fünfziger Jahre artikuliert habe - er ist inzwischen Volksliedgut geworden - da habe ich dann gedacht, der ist auch langweilig geworden, und da machen wir einen neuen Tierkreis und den alten schenken wir den anderen. Der neue Tierkreisentwurf ist auch viel schöner, den nennen wir "den Weg der Aphrodite". Das hat dann auch wieder mit Inhalt und Form zu tun.

Nun möchte ich von vornherein klären, daß die Astrologie mit Esoterik nichts zu tun hat, wohl aber die Esoterik mit Astrologie. Ich möchte damit sagen, daß die Esoterik sich gerne die Astrologie vereinnahmen möchte, mit mehr oder weniger ungeschickten Mitteln. Der Unterschied zwischen Astrologie und Esoterik ist, daß die Esoterik ein Ziel darstellt und die Astrologie den Weg, der das Ziel offen läßt, den Weg nicht durch das Ziel verändert. Das heißt, das Ziel ist die Vorstellung, der Weg das Erleben. Das heißt, die Esoterik nimmt dem einzelnen den Weg und setzt ihn in einen Projektionsparkplatz mit hohen Gebühren. Hohe Gebühren insofern, als Sie sie mit Ihrem eigenen Leben und Ihrer Unerlöstheit zahlen müssen, da Sie ohne Erleben, ohne Gestalt und Schatten sind, da Ihnen der Weg und damit die Erfahrung des Weges genommen worden ist. Das Ziel ist nur ein Mittel zum Weg. Wenn Sie auf so einem Projektionsparkplatz landen sollten oder möglicherweise schon gelandet sein sollten ..

K: .. gibt's einen neuen.

A: Es gibt immer Projektionsparkplätze, immer, in jedem Jahrhundert hat es Projektionsparkplätze gegeben. Ich möchte aber sagen, daß ich niemandem seinen Parkplatz vermiesen möchte, weil, wenn man schon einen Irrtum begeht, soll man wenigstens Freude daran haben und ich möchte der Letzte sein, der jemandem die Freude am Irrtum nimmt. Die Astrologie ist da sehr viel toleranter als die Esoterik, was man schon versteht, denn das nicht erlebte Ziel nimmt dem Weg übel, daß er es ist.

Die Astrologie moralisiert nicht, die Esoterik sehr wohl. Und das ist das, was ich ihr übel nehme, da ist sie dem Sozialismus nicht unähnlich. Da müssen auch alle gut sein. Wir leben ja sowieso in einer zivilen Diktatur, wie sie seit Menschengedenken noch nie gegeben war. Nur deshalb, weil diese Diktatur des Naturwissenschaftsstaates keine politische Farbe hat, deshalb merkt es keiner. Wenn Sie sich vorstellen, daß ein Staat seine Bürger frägt und gegen Strafe des Gesetzes sie zwingt zu antworten, - wie bei der Volksbefragung - was das für eine Brutalität ist, wenn Sie das bedenken, oder wenn Sie bedenken, daß, fahren Sie zwanzig Stundenkilometer mehr als auf den Schildern steht, Sie mit Hubschraubern verfolgt werden. Dann auch als Tempo-"Sünder" bezeichnet werden. Wenn Sie bedenken, daß Sie über Ihr Schicksal nicht verfügen dürfen, weil der Staat als Erfüllungsgehilfe der Industrie und der Wissenschaft gesetzlich festgelegt hat, wie Sie verbraucht werden, als Krankengut und als Schicksal: Sie dürfen keine Beziehung zu Ihrem Schicksals haben, sondern die übernimmt als Vollzug des Kalküls der Wissenschaft der Staat und er legt gesetzlich fest, welche seiner Vertreter in welcher Weise vorzugehen haben. Sie werden zum Konsumgut, zum Zwecke des Verbrauchs für die Vorstellung von der Wissenschaft, von der deren Vertreter ihre Existenz beziehen, das heißt, die werden zum Erfüllungsgehilfen der Vernichtung des Lebens, seiner Vergewaltigung bis in das kleinste Detail, um von dieser Vernichtung zu leben.

Das nimmt jeder hin und keiner denkt sich etwas, allein schon, wenn Sie in der Frühe - jeder Schritt ist Ihnen vorgeschrieben, als versklavtes Leben, damit von Ihrem Opfer das Monster der Kompensation der Zeit bestehen kann - Sie müssen unterbrochen Dinge tun, zu denen Sie kein eigenes Verständnis herstellen können: Sie wollen über eine Straße gehen und die Ampel ist rot. Sie müssen stehenbleiben, obwohl gegen die bessere persönliche Einsicht, daß die Straße frei ist. Wenn Sie das und die ununterbrochene Serie der Außenbestimmung täglich hundertmal machen, dann sind Sie nach einem Monat ohne Eigenständigkeit und im übrigen reif für den Psychiater. - Das wäre aber die erste Verwertungsanstalt des Staates im Sinne der Wissenschaft beziehungsweise derer, für deren wissenschaftliche Kompensation Sie Ihr eigenständiges Leben opfern sollen. Wenn Sie von München nach Hamburg fahren, dann sind Sie ständig ferngeleitet, da stehen dann die Temposchilder, - da steht dann plötzlich "sechzig". Sie sehen nicht ein, warum, aber Sie fahren sechzig. Auf einmal steht "achtzig", Sie fahren achtzig, sehen nicht ein, warum, Sie können auch nicht feststellen, warum Sie achtzig fahren. Dann freuen Sie sich, Sie dürfen hundertzwanzig fahren, dann aber dürfen Sie wieder achtzig fahren. Verstehen Sie, Sie müssen ununterbrochen und ständig Dinge tun, bei Strafe, zu denen Sie selbst keine eigene Beziehung und kein eigenes Verständnis herstellen können, das heißt, Sie sind entmündigt, nicht nur im Straßenverkehr, sondern auch in der gesamten sozialen Gesetzgebung. Das ist ein ungeheurer Vorgang. Wenn hingeschrieben würde auf die Schilder "da vorne ist eine Baugrube", und es jedem einzelnen überlassen würde, ob er in die Baugrube mit hundertzwanzig fährt, ..

K: Aber so viele gehen doch gar nicht hinein, wie da hineinwollen.

A: Da haben Sie recht - das sollte man ihnen nicht verbieten. Die Frage der zivilen Diktatur wollte ich nur am Rande festgestellt haben, vorbereitend für die Frage, warum gerechterweise der Widerstand vom 20. Juli 1944, wenn man ihn als solchen bezeichnen will, - ich habe keine Scheu, die Dinge so auszusprechen, wie sie sind, möchte niemanden verletzen, aber es ist die Sache des dritten Quadranten, seiner Bedeutungsfigurismen und Bedeutungsformen, die ohne subjektive Beteiligung aussprechbar sein müssen, wenn sie die Bedeutung erkennbar werden lassen sollen. Wenn Sie den Bedeutungsfigurismus oder das Gleichnis des Untergangs der Sonne und das Verschwinden des Lichts nehmen, dann interessiert Sie nur die Beschreibung des Sonnenuntergangs und nicht die subjektiven und persönlichen Gefühle, die einer bei einem Sonnenuntergang hat. Es darf Sie auch nicht stören, wenn sich jemand durch die Beschreibung des Sonnenuntergangs gestört fühlt. Aus diesem Grund müssen bei ausgesprochenen Wahrheiten die subjektiven Betroffenheiten zurücktreten. Ich bin der Meinung, daß der 20. Juli eines der übelsten Schauspiele war, von beiden Seiten, die es je gegeben hat. Und ich würde nicht darüber reden, würde nicht eine Wiederholung anstehen.

Ehe man aber auf die Frage des 20. Juli eingeht, sind zwei Punkte zu klären. Das eine ist die Frage, was man unter "Maskottchen" versteht. Sie wissen, der Bürger wird - immer dort, wo der Bürger heilig wird, ist es gefährlich. Da muß man sich vor ihm hüten. Und da wo der Bürger heilig wird, wird der Arbeiter fanatisch. Noch gefährlicher wird es, wo der Bürger vorgibt, abergläubisch zu sein.

Ich habe mir erzählen lassen, daß früher bei den Berittenen im Heer oder wie man das damals nannte, die Berittenen, die gab es auch bei der Polizei, - aber damals gab's auch Berittene beim Militär. Ich habe mir erzählen lassen, daß immer bei den Berittenen im Stall ein Geißbock stand oder eine Ziege. Der Geißbock oder die Ziege wurden mit der Zeit Maskottchen genannt. In Wirklichkeit ist es so, daß jede Minderheit, im Sinne dessen, daß sie Minderheit ist, nicht integrierbar ist, das heißt, sie unter dem Signum des Neptun steht, immer dann eine Abwehrschwäche hat und dann die Krankheit und das Schicksal des Verbandes, dem sie gezwungenermaßen als Minderheit zugehörig ist, übernimmt. Das heißt, das Maskottchen ist nichts anderes als das Überbleibsel aus der Zeit, in der man sich die Lebewesen zu halten pflegte, sie im Sinne des Ziegenbocks in die Pferdeställe hineinstellte, damit diese die Krankheiten und die Schicksalsschläge von den Pferden abhalten und automatisch als Sündenbock übernehmen.

Die Idee des Maskottchens hat sich erhalten, zum Beispiel gibt es einen Fußballverein, der hat immer einen Geißbock dabei - ein furchtbares Geschehen, das inzwischen durch Etiketten verdeckt ist und das Ganze nett erscheinen läßt, also eine furchtbare Sache nett erscheinen läßt. In Wirklichkeit ist das Maskottchen ein Lebewesen, auf das ich meine Untergänge übertragen will, damit mir selber nichts passiert. Das ist übrigens der Grund, warum so und so viele Ideologien möglichst viele Anhänger haben wollen, die werden dann quasi Maskottchen, weil sie dann die jeweiligen Untergänge auf den jeweiligen Zugehörigkeitsbereich im Sinne der Hackordnung - wie sage ich denn da? - überweisen können. Das ist ja auch der einzige Grund für Macht.

Es ist ja verständlich von der Natur aus, daß dem so ist, daß irgendeine Herde oder ein Verband zum Zwecke des Überlebens den Herdenbullen oder wer auch immer das Leittier ist, oder die Leitfigur oder die Leitkuh, daß diese Leitfigur unbeschadet sein muß im Sinne der Überlebensnotwendigkeit oder Erhaltung der Herde, des Verbandes oder der Art und so weiter, - das kann man sich sehr gut vorstellen, denn übernommen wird ja von der Minderheit oder von denen, die innerhalb eines solchen Verbandes sozusagen Gamma sind und nicht Alpha, - da wird ja nicht immer nur die Krankheit, sondern da werden ja mit übernommen die Schicksalsirritationen. Also auch der sogenannte oder Schicksalsschlag, die jeweiligen Untergänge.

Der Vorgang ist geblieben, nur jetzt mit anonymer Handhabung in jeder Familie - in jeder Familie will ich jetzt nun auch nicht sagen, aber der Vorgang ist geblieben unterhalb des äußeren Anscheins, durch Etiketten und Plausibilitäten verdeckt, und geblieben ist das Wort vom Maskottchen. In Niederbayern ist das geregelt, jedes fünfte Kind wird der Kirche vermacht, wird Pfarrer oder geht ins Kloster als Nonne. Das hat was für sich, daß das von vornherein gleich geregelt ist. Ansonsten, außerhalb von Niederbayern, ist es üblich, daß sich manche Familien nur deshalb Kinder anschaffen, um einen Kaspar Hauser zu haben. Unter Kaspar Hauser meine ich - nicht bekannt, wer das ist? - Schon bekannt. - Es gibt eine Unmenge von Kindern, - da ist es dann ganz gut, wenn das mehrkindrige Familien sind, weil dann übernimmt den Kaspar-Hauser-Effekt immer nur ein Kind. Aber manche Familien können dann gar kein Kind bekommen, die adoptieren sich dann einen Kaspar-Hauser. Das hat dann den Vorzug, der muß sich dann noch als Minderheit fühlen, weil er dann auch noch dankbar sein muß. Gut, so hart will ich das auch nicht sagen, aber so hart läuft das ab. Und diejenigen, die die sogenannten Übernehmer sind von Untergängen, das sind dann die mit der schwachen Abwehr, auch im körperlichen Bereich, das sind die Neptuner, Uranier und Saturnier des ersten Quadranten und der jeweiligen Verbindungen.

Die Übertragung von Untergängen ist Voraussetzung, um den Vorgang des 20. Juli 1944 zu klären. Bei der Übertragung gibt es nur eine einzige Möglichkeit, den Untergang anderer nicht mehr zu übernehmen im Sinne einer inneren oder ständigen Steinigung, es gibt die Möglichkeit, daß ich aus der Zugehörigkeit des

Verbandes austrete. Zugehörigkeit heißt, daß ich äußerlich wie auch innerlich dem Verband nicht mehr zugehörig bin, der Verband nicht mehr für mich zuständig ist.

Ich wiederhole hier den Fall einer psychosomatischen Klinik, in der ein Mädchen mit Magersucht in eine Therapie kam, und nach der dreiwöchentlichen Therapie verunglückte die Mutter recht auffällig, nämlich als Querschnittgelähmte bei einem Spanienurlaub ertrank sie in der Badewanne. Die Therapie des Mädchen ging weitere zwei Wochen, da verunglückte die jüngere Schwester tödlich, der sie vorgeworfen hatte, daß ihre Mutter seit deren Geburt krank war, und sich nicht mehr um sie gekümmert hätte - daß sie allein mit dem Vater sein wollte. Die Therapeutin sagte im vollstem Mißverständnis: "Die Therapie war so gut, daß die Patientin diese Schicksalsschläge .." - man sagt ja heutzutage - "verkraften", ein schauderhaftes Wort, - ".. trotz alledem verkraftet hat." - "Ver-kraften" heißt ja, "wo was rausziehen und verbrauchen", also aus den anderen Leuten Kräfte herauszuziehen. Wenn man also sagt, man hat was verkraftet, dann heißt das immer, er hat jemanden gefunden, dem er Kraft genommen hat, und daß er dann die Kräfte des anderen verbraucht hat. Das nur am Rande, denn die Sprache lügt nicht. Das sind auch diese automatischen Wortregelungen, die das Denken innerhalb der Sprache verhindern sollen, die automatischen Wortfolgen, die das Denken und das Begehen der Sprache unmöglich machen, die Wortplaketten, die wie gerätehaft übernommen werden, wenn das dann heißt "vor Ort" und dann geht es durch die ganze Bundesrepublik. Jeder war dann "vor Ort". Da kommt dann Wortplakette zu Wortplakette und es entsteht eine Scheinsprache, die nichts mehr aussagt, in der die Verständigung in allgemeiner Übereinkunft nur zum Schein erfolgt.

Die Therapeutin hat in diesem Falle nichts anderes gemacht, als daß sie die Siegerschwerpunkte verteilt hat. Insofern ist die Unterlegene, die an sich schon vom Schicksal her signalisiert hatte, daß sie die Unterlegene sein will und daß sie durch ihre Magersucht ausgedrückt hat, daß sie sich am Untergang der anderen nicht schuldig fühlen möchte, oder nicht nur fühlen, sondern nicht schuldig sein möchte. Dieses nicht schuldig sein wollen hat sie signalisiert durch die Magersucht. Die Therapeutin hat sie gezwungen, sich schuldig zu machen an dem Tod der anderen. Sie hat sie gezwungen. Und die einzige Chance wäre es gewesen, der Patientin zu sagen "na gut, lösen Sie sich aus dem Zusammenhang Ihrer Familie und der Fall ist erledigt". Aber die haben das Signal für eine Krankheit gehalten, die sie im Sinne der Perfektion eliminieren wollten.

Das Nicht-Zugehörig-Sein ist gemeint im Sinne dessen, daß man sich nicht aus der Zugehörigkeit bestätigt, sein Selbstgefühl oder Leben bezieht, sich zur

Stütze oder zum Geborgenheitsgefühl beziehungsweise zur Abdeckung des Verlassenheitsgefühls sich in falsche Zuständigkeiten begibt. Ich will versuchen, die Folgen der falschen Zugehörigkeit noch einmal deutlich zu machen: nehmen Sie an, jemand hat Saturn-Neptun-Quadrat. Es gibt viele Jemands, die Saturn-Neptun haben. So jemand ist in der Zugehörigkeit eines Verbandes im Sinne der Stützung der Existenz und so weiter nicht denkbar, weil er sofort sämtliche Eiterprozesse des Verbandes übernimmt. In dem Moment, in dem er nicht im Verband ist, bekommt er wenigstens nur seine eigenen Eiterprozesse. Und die sind meistens nicht so viele, als die, die der Verband anhäuft, insofern der Verband ja weiß, wir haben einen Untergängler in unseren Reihen, also laßt uns frisch drauflossündigen, noch lebt er.

Das klingt unangenehm, ist möglicherweise nicht positiv, - aber es geht darum unter den Etiketten, die so niedlich gemacht sind, so wie die mit dem Maskottchen, daß man darunter die Wahrheit sieht, um der Blindheit des Ausgeliefertseins zu entgehen. Ich habe schon einmal gesagt: dort, wo der Jung und der Freud ins Wasser geschaut haben, da müssen Sie tauchen, wenn Sie der Ausgeliefertheit an diese Mechanismen entgehen wollen.

Das war die eine Voraussetzung für den 20. Juli 1944. Die nämlich, daß die zugehörige Minderheit, die aus dem Verband oder dem System nicht austritt, den Untergang übernimmt, und zwar den Untergang des Verbandes, selbst wenn man ihn selbst bereitet hat. Deshalb sind auch integrierte Kritiken und integriertes Kritikertum von vornherein zum Scheitern verursacht. Deshalb ist auch die sogenannte Apo-Zeit von vornherein - auch vom Ansatzpunkt her zum Scheitern verurteilt gewesen, zu Recht, sie wollten das System nicht verlassen, das System in seinen Denkhaltungen belassen und nur seine Figurationen verändern - sie sind mit großem Geschrei in ein anderes Zimmer gerannt, aber im Haus geblieben.

Das zweite, was man voraussetzen muß, um die Frage des 20. Juli 1944 zu klären ist die Wiederholbarkeit - aus diesem Grund habe ich das Horoskop des Septars der großen Konjunktion noch einmal vorgelegt. Diejenigen, die den letzten Vortrag gehört haben, wissen um was es geht, die anderen haben im Vorraum die Möglichkeit - das sage ich nicht aus Werbung - ich könnte es mir allerdings auch leisten, das als Werbung zu sagen, weil das Buch wirklich gut ist, - die anderen haben also die Möglichkeit, das Gemeinte in den "Hamburger Vorträgen" sich zu eigen zu machen - ich werde auch jetzt noch kurz darauf eingehen. Im übrigen wegen der Werbung für meine Bücher, ich will ja nicht, daß die falschen Leute meine Bücher kaufen, denn sonst entsteht ja eine falsche Meinung über meine Bücher und die verbreitet sich dann so, daß sie nicht mehr gekauft werden von den Richtigen. Das wäre dann schlecht. Lieber wird nicht so viel gekauft, das ist schon besser, und die Richtigen kaufen es.

Es wiederholt sich also im Sinne der Septare der großen Konjunktion die Zeit von 1940 bis 47 - diese sieben Jahre wiederholen sich in der Zeit von 1982 bis 92. Und zwar in dem Sinne, daß alles das, was im Siebener-Rhythmus nicht gelöst wurde, im Zehner-Rhythmus zu lösen ist, unausweichlich. Und wenn diese Lösung von der Steuerung der Bewußtheit unterbunden werden soll, dann diese bewußte Steuerung auf die Seite geschoben wird.

Ich könnte natürlich im Sinne der Fuge - wir hatten ein Septar, das elfte, von 1912 bis 1919, das Septar des Ersten Weltkriegs. Dieses Septar des Ersten

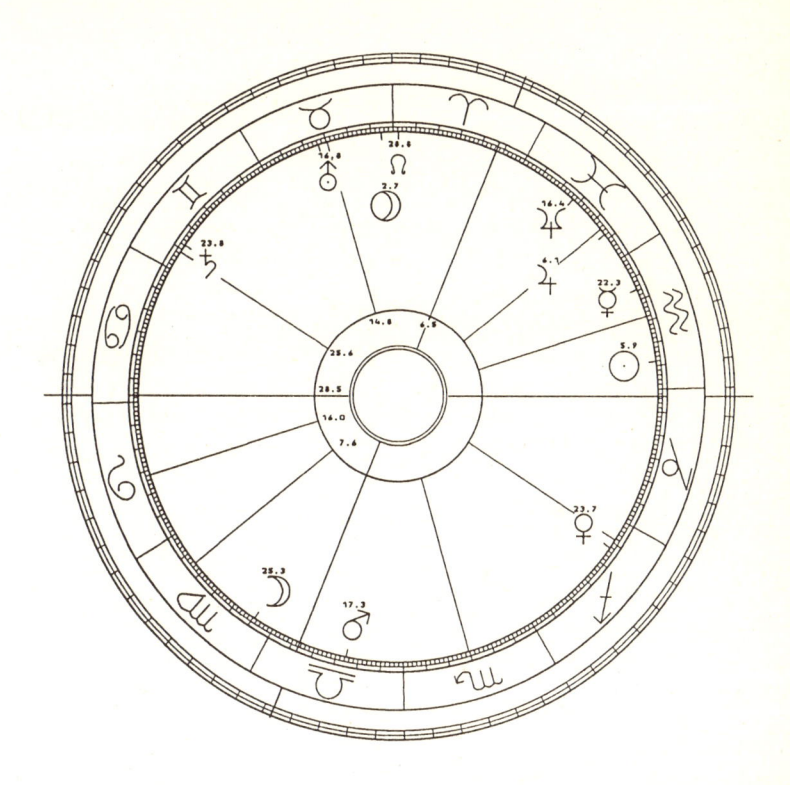

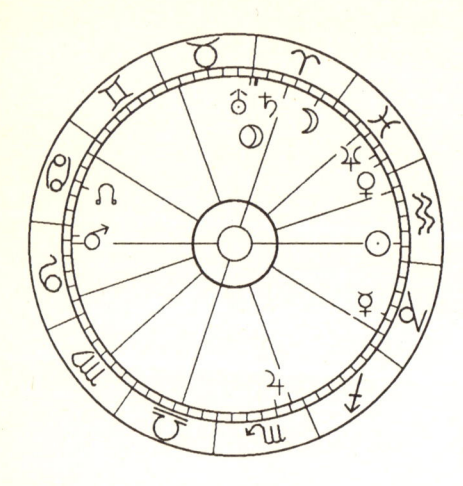

Weltkriegs hat sich wiederholt im Zehner-Rhythmus von 1942 bis 1952. Das heißt, alles, das, was im Siebener-Rhythmus nicht gelöst wurde, ist im Zehner-Rhythmus grundsätzlich aufgebrochen. Eine Wiederholung des Vorgangs. Die gleiche Wiederholung des Vorgangs haben wir aus der Zeit von 1940 bis 1947 in die Zeit von 1982 bis 1992. Und da scheint ja eine ganze Menge ungelöst gewesen zu sein, in den sieben Jahren von 1940 bis 1947. Und die Zeiten haben sich wirklich wiederholt, nur auf einer anderen Bühne. Der Nationalsozialismus ist diesmal etwas anderes, Anonymeres, und es ist die Groteske, daß heute alles sagt "das, wie damals darf nie mehr passieren", "wie konnte das passieren ?", - so, daß man jeder kleinen Splittergruppe von Rechtsextremisten recht intolerant, muß ich sagen, ich habe für die Rechtsextremisten nichts übrig, aber es ist trotzdem intolerant wie man denen begegnet. Also man begegnet denen schon so, wie man erwartet von denen, daß sie sind, womit sie dann automatisch so sind, wie man erwartet, daß sie sind. Also es ist ein ganz ein einfaches Rechenexempel. Und lenken dann auch so gut ab. Da hat dann einer der Politiker - aber den können Sie austauschen, ein gewisser Schröder - SPD-Chef von Niedersachsen, der hat da dann gesagt, daß diese jungen Rechtsextremisten - da gab's einen Prozeß, da hat er einen Rechtsanwalt gespielt, das sollte man als Politiker sowieso nicht vermischen, die beiden Positionen, - jedenfalls hat er gesagt "diese jungen Menschen sind in dem rechtsradikalen Sumpf verstrickt", - im "Sumpf verstrickt" sind die, sagt der. - Das sagt Ihnen nichts ? - Ein Atomphysiker hat gesagt "wir müssen auf die Zukunft reagieren", - da möchte ich einmal zusehen, wenn jemand auf die "Zukunft reagiert". Die Sprache ist ein Gradmesser der Moralität. Sie ist auch ein Gradmesser der Zuständigkeit.

Die Wiederholungen gehen in einem solchen Maße vor sich, daß ganz präzise zu dem Zeitpunkt als Stalingrad geschehen war, Tschernobyl eingetreten ist, umgerechnet auf den Tag genau. In der Wiederholung ist die Diktatur des Nationalsozialismus heute die zivile Diktatur und Inquisition im Sinne eines Wissenschaftsstaates, in einem Ausmaß, das unfaßbar geworden ist. Es ist erstaunlich, wie wenig den Menschen das gegenwärtig wird, die sind wie betäubt, wenn sie mitten in einer Situation stehen oder wenn sie von der Vorstellung geblendet sind, oder von der Macht der Vorstellung, die gesetzt ist, Angst haben, dann in diesen Vorstellungscontainer hineingeschlüpft sind, weil sie glauben, dagegen allein nicht bestehen zu können. Sie schlüpfen dann in die Vorstellungscontainer, die ihnen vorgegeben werden, aus der Angst, herauszufallen und etwas anderes sehen zu müssen.

Wir kommen jetzt dann nächstes Jahr im Juni (1988) in die Wiederholung des 20. Juli 1944 - im übrigen sind wir jetzt in der Wiederholung der Zeit, in der die ersten Blitz- oder Nachrichtenmädchen im Zweiten Weltkrieg eingezogen worden sind zum Militär - hören Sie die Diskussionen jetzt? - "die Frau an die Waffe"? In Dänemark sind sie schon am Flakgeschütz mit den Schifferlmützen. Im Bundesgrenzschutz sind die ersten Frauen schon aufgenommen worden, um an der Waffe ausgebildet zu werden. Es ist genau die Wiederholung von 1943, es sind dieselben Texte, die ich als Junge 1943 gehört habe über die Frage: Frauen ans Gewehr oder nicht. Die nächste Wiederholung, die sein wird, ist die Invasion. Die fällt nächstes Jahr in den April, vielleicht als Umkehrung für die Ereignisse von damals, als Umkehrung, aber nicht für die Übersetzung. Und da haben wir nächstes Jahr im Juni die Wiederholung des 20. Juli 1944. Und es kündigt sich jetzt schon an, um was es sich handeln könnte. Nämlich wie bei diesen Offizieren, die sich aufgrund ihres Standes dazu berufen fühlten, als Integrierte das Steuer des Widerstands in die Hand zu nehmen, aus der Deckung der Zugehörigkeit zu handeln, ihren Stand erhaltend - sie haben jahrelang nicht gehandelt, damit den übrigen Widerstand gelähmt, aufgehalten und diejenigen, die wirklich zum Widerstand fähig gewesen wären, damit von oben her, weil sie an Kommandostellen und so weiter waren, gehindert, sodaß gerade dadurch, daß die Widerstand gemacht haben, der deutsche Widerstand gebrochen wurde durch diese Leute selbst.

Ich will damit sagen, daß sie innerhalb des Systems, innerlich wie äußerlich, das System verändern wollten, damit integrierte Minderheit blieben und den Untergang, den sie anderen bereiten wollten, damit automatisch im Sinne des Sündenbocks auf sich gezogen haben.

Diese Wiederholung haben wir im Sinne der Vorbereitung jetzt und im Sinne der Ausführung im Juni 1988. Es läuft im Ersten Deutschen Fernsehen, oder im Zweiten, ich habe keine Ahnung, eine Serie - ich roch nichts Gutes, dachte mir, hörst Du Dir die ersten fünf Minuten an, das klingt schon nach was Furchtbarem und so war's denn auch - der Film heißt und hat mehrere Folgen "Die Insel". Die

Tonart ist in etwa so - da ist ein Manager krank. Natürlich ist das ein Manager, ein junger mit so einer großen Jacke, da hat er sich Vaters zu große Jacke angezogen. Der ist krank und geht zum Arzt und der Arzt sagt nichts, macht ein bedenkliches Gesicht und dann fragt der Manager "zu welchem Wunderheiler soll ich gehen?" Und dann schnarrt's ungeheuer - so verdächtig - sofort los - mit einem knappen Wort, wie in die Stille gemeißelt: - "Wabra"..

K: Wabra?

A: Wabra, so heißt der Mann, Wabra. Da müssen Sie den Drehbuchautor fragen - "Wabra - glänzender Diagnostiker - Charité - hat einen einsamen Feldzug gegen die Schulmedizin geführt, lebt jetzt auf einer ostfriesischen Insel", - merken Sie, wie das läuft ? - Merken Sie es nicht ? Wie furchtbar das läuft ? - Oder denken Sie an diesen - wie heißt der Physiker ? - Crupka oder Crupa ?

K: Capra.

A: Capra, - ja, Wabra - Capra, na klar. Die haben wenig Phantasie, nicht ? - Der ist als Physiker ausgestiegen, nennt sich einen Aussteiger. Im Moment ist er wieder Dozent für Physik in Berkley - USA. Und in der Zeit, in der er meinte, daß er ein Aussteiger sei, war er unter anderem Lehrer an einer Mädchenschule.

Wissen Sie, die Etablierten übernehmen jetzt, und das Trittbrett dazu wird ihnen von den Esoterikern gegeben, - die übernehmen jetzt als Infragegestellte die Infragestellung. Es wird das gleiche sein wie am 20. Juli 1944. Die Bevorrechtigten, die mit der Führungsrolle, die sie schon einmal mißbraucht haben bis zur Zerstörung von allem, die wollen die Anmaßung ihrer Führungsrolle hinüberretten, so als ob nicht gewesen wäre, und innerhalb des Systems nur eine Umschichtung der Macht, im System aber bleiben, um ihren Stand zu erhalten, die spielen dann ganz wild die Progressiven, aus der Deckung heraus, integriert sein und bringen so die schon ausgespielten Etablierten wieder ins Spiel, provozieren - die haben vorher genau so wenig begriffen wie heute - die werden den Untergang, den sie den anderen ihres Systems, die an der Macht sind, bereiten wollen, den Untergang werden sie selbst erleben. Und das Allerschlimmste wird sein, sie werden damit gleichzeitig alle Infragesteller mundtot machen, denn das System und seine Ausformungen werden die Gelegenheit erfassen, um sie für sie unschädlich zu machen. Ich sage Ihnen das als Begleittext für das, was sich ereignen wird, damit Sie das auch gehörig begreifen, das ist nämlich immer ganz gut, wenn man in eine Oper geht und man hat die Partitur dabei oder zumindest ein Textbuch.

Der Vorgang wird sein, daß die Infragestellung der Wissenschaft wiederum nicht möglich wird und damit der Untergang umso unerbittlicher. Es hat keinen Zweck, nicht darüber zu reden - in der Wiederholung des Zusammenbruchs von 1945 wird der Zusammenbruch der Wissenschaft sein, und es wird wie danach Ernährungskrisen geben und so weiter, denn das Schicksal nimmt ja immer ein kleines Detail aus dem vorhergehenden Zusammenbruch in die Vergrößerung mit hinein, damit jeder, wenn er will, es auch merken kann, daß es sich hier um eine Vergrößerung handelt des gleichen Stücks. Das heißt, es kann dann auch dieser Zusammenbruch der Wissenschaftskrise begleitet sein von einem möglichen kriegerischen Geschehen, das wahrscheinlich nicht das Entscheidende ist, das Entscheidende wird der Zusammenbruch des Wissenschaftssystems und der wird grundsätzlich.

Nun ist im Zusammenhang mit der Wiederholung des 20. Juli 1944 ein drittes zu klären, und zwar in der Frage, in welchem Konstellationskleid sowohl Ausgangspunkt wie Wiederholung standen.

Der Rhythmus im Uhrzeigersinn ist der Rhythmus der Fügung, in dem die Bestimmung zur Form gefügt ist, als Heimat des Phänomens, zur Erfüllung seiner Bestimmung, sozusagen der Schicksalsrhythmus. Der Rhythmus gegen Uhrzeigersinn ist der Rhythmus des Phänomens, das heißt, das, was aus der Fügung heraus dem Phänomen als Erlebenssituation entgegentritt. Das gilt nun auch für diese Septare der großen Konjunktion, und wenn wir nun schauen, wann wird im Sinne der Erlebenssituation des Phänomens dieser Rhythmus am 20. Juli 1944 fällig, so finden wir, daß sich das Ereignis auf zwei Grad Fische vollzogen hat. Wie Sie wissen, ist dieser zwei Grad-Fische-Punkt ein Grad im Sinne des Saturn-Neptun, was besagt, als Repräsentant einer Wahrheit, die man erfahren hat und derzufolge man ausgeschlossen ist von denen, die die Wahrheit nicht sehen wollen, Minderheit zu sein und aus diesem Grunde nicht zugehören dürfen und im Falle der Zugehörigkeit gesteinigt zu werden.

Wenn Sie in Ihrem persönlichen Horoskop im Rhythmus, links- oder rechtsherum oder über verschobenen ein Grad ein Jahr durch den Ascendenten über die zwei Grad Fische kommen, dann können Sie so Recht haben, wie Sie nur wollen, Sie haben keine Chance, vor Gericht Recht zu behalten. Sie werden immer unterlegen sein und Sie werden immer zahlen. Bei zwei Grad Fische ist das üblich, und Sie werden zu Recht zahlen, weil Sie ein Recht wollen, das Ihnen als Zugehöriger zusteht, Sie aber in Wirklichkeit inhaltlich nicht zugehörig sind und aus diesem Grunde für diese falsche Zugehörigkeit bestraft werden müssen und das tut der Staat und das tun die Richter, automatisch, als Vollzieher des Systems. Diese zwei Grad Fische waren damals, im Juli 1944 Zeitinhalt, was besagt, daß der Vorgang der Steinigung eingeleitet ist, daß die Minderheit die Untergänge der Herrschenden zu übernehmen hat, damit diese noch länger bestehen können und was weiter besagt, daß die Minderheit selbst, weil ja noch zugehörig, bewußt oder unbewußt alles tut, um im Schuldgefühl des Minderheitenseins, also dem Schuldgefühl aus der Zugehörigkeit heraus die Bestrafung selbst sucht und sich ihr selbst zuführt.

Im übrigen sehen Sie sehr deutlich, wie es dann weitergeht. 1945 kommt dann der Neptun, und der löst dann im Spiegelpunkt zum Mars die ganze Fügung - neuntes Haus - Schütze, die Fügung - das Gefügtsein, das Gefüge, das hebt er auf. Es ist sehr schön, daß die Sprache das Fügen und die Fügung in einen Stamm setzt, weil die Fügung der Form ja in der Tat als Chromosomensatz der Form den Schicksalsablauf in der Form zeitlich beinhaltet. Das heißt, Zeit drückt sich in Form aus oder anders: Bestimmung ist Zeit in Form gefügt. Das heißt, die Form selbst also bedingt bereits Schicksal, ist als Form schon bindende Schicksalsaussage, mit anderen Worten, eines Tages werden die Erbbiologen und Astrologen möglicherweise Konkurrenz werden, da der Chromosomensatz nur eine andere Darstellung des Horoskops ist, das ist überhaupt keine Frage. Es wird auch sehr bald Berufe geben, die sich spezifisch mit Bedeutungsfigurismen und Bedeutungsformen auseinandersetzen, weil die Anwendung bestimmter Formen automatisch ein bestimmtes Schicksal durch die Form setzt, beziehungsweise umgekehrt einer, der eine ganz bestimmte Form wählt im Sinne seiner inhaltlichen Vorgänge, damit sein Schicksal transparent macht im Sinne der Form, die er gewählt hat, von der Form ablesbar. Das heißt, er bekommt eine ganz bestimmte Ohrform, er bekommt ganz bestimmte Zehennägel, er bekommt eine ganz bestimmte Handinnenfläche, er bekommt ganz bestimmte Linien, er wählt einen ganz bestimmten Wagen, bei dem möglicherweise die Bedeutungsform im Kotflügel genau so enthalten ist wie in seinem Ohr und so weiter, und vielleicht kriegt er sogar die Dulle genau da hinein, wo er sie im Ohr auch hat, das merkt nur keiner, weil's keiner vergleicht, denn wer wird schon den Kotflügel mit dem Ohr vergleichen? Aber aus diesem Grunde können Sie dann aus dem Kotflügel, aus dem verbeulten das Schicksal herauslesen. Und das Schlimme an der Sache ist, daß ich das auch noch ernst meine.

Sie sehen also hier die Auslösung von 1945 im Sinne des Phänomens läuft. Das heißt, das Gefügte, die Fügung, das neunte Haus, - darum sind die Schützen und die mit der Sonne oder mit Konstellationen im neunten Haus, so daran interessiert, aus der Form die Bestimmung der Fügung zu finden. - Ist das zu abstrakt? - Tun wir die Bestimmung weg - die Fügung der Form oder die Fügung in der Form zu finden - ist das zu abstrakt? - Immer noch zu abstrakt. - Kommen wir später noch einmal darauf, das ist der "Weg der Aphrodite". Die Aphrodite taucht in der Waage auf, das heißt dort oder in der Zeit, in der unserem Verständnis nach die Waage ist.

Dieser Rhythmus, der gegen den Uhrzeigersinn geht, der des Phänomens, der auch drauf hinweist, was dem Phänomen alles geschieht, was dem Phänomen alles passiert, dieser Rhythmus kommt auf die zwei Grad Fische nächstes Jahr im Zehner-Rhythmus. Umgekehrt natürlich kommen wir im Rhythmus der Fügung oder auch der "gesetzten Notwendigkeit" auf den Mars, und der Mars transportiert - die Formel heißt "Herrscher von zehn löst neun aus", - der Mars transportiert also von dem Haus, das er beherrscht, vom zehnten, in das neunte hinein den Pluto, der ein Quadrat zur Sonne hat: infolgedessen wird im zehnten Haus die Bestimmung zur Einschränkung des Lebens in das neunte befördert, die Bestimmung zur Einschränkung des Lebens wird "Fügung" - das ist zu abstrakt?

K: Noch mal.

K: Bitte ausführlicher.

A: Ich komme dann später noch darauf, nachdem ich einen kleinen Sprung gemacht habe. Wir sind jetzt bei den Rhythmen gewesen gegen den Uhrzeigersinn und im Uhrzeigersinn. Das eine ist der Rhythmus des Phänomens, - der Rhythmus gegen den Uhrzeigersinn der des Matriarchats und der Rhythmus im Uhrzeigersinn der des Patriarchats. Wenn ich jetzt sage "Matriarchat" und "Patriarchat", dann meine ich nicht Frauen und Männer, denn es gibt patriarchalische Frauen in genügender Anzahl und es gibt matriarchalische Männer, und in beiden Fällen - die matriarchalischen Männer, das sind Mama's Gefangene, die sind am allerschlimmsten - und die patriarchischen Frauen sind diejenigen, die vom Typ Ehefrau gehetzt werden und auf die die Mama ihre Söhne hetzt, damit sie geschändet werden, die ewigen Maitressen, denn heiraten darf Mama's Gefangener den Typ Wassermann oder ähnliche auf keinen Fall. Zum Schänden sind sie freigegeben und aus diesem Grund wird sich kein Mensch darüber aufregen, wenn sie ausgeschmiert wird, denn das öffentliche Recht ist machtlos gegen das Matriarchatsrecht der Öffentlichkeit.

Ich will aber nun darauf noch zurückkommen, daß wir im Zehner-Rhythmus auf dieselben zwei Grad Fische kommen, im Phänomen-Rhythmus im Sinne dessen, daß die Etablierten umsteigen, zu Außenseitern werden gegen das bestehende Wissenschaftssystem innerhalb des Wissenschaftssystem, damit den Untergang des Systems als zugehörige Minderheit zunächst auf sich selbst laden, damit jede Infragestellung mit sich reißen. Es wird dann zu einer Niederlage kommen gegen die Wissenschaft und ihre Ausformung, den Staat gleichermaßen als deren

Erfüllungsgehilfen, sowie gegen die Industrie, die ja den Staat beherrscht wiederum durch die Wissenschaft und deren Standesvertreter. Der Schaden ist unermeßlich nur deshalb, weil Mami's braver Junge vor seiner Mami am besten dastehen wollte, und das kann man nur durch ein hohes Sozialprestige und das kriegt man ja nun nicht als Outlaw, sondern nur dadurch, daß man integriert ist, daß man das studiert, was Mami in letzter Zeit am liebsten hatte, nämlich Physik. Und jetzt stellt sich heraus, nachdem die ganze Prozedur des Studiums hinter sich gebracht wurde mit allen Erniedrigungen, die da notwendig sind, - jetzt stellt sich also heraus, "und das ist ungerecht", sagt der, "das lasse ich mir nicht gefallen", sagt der, "jetzt habe ich die ganze Prozedur hinter mich gebracht und auf einmal soll Physik nicht mehr so viel wert sein als wie ein Außenseiter." - Also sucht er Schulen und Orte, vielleicht blättert er im Telefonbuch, um zu finden, wo er Außenseiter lernen kann, dann wird er Doktor rer. pol. Außenseiter. Dann ist die Mami wieder stolz. Das ist wie bei den Beatles. Einmal gab's Original-Beatles, und dann haben sich alle braven Jungens, die nicht singen und die sich nicht bewegen konnten, die haben dann zur Mami gesagt, "ich wünsche mir zu Weihnachten, ich möchte auch Beatle sein". Und Mami hat gesagt "das gilt inzwischen bei uns als anständig, auch mit den langen Haaren". Daraufhin sind alle blutleeren, öden und langweiligen Mama's Söhne mit schwachen Beinen und Betonbrust auf die Bühnen gegangen und haben dann die Wilden gespielt. Und Mami hat gestrahlt, weil es nichts mehr dann gab, was sich nicht in ihrem Schoße vollzog.

Zum Begleittext für das nächste Jahr ist hinzuzufügen, daß jetzt einer den Buchfriedens- - nein, den Friedensbuchpreis bekommen hat, der jetzt draufkam, daß die Technik nicht ganz so gut ist - also jetzt, jetzt ist er auch schon darauf gekommen - und das hat er genannt "das Prinzip Verantwortung". Derselbe Friedensbuchpreis ist vor etwa zwanzig Jahren verliehen worden an den Ernst Bloch mit dem "Prinzip Hoffnung". Und ich muß sagen, ich mag den Bloch nicht, aber ich hätte nie gedacht, daß ich den Bloch noch einmal verteidigen muß gegen so niveaulose Brüder wie den Jonas. Daß der Jonas einen Frankfurter Friedensbuchpreis bekommt und dann mit dem Bloch gleichgestellt wird, das hat der Bloch nicht verdient.

Das Ganze hat aber etwas zu tun mit der Wiederholung des Goebbelschen Satzes "wollt Ihr den totalen Krieg", denn der wiederholt sich auch - für uns. Wenn nämlich gesagt wird "die Technik ist nicht schlecht", damit auch die Wissenschaft nicht, nur die Handhabung durch den Menschen ist schlecht, teilweise und es müßte das "Prinzip Verantwortung" eingeführt werden, dann ist das der bodenloseste Angriff auf die menschliche Freiheit, der je unternommen worden ist. Und zwar deshalb, weil von Ihnen nichts anderes verlangt wird, als daß - damit die Technik nicht schädlich sei - Sie Ihr Leben aufgeben. "Prinzip Verantwortung": Sie sollen sich einschränken, damit die Technik leben kann. Also so ein bißchen Smog, das können Sie schon hinnehmen, und die paar Vögel, die wir noch haben, da hätten wir halt ein bisserl früher aufpassen müssen, sind sie halt weg, die letzten. Wir haben über Deutschland ja sowieso nur noch Rabenvögel, oder Rabenkrähen. Lesen Sie einmal Agrippa von Nettesheim, oder denken Sie überhaupt einmal über das Symbol nach, wenn die Aasfresser in Scharen kommen. Na gut - jedenfalls wird dieses "Prinzip Verantwortung" aufgegriffen in dem Sinne, der Mensch solle verantwortlich handeln im Sinne der Einschränkung, der Einschränkung seines Lebens zugunsten der Technik - "wollt Ihr den totalen Krieg?" Die meisten begreifen ja nicht, was diese Friedensverpreisung da - diese Prämierung, was die für Leitmotive in die Welt setzt, die meisten begreifen das nicht, denn es ist ja niemand mehr da, der das merken könnte.

Denn der Widerstand, der sich in der Stille, außerhalb, aber effektiv seit den fünfziger Jahren entwickelt hatte, ist in zwei Phasen unterlaufen worden. Die erste Entwertung kam durch die Verwerter und Vermarkter, in den siebziger Jahren, das waren diejenigen, die die Infragestellung unter dem Namen der "Esoterik" vermarkteten, das Übernommene als Phänomen dem Verbrauch zuführten, - und die zweite Phase der Entwertung sind dann der Teil der Etablierten, der in die Infragestellung, nachdem sie die Welt zerstört haben, schamlos, mit Hilfe der Esoteriker als Trittbrett, umsteigt, deren Ursprung und Urheber verdrängen und entwerten, Leben und dessen Bedeutung stehlen, so, wie sie es immer schon gemacht haben, voraussetzungslos, schamlos, sich bevorrechtigt fühlend. Sie brauchen nur die Lebensläufe derer anzusehen - zum Beispiel einer, der war vor fünf Jahren noch Personalberater - ich weiß nicht, ob Sie schon einmal in einem Betrieb gearbeitet haben, ob Sie drin arbeiten, ob Sie als Werkstudenten oder sonst irgendwo mit Personalberatern etwas zu tun hatten? - Also ich will ja niemandem weh tun, der hier unter uns sitzt und Personalberater ist, aber ich muß sagen, das waren unangenehme Burschen - die waren, trotz aller anderen Beteuerungen, für den Betrieb da und haben den einzelnen mitgeholfen optimal für die Industrie zu verwerten. Aber darüber will ich ja nichts sagen, denn jeder hat den Weg seiner Erfahrung oder den, daß er sich von Erfahrung ausschließt, daß er seiner Angst dient und damit sich selbst verkauft und sich damit noch einmal sichert, daß er dazu hilft, daß auch andere in den Feuerofen der Industrie kommen - das sind dann gleich die großen Verkäufer der Esoterik, die die Infragestellung verkaufen gleich Trophäen, sich selbst schmückend, immer etwas zur Vernutzung suchen, um es zu Müll zu machen - für die ist immer Weihnachten, die binden sich immer die Äpfel, die sie verbraten wollen, an die Zweige und dann singen sie heilige Lieder.

Das Vereinnahmte wird dann in einer Art interner Scheinrevolution à la Juli 44, wirkungslos verpulvert, um dann auch, und das macht den Vergleich noch schlüssig, den Widerstand innerhalb der damals wie heute etablierten Herrscherschicht durchzuführen, den eigenen Stand und die Vormacht im System zu retten. Die Infragestellung wird dann innerhalb des Systems nicht nur zermahlen, sondern die Diktatur dann noch ausgeweitet. Darum war ich auch so betroffen, als ich hörte, daß es einen Physiker geben soll, dem nachgesagt wird, daß er auf die phänomenistische Weise beweisen kann, oder dieses zumindest hofft, also über die Physik, das, was wir schon lange wissen, daß nämlich die Information des dritten Quadranten auch dann besteht, wenn der erste Quadrant der Erscheinung nicht gegeben oder nicht mehr gegeben ist. Die Information des achten Hauses besteht auch dann, als Bildfügung der Form, wenn kein erster Quadrant mehr gegeben ist. Darüber haben wir in den Seminaren und Kursen ausführlich und seit Jahren berichtet, und zwar so schlüssig nachgewiesen, daß es phänomenistisch nicht mehr bewiesen werden braucht. Dadurch besteht ja auch der Gedanke der unerlösten Struktur, die noch, weil unerlöst, Potenz zum Leben in sich trägt und händeringend irgendwo einen Lebendigen mit einem ersten Quadranten sucht, um in den hineinzuschlüpfen und die eigene Unerlöstheit der Struktur über ein fremdes Leben auszuleben, der Betreffende dann vorstellungsmäßig fremdbesetzt ist und im Grunde genommen einen längst Gestorbenen durch sein eigenes Leben wieder auferstehen läßt. Die laufen in Massen herum, die früheren Gestorbenen bevölkern unsere Straßen in den Körpern derjenigen, die sich besetzen lassen. Das Unterbewußtsein sucht dann diese Fremdbesetzung auszudrücken und zur Mitteilung zu machen, und diese Versuche sind dann wie Vorstellungen und Filme in der Form von Sciencefiction über Invasionen von Außerirdischen. Es klingt krass, was ich sage, aber keine Zeit ist noch so krass gewesen wie die heutige - und wenn ich den Untergang der Sonne beschreiben will, dann muß ich, wie gesagt, meine Gefühle dabei vergessen.

Was ich jedenfalls damit sagen wollte ist, daß mit diesem phänomenistisch-physikalischen Beweis des Informationsrestes ohne Substanz die Homöopathie dann phänomenistisch anerkannt ist, und dann brauchen Sie nicht mehr glauben, daß Sie je in Freiheit und ohne Staatsbevormundung, das heißt, ohne Lenkung der Pharmazie frei über die homöopathischen Möglichkeiten verfügen können. Und dann können die anderen die Homöopathie einsetzen, ohne deren Inhalt übernehmen zu müssen.

Das alles dient noch und unterstützt die Endphase der Diktatur der Wissenschaft, die eigengesetzlich geworden ist, wie ein unbekanntes Tier, das sich in die Welt frisst, und sich erhält durch das Leben, das Blut jedes einzelnen, das sich erhält durch die Vernichtung des Menschen in seiner totalen und vollkommenen Vermarktung, - durch den Staat und seine Vertreter, dem Verbrauch durch die Industrie anheimgestellt, mit den Wissenschaftsvertretern als Erfüllungsgehilfen und Zuführungsorganen einerseits, andererseits den Staat selbst, als Instrument der Wissenschaft wie ein Moloch die Eigenständigkeit des einzelnen verzehrt, um daraus bestehen zu können. Das alles geschieht unter dem Alibi der Hilfe und der Fürsorge, in allen Märchen Lockmittel und Falle des Bösen, das seine furchtbare Prämie einfordert, wenn man auf es eingegangen ist und dem man nur die Macht nehmen kann, wie im Rumpelstilzchen, wenn man es "beim Namen nennt". Die totale Vermarktung und Entmündigung ist zivil, farblos, durch öffentliche Leitmuster gelenkt, bis in das kleinste Detail, einerseits in den öffentlich gemachten Leitschienen als Konsumprodukt der Industrie, andererseits ferngelenkt in allem, was Sie tun, ob Sie über die Strasse gehen oder ob es sich um die Masse des Fensters Ihres Hauses handelt oder um die öffentliche Leitschiene für Ihre Meinung. - Ihr Schicksal und Ihr Leben sind mit Hilfe des Staates durch die Wissenschaft fremd verwaltet und gelenkt - die Industrie ist dabei nur die Ausformung der Verbrauchsstation.

Wenn Sie hinausschauen, die laufen ja schon herum mit den Kopfhörern, damit sie nichts anderes mehr hören als wie die Widerspiegelung der eigenen Subjektivität, die spielen sie sich ununterbrochen vor und haben sie auch, kurzgeschlossen, auf den Ohren. So etwas ist eine Spitzenleistung der Industrie, den Menschen so weit zu kriegen, daß er als zweibeiniges Recorder-Gerät durch die Straßen rennt. Wenn Sie mit dem Auto fahren, sitzen die Polizisten wie Strauchdiebe hinter den Sträuchern, um Sie zu ertappen, als Tempo-Sünder, in Bayern ist es ja so weit, daß sie mit Hubschraubern verfolgt werden. Jetzt müssen Sie sich einmal vorstellen, diese ungeheure Brutalität des Staates, mit der dieser in unverhältnismäßiger Weise und den Bedingungen nach unangemessen mit seiner vollen Staatsgewalt auf den einzelnen losgeht - stellen Sie sich doch einmal das Urrudiment vor, wenn plötzlich so ein großer Vogel über Ihnen schwebt, was das für ein Alptraum ist, von dem Sie sich unter Umständen jahrelang nicht erholen, wo unter Umständen irgend etwas unverarbeitet bei Ihnen ausbricht, was ohne diesen großen Vogel nicht ausgebrochen wäre, daß Ängste losgelöst von ihrer bewußten Steuerung sich freimachen, - und gleichzeitig müssen Sie bedenken, wie selbstverständlich sich dann die Verkehrsunfälle verringern und automatisch die Selbstmorde erhöhen. Ist doch ganz klar: Sie müssen immer die Statistik der Verkehrstoten vergleichen mit den Statistiken über die Selbstmörder. Dann erst stimmen sie, isoliert sind sie nichts wert.

Die Fernlenkung der zivilen Diktatur ist so nahtlos und ausschließlich, jeder Schritt ist ferngelenkt, gegen Bestrafung, in verplanten Erlebniswegen, bei Zwang zu Verhalten nach Sozialmustern, sodaß ein fahles Geschlecht entsteht, ausdruckslos, nur noch von außen lenkbar, die Meinungsplaketten öffentlicher Leitschienen deklamiert, immer gegen das eingestellt, was es retten könnte, dabei immer im Kampf, irregeleitet, und damit abgelenkt auf das hin, was schon nicht mehr notwendig ist, schon keine Zuständigkeit mehr hat. Die Ausblicke sind mit falschen Zeichen vermalt, die wie magische Zeichen in den Abgrund führen, jeden mitreißend, und den, der nicht mit will, schon vorher vernichtet, - von der Selbstzerstörung des Phänomens mitgerissen, von der Gäa, der Mutter des Phänomens, die die Aphrodite zur Maitresse erniedrigt, dadurch ihre Form verliert, ohne Begrenzung sich selbst aufhebt, in sich zerfällt.

Das Diktat der Wissenschaft ist das Diktat des Phänomens, ist das der Gäa, wie die Formulierungen es ausdrücken, etwa in dem Spruch vom "Schoß der Wissenschaft" oder dem Begriff der "Alma mater", der "Nährmutter". Es gibt einen Spruch, den jeder kennt, und das ist der Spruch vom Tanz um's goldene Kalb. Und der Tanz um's goldene Kalb ist im Grunde der Tanz um das Phänomen. Und der Tanz um das Phänomen wird sowieso getanzt schon in irrwitziger Weise, es ist der Tanz um die Wissenschaft, um alles was phänomenistisch ist, wo nur das Phänomen zählt - es ist ja schon nicht mehr der Tanz um's goldene Kalb, das Kalb tanzt um uns, ein wahrhaft apokalyptischer Vorgang.

Ich möchte das, was Wissenschaft ist, noch einmal erklärend abrunden: die Wissenschaft definiert nicht sich selbst, sondern das, was sie tut, und damit bleibt sie selbst unerkannt. Ist Ihnen nicht klar, was das heißt? Ich habe das einmal irgendwo aufgeschrieben - das heißt, ich habe es mit erregter Stimme in einem Seminar gesagt: die Wissenschaftsdefinition begründet sich aus Methoden. Weil aber Methoden sich immer verändern durch das, worauf sie gerichtet werden, verändert sich auch die Wissenschaft. Fast ist es müßig zu sagen, daß sich auch das verändert, worauf sie sich richtet. Sodaß in der Berechenbarkeit des methodischen Vorgehens die Unberechenbarkeit der Wissenschaft sowie dessen, auf das sie sich richtet, begründet liegt. - Ist das nicht klar? - Ach, das ist nicht klar?

Ich kann es noch einmal kurz sagen: die Wissenschaft begründet sich durch die Beschreibung der Art ihres Vorgehens. Weil aber die Methoden, nämlich das Vorgehen, sich immer verändert je nach dem Gebiet, auf die ich Methoden richte, verändert sich auch die Wissenschaft. Damit ist sie selbst nicht kalkulierbar, auch nicht das, weil sie ja eingreift, worauf sie sich richtet. Das heißt, es wird alles das, was Wissenschaft ist und was in die Krallen der Wissenschaft kommt, unberechenbar. Man kann es noch anders definieren: die Wissenschaft will den

Umraum kalkulierbar machen, - um den Umraum kalkulierbar zu machen, muß sie, zwangsläufig, den Umraum neutralisieren. Dazu hat sie im Laufe der Neuzeit auch sämtliche Tabus im Sinne der mythologischen Heiligkeit der Erscheinungen gebrochen, um in diese Erscheinungen eingreifen zu können, um sie neutralisieren zu können. Nun werden Sie mir zugeben, daß in einer neutralisierten Landschaft man selbst ortlos wird. Nämlich dann der eigene Standort unberechenbar wird. Während ich den Umraum kalkulierbar mache, hebt sich mein Standort auf, weil der Umraum neutralisiert ist. Und das ist Wissenschaft. Und aus diesem Grunde gibt es innerhalb der Wissenschaft keine Umkehr, weil sie nicht anders als nach diesem vorgegebenen Prinzip arbeiten kann. Und weil sie seit hunderten von Jahren danach gearbeitet hat. Das heißt, wer innerhalb des Wissenschaftssystems Mithelfer, Mitschuldiger, Verantwortlicher und Hauptverantwortlicher und Hauptschuldiger ist, kann nichts anderes, als mithelfen zu zerstören. Gleichgültig, ob er seine Instinkte in das System mit einbringt oder wenn er im besten Wissen des Bewußtseins glaubt zu helfen, er muß zerstören, er muß, er hat keine andere Chance. Aber die nehmen das in Kauf, mit heiligen Sprüchen auf den Lippen, haben den Konkurs für morgen längst unterschrieben, wollen ihn nur noch hinauszögern wie damals, vor fünfundvierzig, weil die Alma Mater die Nährmutter war für ihre sozialen Klassifizierungen - den Problemen des vorigen Jahrhunderts - und damit die Erbärmlichkeit einen Status hat, den sie aus eigener Bedeutung nicht erreichen kann, und damit er wenigstens noch auf Zeit erhalten werden kann, soll eine Welt zugrunde gehen, sollen dafür andere mit dem Verbrauch und der Zerstörung zugeführt werden, dazu gezwungen werden.

Die einzige Chance für die Zukunft läge darin, - und dafür rede ich und dafür schreibe ich auch Bücher, - daß wenn eine Katastrophe eintreten sollte, die durchaus überlebbar ist, daß dann eine Orientierung stattgefunden hat, daß sich das gleiche nicht noch einmal fortsetzt. Die Situation ist ja genau wie vor 1945, wo das damalige System nur durch einen Zusammenbruch wegzubekommen war. Für die Zeit der Krise und den Zusammenbruch brauchen Sie ja nur die von fünfundvierzig übersetzen und danach. Da haben wir dann Mond-Saturn, in Haus drei, in der Jungfrau, da gibt es nicht viele Eiweiße im Darm, ganz konkret. Also müßte man für die Zeit danach, wenigstens ein Jahr danach, Vorräte haben, im trockenen Keller oder sonstwo, und zwar so, daß nicht der Nachbar kommt und Ihnen die Vorräte, die Sie gesammelt haben rausholt, subjektiv verwechselnd, daß er meint, die wären seine. Und da würde ich halt sagen, da gehört ein Mineralwasser dazu, - mehr braucht's gar nicht. Unter Umständen dichte Fenster. Ich würde mir auch vorher - also das ist sehr makaber, aber sehr praktisch, ich würde mir auch vorher die Zähne richten lassen. Es könnte ja sein, daß Sie da Probleme haben, danach haben Sie dann Schwierigkeiten, also würde ich vorher alles richten lassen. Es muß ja nicht sein, daß ..

K: Was richten lassen?

A: Die Zähne. - Es muß ja nichts Schlimmes kommen, außer dem daß die Wissenschaft zusammenbricht, was schlimm genug ist, weil so und so viele von der Vorstellung des Fortschritts und der Wissenschaft okkupiert sind, dann natürlich ohne Vorstellung dastehen und das ist dann schon schlimm, wenn die Kompensation zusammenbricht und dann die Reue nicht mehr aushält. Aber gut, ich will da nur darauf hinweisen, schlußfolgern können Sie und sollen Sie durchaus selbst aufgrund der Merkmale und Kennzeichen, die sich anbieten.

Nun braucht es für die Septare der Großen Konjunktion noch einen Nachtrag als Ergänzung. Es ist zu sagen, daß der achtzehnte Tierkreisgrad Krebs als uranushaltiger Punkt festgestellt werden mußte. Und wenn man weiß, daß auf dem siebzehnten Grad Waage ein Saturngrad ist, dann hat man von achtzehn bis siebzehn Krebs und von siebzehn bis achtzehn Waage ein sehr schönes Saturn-Uranus-Quadrat, wobei der Uranus im Krebs steht und dort den Sprung einerseits aus der Bindung eines möglicherweise kompensatorischen Saturn herausplatzen möchte, andererseits der Saturn von den siebzehn Grad Waage die Form unbedingt halten will. Nun sind die, die einen Ascendenten von achtzehn Krebs haben oder siebzehn oder sechzehn oder dort die Sonne stehen haben, das sind nun die, die außergewöhnlich oft heiraten. Bezeichnenderweise haben sie meist aber ebenso viele Verhältnisse wie Heiraten, das heißt, außer dem Heiraten keine. Die lassen sich dann auch wieder scheiden, und ich kenne da ein Spitzenergebnis eines fünfzigjährigen Lebens, der war neunmal verheiratet. Da habe ich mir dann immer die Frage gestellt "woher kommt das?" Also ich kenne fast keinen - Henry Miller - fünfmal verheiratet, und so weiter. Also ich kenne keinen sechzehn Grad Krebsler, der nicht mindestens viermal geschieden ist. Ich weiß nicht, ob Sie welche kennen? Ich kenne welche, wie zum Beispiel den Richard Burton, der ist auch so oft getrennt und geschieden, aber er hat dann wegen Sparsamkeit oder was weiß ich, immer wieder zur Liz Taylor gegriffen. Die Überlegungen führten dann dahin, daß ich diesen achtzehnten Grad Krebs benannt habe nach dem Prinzip "Hansi sing". "Hansi sing" heißt, - als Kanarienvogel meine ich. - Bitte?

K: Mit einem "g" dann, nicht mit einem "k" - Hansi sing.

A: Nicht "sink", sondern "sing" mit "g". - Die kompensatorische Form des Saturn ist Pflicht und Verantwortung. Eine ungeheure Anmaßung. Es gibt keinen

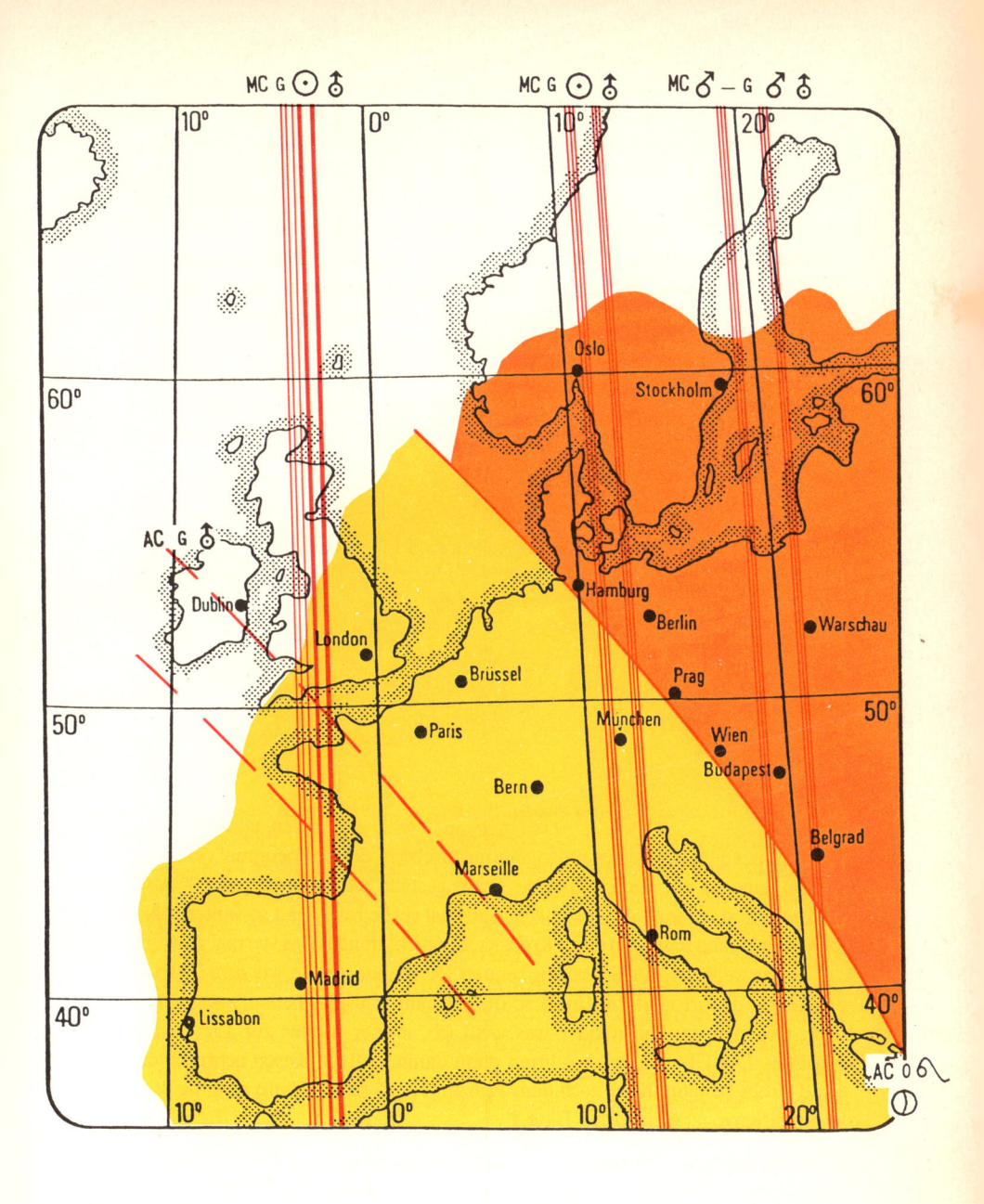

15. Septar

anmaßenderen Menschen, als den, der glaubt, Verantwortung für sich oder andere übernehmen zu können, zu sollen oder zu müssen, insofern als er ja schließlich nicht so gut weiß wie der Himmel, was für den anderen gut sei und was nicht. Für wen also will er Verantwortung übernehmen? Will er sich selbst zum Stellvertreter des Himmels machen und die Welt frisch nachkomponieren? - Will er wissen, wann der andere die Erfahrung des Abgrunds braucht und wann nicht? - Es ist eine ungeheure Anmaßung. Aber es klingt immer gut, wenn einer sagt "ich habe Verantwortung", oder "ich bin Pflicht", oder irgend so etwas. Verantwortung - um sozusagen die Lobeserhebung, die von dem Wort ausgeht für sein Ego repräsentativ zu machen. Das Leben fängt an, wenn man sich klar ist, daß man für nichts und niemand Verantwortung übernehmen kann. Wenn man wahrhaftig ist, braucht man es sowieso nicht und die Verantwortung ersetzt die Wahrhaftigkeit nicht, das kommt erschwerend hinzu. Jedenfalls ist es so, daß nun diese siebzehn Grad Krebsler über das Quadrat des Saturn in die Verantwortung gezwungen werden, genötigt, und immer wieder dadurch in Formen hineinkommen, innerhalb derer sie isoliert sind und aus denen sie sich nicht befreien können. - Ist das nicht vorstellbar? - Also ich möchte doch wissen, wenn jemand unter Ihnen sechzehn Grad Krebs hat, - na ja, ich muß vorsichtig sein, jemand heißt "männlich" oder "weiblich", - gut. Aber ich könnte mir vorstellen - ich wüßte übrigens auch einen Ort, wo man das prüfen kann, da kommen wir nachher darauf, das wäre ein sehr guter Reiseort, wo alle Nötigungsfälle aufgehoben werden. Das ist so ähnlich wie ein Lourdes für die Ehen.

K: Ein was?

A: Lourdes für die Ehen, - nur mit umgekehrten Vorzeichen. Ich habe nämlich diese achtzehn Grad Krebs-Linie übertragen auf Landkarten, nämlich auf die Landkarten des fünfzehnten Septars und das Ergebnis ist ungeheuerlich. - Jetzt sage ich das schon so langsam und finde die Karte trotzdem nicht. - Da ist sie ja. Wie Sie sehen, ist diese achtzehn Grad Krebs-Linie, die geht durch Cherbourg, an der Kanalküste, und die siebzehn Grad Krebs-Linie hier durch die Pyrenäen, wo im Sinne des Mond-Saturn im Zweiten Weltkrieg alle, die hier über die Grenze gegangen sind, die Schutzlosen, die Heimatlosen und die Verfolgten - Mond-Saturn - und die Hilflosen, die haben alle jenseits der Pyrenäen bei Überschreitung der siebzehn Grad Krebs-Linie die erste Rettung erfahren. Und wenn Sie bedenken, daß die achtzehn Grad Krebs-Linie - "Hansi sing" - die den Ort kennzeichnet für die Befreiung aus einer aufgenötigten Form und diese Befreiung sich hier trifft mit der Uranus-Sonne-Linie, an einem Punkt, an dem die Engländer und Amerikaner die Invasion gestartet haben, dann möchte ich doch wissen, wenn ein Ehepaar, das sich zur Bindung genötigt hat, wenn das dort nach Cherbourg fährt und dort für vierzehn Tage Ferien macht, ob da nicht jede

Nötigung aufbricht, genau so wie damals bei der Invasion. Ein sogenannter oder Ehetest. - Wer wagt's ? - Es ist ein ungeheurer Vorgang, wie in einer graphischen Abbildung sich als bildlich niedergeschlagen habende Bewegung ein Inhalt in einem solchen Maße sich ausdrückt, das ist ein Wunder, immer wieder ein Wunder.

Es ist dazu zu sagen, daß für die achtzehn Grad Krebs, also für die Uranus-Seite des Uranus-Saturn ein neues homöopathisches Mittel entdeckt wurde, - ich brauche ja nicht hintanzuhalten - wissen die meisten von Ihnen, ich habe sechzehn Grad Krebs, bin viermal geschieden, - übrigens waren es in allen vier Fällen Berlinerinnen, ich kenne mich also hier bestens aus, und da ist mir aufgefallen, daß bei jeder Scheidung ausgelöst wurde dieses Bild des Uranus-Saturn von der Uranus-Seite her, die ja die Lösungsseite ist, der eingefangene Vogel. Das heißt, wer von Ihnen über die siebzehn Grad Krebs läuft, rhythmisch, der wird in die Situation kommen, daß er, beziehungsweise sein Uranus, also sein Anteil an Fügung, denn der Uranus gehört zur oberen Reihe des Fügungs-Rhythmus, der im Uhrzeigersinn läuft, - daß also sein Anteil an Fügung innerhalb einer Gemeinschaft nicht mehr repräsentativ ist, daß aus diesem Grunde einer Fügung gleich diese Gemeinschaft beziehungsweise diese Form aufgehoben werden muß, zwangsläufig. Nicht aufgehoben werden muß dann, wenn die Partnerseite mit davon überzeugt werden kann, daß der Uranus nicht mehr eingesperrt werden darf, im Käfig. Darum habe ich ja gesagt, das Prinzip dieser Konstellation ist "Hansi sing". Zuerst heißt es ja immer - Käfig offen, Türl offen: "Hansi - Hansi - Hansi komm", verstehen Sie, zuerst, und dann, wenn man zu lange im Käfig war und schon gelb geworden ist vor lauter Singen, dann ist natürlich die Gefahr, daß wenn man wieder auskommt, daß man auch nichts anderes ist als ein entflogener Kanarienvogel. Also man muß dann schon rechtzeitig heraus und dafür gibt es ein hervorragendes Mittel, das mindestens so gut ist, daß Sie nicht nach Cherbourg müssen und zwar ist es ein Mittel, das es in der Homöopathie noch nicht gibt - zu meinem großen Erstaunen - das ist die Reisblüte in homöopathischen Dosen gegeben.

Ich habe nämlich während sämtlicher Scheidungen immer Reis gegessen, mit Vorliebe, sonst nie. Und das ist mir aufgefallen, ich wurde dabei sogar zu einem excellenten Reiskocher. Und da kam ich auf die Idee, andere danach zu fragen, ob sie auch bei Scheidungen und so weiter, sodaß sich meine Beobachtung bestätigte, was dafür sprach die Reispflanze für die Konstellation Saturn-Uranus homöopathisch herzustellen und zu überprüfen. Die Pflanzen wurden in Italien bei Siena aus einem Reisfeld in Blütenzustand entwendet - Saturn-Uranus ist übrigens auch die Kleptomanie, was nicht sagen soll, daß jeder mit Saturn-Uranus Kleptomane ist, aber jeder Kleptomane doch Saturn-Uranus haben sollte -

und die Uhrzeit der Entwendung wurde aufgeschrieben, ohne daß die Reispflücker eine Ahnung von astrologischen Achsen gehabt hätten, - und der Augenblick war der eines Ascendenten von siebzehn Grad Krebs. Die Reispflanze wurde dann unterteilt in Stengel, Blüte, Blatt und Wurzel, und alle diese Teile wurden getrennt potenziert, wobei sich herausstellte, daß die Reisblüte von allen Versuchspersonen gut vertragen wurde, das Reisblatt und die Wurzel nicht von allen. Es hat sich sogar herausgestellt, daß diejenigen, die versuchsweise die Reiswurzel einnahmen, in der D 8 völlig apathisch wurden und während des Schreibens nicht mehr wußten, welches Wort sie schreiben wollten. Das heißt, der Fluß des Uranus ist total unterbrochen worden. Worauf wir uns erinnert haben an das alte astrologische Wissen, worüber auch die Maria Thun so viel geschrieben hat, daß das Blatt einer Pflanze die Wasserzeichen sind, die Wurzel einer Pflanze die Erdzeichen, die Blüten einer Pflanze die Luftzeichen und die Frucht einer Pflanze die Feuerzeichen.

Wir sind dann auf den Gedanken gekommen, daß in der Homöopathie - zumindest in der astrologischen Homöopathie nur die Teile verwendet werden dürfen, die dem Prinzip der Konstellation entsprechen. Das heißt, wenn die Konstellation für die Reisblüte Saturn-Uranus ist und der Saturn der König der Erdzeichen, und der Saturn den Uranus als den König der Luftzeichen einengt, wenn ich dann die Reiswurzel nehme, dann enge ich den Uranus noch mehr ein im Sinne eines Unterbrechers und zwar dort, worauf sich der Uranus im Horoskop bezieht. Das heißt, ich dürfte dann nur die Reisblüte nehmen. Im übrigen haben auf die Reisblüte alle so reagiert, daß sie meinten, sie könnten wieder eine seelische Verbindung herstellen, zwischen sich und der Umwelt, fühlen sich nicht mehr abgegrenzt, nicht mehr isoliert. Einer hat festgestellt, daß er einen Nierenstein hat - den Einsamkeitsstein -, der hat auf einmal geschmerzt, wie es für Saturn-Uranus gehört, - das heißt, der Nierenstein war immer schon da, aber er hat ihn da erst gezwickt. Eine Frau hat nach Einnehmen der Reisblüte einen Abend lang unzüchtige Reden geführt, zum Entsetzen ihrer Umwelt, das hat sich aber wieder gegeben - ist sowieso nicht viel für drei Jahrzehnte. Eine andere Frau hat unmittelbar danach ihren Besuch, durch den sie sich genötigt fühlte in unechter Förmlichkeit, hinausgeworfen. Das Mittel löst psychische wie körperliche Stauungen, Blockierungen, Stenosen - und führt deshalb aus seelischen und geistigen Kasernierungen heraus - damit auch aus Isolationen, wobei der Saturn in seinen kompensatorischen, lebensverdrängenden Formen durchbrochen wird, was körperlich die Verhaltung und Ausscheidung hinsichtlich der Nierentätigkeit betrifft. Dazu kommt, daß die Reisblüte ein entscheidendes Mittel gegen Depression ist. Das Lebensgefühl wurde - wie es die Versuchspersonen nannten, euphorisch, zum Teil als ungekanntes Lebensgefühl. Unsereins läuft ja immer so herum. Und die Depressionen sind verschwunden, die Isolationsdepressionen, und zwar schon bei einer ganz einfachen D 12.

Bei den Personen, die das Blatt genommen haben, hat sich immer die Konstellation des Neptun gerührt, ohne gelöst zu sein. Das heißt, es sind immer genau die Zustände entstanden, - weil Blatt sozusagen Wasserzeichen ist und der Neptun der König der Wasserzeichen - die den Neptun-Stand im Horoskop entsprachen. Eine Frau, die Saturn-Uranus hatte und Sonne-Neptun, beide Konstellationen unverbunden miteinander, bekam sofort Mandelinfekte im Sinne von Sonne-Neptun, weil durch das Blatt D 12 der Neptun angereizt wurde, möglicherweise hat das Saturn-Uranus-Blatt der Reispflanze dessen Verbindung zu Sonne-Neptun hergestellt.

Manche haben Herzrhythmusstörungen bekommen, nach der Einnahme der Reisblüte, und zwar deshalb, weil sie gleichzeitig neben Saturn-Uranus einen Uranus-Sonne hatten. Das heißt, wenn man die Blüte nimmt, nimmt man den Uranus des Saturn-Uranus, durchbricht damit die Formen des Saturn zunächst einmal befreiend, hat nun aber den Uranus in seinem Verhältnis zur Sonne aus dem Gleichgewicht gebracht, sozusagen aus der falschen Kompensation, also ein Nest ausgehoben, sodaß man deshalb also gleichzeitig die Uranus-Sonne mit "Kalmia" abdecken muß. Es ist also zu untersuchen, was in einem solchen Falle der Uranus an sonstigen Verbindungen hat, die müssen abgedeckt werden und nicht wie der Einzelhomöopath dann à la Mikadospiel - die versuchen ein Stäbchen aus einem Mikadospiel herauszuziehen und erwarten, daß sich die anderen nicht bewegen - das waghalsige Spiel darf man also nicht machen.

Das Prinzip, die Teile einer Pflanze ihrer astrologischen Zugehörigkeit nach für die Homöopathie zu verwenden, wird die astrologische Homöopathie weiter von der klassischen entfernen. Es würde dazu führen, daß zum Beispiel von der Pulsatilla, der Kuhschelle nicht mehr die gesamte Pflanze, sondern nur noch die Blätter, weil als Mond-Neptun ausschließlich in die Zugehörigkeit der Wasserzeichen gehörend, verwendet werden sollten, um einerseits die Wirkung zu steigern, andererseits Nebenwirkungen möglichst auszuschließen.

Die auf die Geographie übertragene Linie aller achtzehn Grad-Krebs-Punkte oder Ascendenten ist im Jahre ab 1989 in dem zweiundzwanzigsten Septar der großen Konjunktion wiedergegeben, und zwar als MC-Linie meridianmäßig. Diese Linie ist etwa um den siebt-ein-halbten östlichen Längengrad, die sich trifft mit einer Mars-Pluto-Linie, das ist etwa vor der Küste Norwegens (siehe Karte) und etwa fünfzigster Breitengrad, na, sagen wie einmal zwischen Frankfurt und Köln. Da treffen also dann als Ascendenten-Linie die Mars-Pluto-Konstellation mit der Saturn-Uranus-Konstellation von achtzehn Krebs alias Spiegelpunkt

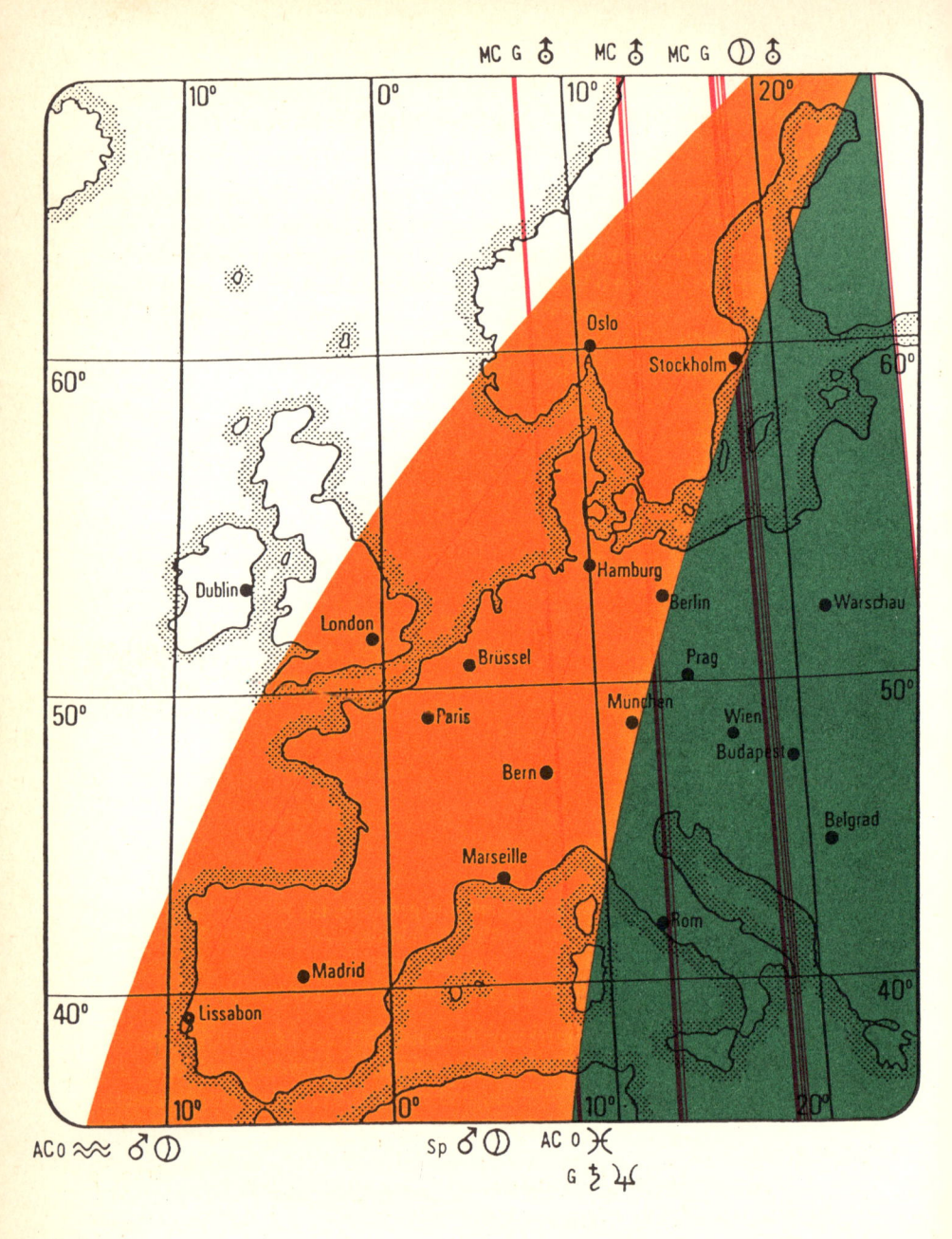

22. Septar

zwölf Schütze zusammen. Ich habe die Linie dort nicht erfunden, ich will Sie nur informieren und das ist der Information wert. Dabei sind wir dann auch bei dem Thema, wie gefährlich Bomben sind.

Der Skorpion oder der Pluto ist das Prinzip des Containers. Zum Beispiel sind alle diejenigen, die im Krieg Panzerstrategen oder Panzergenerale waren, einschließlich De Gaulle und wie sie sonst noch hießen - Rommel, - die hatten den Pluto am Ascendenten oder als Herrscher von zehn beziehungsweise als Herrscher des Ascendenten. Der Pluto ist das Container-Prinzip. Auch das Unterseeboot ist so ein Container, sogar ein Symbolcontainer, weil das ist der Pluto inmitten des Meeres des Neptuns, des Unbewußten. Das heißt, es ist eine Vorstellung, die innerhalb des Unbewußten ungeöffnet überdauert, wo man sich dann bemüht, diese Vorstellung aus dem Unbewußten herauszubekommen. Das ist also der Pluto als Gefangener des Neptun. Das ist ja das Containerprinzip unter Wasser. Es ist das gleiche wie bei den Flugzeugen. Das ist sogar ein ungeheurer Vorgang, wie bei einem Helden des Ersten Weltkriegs, der Sohn als Mami's Sieger in einem Luft-Container als gefangener Uranus der Mutter loszog um in ungeheuren Luftkriegen an die achtzig feindliche Gegner zu erledigen, und die Mutter die Trophäen der Erledigten im Zimmer ihres Sohnes nebeneinander aufgehängt hat. Den ich meine, ist Manfred von Richthofen. - Bitte?

K: Können wir nicht ein Pause machen?

A: Wieviel Uhr ist es denn?

K: Halb zehn.

A: Ist die Zeit so schnell vergangen? Wir sind ja noch nicht einmal bei der Hälfte. - Ich bin dafür, jetzt doch weiter zu machen - ich habe ja Verständnis für die Zigarette, ich habe ja selber achtzig am Tag geraucht. Ich habe aufgehört, - ich würde auch gern wieder anfangen. Es ist ja auch so, wegen der Demokratie in der Bundesrepublik, was mit den Rauchern jetzt passiert ist jetzt so ein Leitmusterzwang, ein Meinungsterror. Die vergessen, daß die, die rauchen, ja nur wegen denen rauchen, die ihnen das Rauchen verbieten. Es rauchen nämlich immer die Revierängstler, die Neptuner und die Mars-Neptuner, die die Eindrücke, die die anderen verursachen, nicht ertragen.

Wenn also der Pluto der Container ist, dann ist der Pluto auch - und das kann man übersetzen als Gleichnis, als Wortgleichnis, dann ist eine Vorstellung auch ein Container. Und wenn jemand in seinem Privathoroskop Mars-Pluto oder Uranus-Pluto hat, oder sonst irgendeine Pluto-Verbindung, dann heißt das, daß er in einem Vorstellungscontainer als Angebot seines Schicksals lebt oder zumindest leben möchte. Und zwar deshalb, weil er Angst hat. Das heißt, wenn ein Kind Angst hat vor einem Elternteil, braucht das Elternteil gar nicht böse sein, das ist nicht notwendig. Es kann eine Mentalitätsunterscheidung zwischen Mutter und Kind oder Vater und Kind oder zwischen beiden Eltern und Kind geben. Stellen Sie sich einmal vor, ein Katzenehepaar kriegt ein Vogelkind. Und immer dann, wenn die Katzenmutter zu dem Vogelkind besonders lieb sein will und es abschleckt, geht's dem Vogelkind den Rücken rauf und runter, der Schauer. Und das Vogelkind rettet sich dadurch, daß es in die Vorstellungscontainer der Eltern hineinschlüpft und glaubt von sich, es sei auch eine Katze und hat dann keine Angst mehr. Daß es sich dabei hormonell verändert, ist völlig klar und daß es die artspezifischen Federn dabei nicht mehr bekommt, ist auch klar. Ein solcher Vogel wird also im Vorstellungscontainer der Eltern leben, das heißt, es schlüpft genau in den Vorstellungscontainer desjenigen, vor dem es Angst hat. In keinen anderen, nur in den. Ein anderer hätte auch keinen Sinn. Und da lebt man dann auch recht gepflegt, je nach Innenausstattung, bis der Container zu eng wird. Es gibt ja heute schon niemanden mehr, der nicht in einem Vorstellungscontainer lebt. Ich würde sagen - na, drei Prozent, die nicht in einem Vorstellungscontainer leben und von diesen drei Prozent glaube ich, daß ein Prozent durch die Münchner Rhythmenlehre nicht mehr drinlebt.

Es ist zum Beispiel so, wenn ein Kind Angst vor der Mutter hat, - es muß nicht die Mutter sein, es kann der Vater genau so sein, das ist völlig egal - nehmen wir einmal an, die Mutter hängt irgendwelchen Träumen nach, die sie im Sinne ihrer eigenen Kompensation nicht machen durfte, zum Beispiel Reiten. Und dann meint die Mutter, das Reiten wäre für ein Kind etwas Schönes. Und das Kind will gar nicht reiten, die Pferde sind ihm wurscht und warme Nüstern auch und was weiß ich noch alles. Schon wird das Kind anfangen, weil es die Vorstellung der Mutter übernommen hat, das zu sein, was die Vorstellung der Mutter verlangt, daß es sei.

Auf diese Art und Weise lebt heute kein Kind mehr. Es lebt heute kein Kind mehr, denn alle Kinder sind inzwischen tote Seelen in der Vorstellungswelt ihrer Eltern. Vor allen Dingen deshalb, weil die Eltern längst entmündigt sind und die Kinder im Grunde genommen dadurch, über die Stellvertreterfunktion der Eltern gegenüber dem sozialen Staat oder der Gesellschaft oder dem sozialen Kalkül, die Kinder in der Vorstellungswelt dieses Kalküls leben. Das heißt, sie leben nicht mehr, sie vegetieren, sie führen ein Schattendasein. Sie erfüllen zwanghaft die Vorstellungen des Containers, in dem sie sitzen, also von den Eltern übernommene allgemeine Vorstellung öffentlicher Leitmuster oder Ideologien, schöngeistige, politische - der Unterschied ist nur die Innenausstattung, die Federung. Wenn also Kinder Lausbuben sein wollen, dann können sie nicht mehr Lausbuben sein aus sich selbst und dem Erlebnis, sondern dann können sie nur noch Lausbuben sein in der Erinnerung der sozialen Gesellschaft an Lausbuben früherer Zeit. Es ist ungeheuer. Nehmen wir einmal an, so ein Kind wird größer - es wird ja auch größer, - die können dann natürlich nicht mehr vital sein, weil sie ja nur eine vergrößerte Vorstellung repräsentieren, aber die Vorstellung, die sie haben, reicht nun nicht mehr aus den Kindestagen. Also brauchen sie eine neue. Einen neuen Vorstellungscontainer, und da gibt's eben eine Menge Angebote. Von der Esoterik über politische Ideologien - also es gibt eine Unsumme von Angeboten. Es gibt die - es gibt auch noch Privatvorstellungen, die sind zwar alle klischiert, aber es gibt sie - wie ich eine ordentliche Mutter bin oder wie ich ein braver Vater bin - ich verstehe inzwischen auch, warum so viele Leute Kanarienvögel haben.

Nun ist es so, daß ein solcher Vorstellungscontainer immer der Pluto ist und Mars-Pluto heißt, man hat sein eigenes Rückgrat - den Mars - das Aufrechtsein - zugunsten des Eintritts in einen Vorstellungscomputer aufgeben müssen beziehungsweise am Eingang abgeben müssen - ah - nicht Computer, sondern Container. Das heißt, man hat keinen Mars mehr. Die Leute haben im übrigen auch alle Wirbelsäulenbeschwerden, alle, wenn sie in einem Container drin sitzen.

Wenn Sie nun an wichtiger Stelle Ihres Horoskops, der Verwirklichung oder im oberen Teil den Uranus oder Wassermann haben sollten, und Sie gehen aus Angst vor dem Eigenleben in einen Vorstellungscontainer, dann nehmen Sie doch den Uranus mit hinein, das heißt, der Uranus, der die Vorstellung aufheben möchte, sitzt nun mitten in der Vorstellung, um zu versuchen, sie von dorther aufzuheben.

Wenn Sie nun den Vorstellungscontainer und die Aufhebung des Vorstellungscontainers real nehmen, das heißt, wenn Sie den inhaltlichen Vorgang zum gegenständlichen Gleichnis werden lassen, wo also innerhalb eines Containers der Uranus sitzt, um ihn aufheben zu wollen, dann haben Sie eine Bombe - dann fehlt nämlich nur noch der Mars als Zünder. Das heißt: es können hier über Deutschland so viele Konstellationen hängen, wie nur wollen, wenn hier in Deutschland niemand ist, der in einem Vorstellungscontainer sitzt, dann kann keine Bombe explodieren und dann wird auch keiner kommen, der eine wirft. Es kann uns also völlig egal sein, ob die Russen oder die Amerikaner, ob die Engländer oder die Italiener, wer auch immer, Bomben werfen, sondern die Bomben, die geworfen werden, können nicht explodieren und zwar, wenn nur ein einziger in dem Bereich ist, der nicht in einem Vorstellungscontainer sitzt, dann kann nichts passieren. Insofern ist das ganze Abrüstungsgetue sinnlos.

K: Es heißt ja auch schon Null-Lösung.

K: Die doppelte inzwischen.

A: Damit die Russen leichter zu uns rüberkommen. Ich habe das ungute Vergnügen gehabt, also über Hamburg nach Berlin zu fahren, das führt an einer russischen Kaserne vorbei. Und ich muß Ihnen sagen, was ich da einerseits an undifferenzierten, andererseits an feindlichen Gesichtsausdrücken gesehen habe, zum Teil mit Gier, also da ist es mir kalt über den Rücken geschauert, das muß ich Ihnen sagen. Und die Art und Weise, wie die Kasernen vernachlässigt und heruntergekommen sind, macht den Eindruck natürlich nur noch unangenehmer, weil das den Eindruck vermittelt, daß sie an dem Standort nicht bleiben wollen. Ich muß mich in solchen Situationen ja sehr zusammennehmen, vor allen Dingen bei dieser entwürdigenden Behandlung an den Grenzen, so, als ob man sich wie ein Rekrut der anderen Seite anschnauzen lassen müßte. Bei mir haben sie da einmal an der Grenze den Wagen untersucht, dann habe ich gesagt "im Tank haben Sie noch nicht nachgeschaut", und das hat der noch mit hingenommen, dann sage ich "ja, die Luft täte ich auch aus den Reifen lassen". Und dann ist er bös' geworden, dann hat er gesagt "rechts raus bitte", dann bin ich da rechts rausgefahren - das war ein Sachse - und dann haben sie mich in eine Baracke geführt, dann mußte ich alles auspacken, alles - da habe ich also eine Mappe gehabt, ich bin da gerade nach Berlin gefahren, mit lauter Horoskopen. Jetzt hat der das große Schauen gekriegt. Jetzt waren aber leider - mit ihm - zwei Leute in der Baracke, zwei Vopos. Und als der eine rausging, sagte er zu mir - der eine - hat der mich gefragt "stimmt das auch alles?" - in sächsisch hat er das gesagt. Sage ich "ja, ja". Dann sage ich "wann sind Sie denn geboren?" und dann hat er so sein Geburtsdatum auf sächsisch gesagt und ich habe ihm dann aus dem Stegreif und das kann ich nun weiß Gott, gleich einige Daten seines Lebens gesagt und die haben gestimmt. Der war wie erstarrt da hinten, hinter seiner Barriere und dann ist der andere wieder zur Baracke reingekommen, dann ist nichts mehr gegangen und ich durfte dann aber alles einpacken und wieder weiterfahren. Das war meine einzige DDR-Prognose, die ich je abgegeben habe.

Also - wie gesagt - diese Containerfrage ist die einzig entscheidende und wenn Sie sich überlegen, wie alle in der Vorstellung behaftet sind, dann ist es völlig gleichgültig zu warten, wer die Bombe wirft, es ist völlig gleichgültig, wer eine Bombe wirft, ob man jemanden Fremden dazu als Erfüllungsgehilfen braucht, oder ob man es gleich selber macht, es ist völlig gleichgültig. Die Vorstellungscontainer und der Uranus darin, die Uranusse darin schreien geradezu nach Übernahme in die Realität.

Das war also diese Frage von den achtzehn Grad Krebs mit dem Schnittpunkt der Mars-Pluto-Linie und dem Container. Ich würde an Ihrer Stelle nicht gerade um die Zeit, in der die Konstellation gültig ist, in diese Gegend fahren. Wenn Sie sicher sind, daß die Leute dort nicht in einem Vorstellungscontainer sind, dann können Sie unbesorgt hinfahren.

K: Wann ist denn jetzt die Zeit?

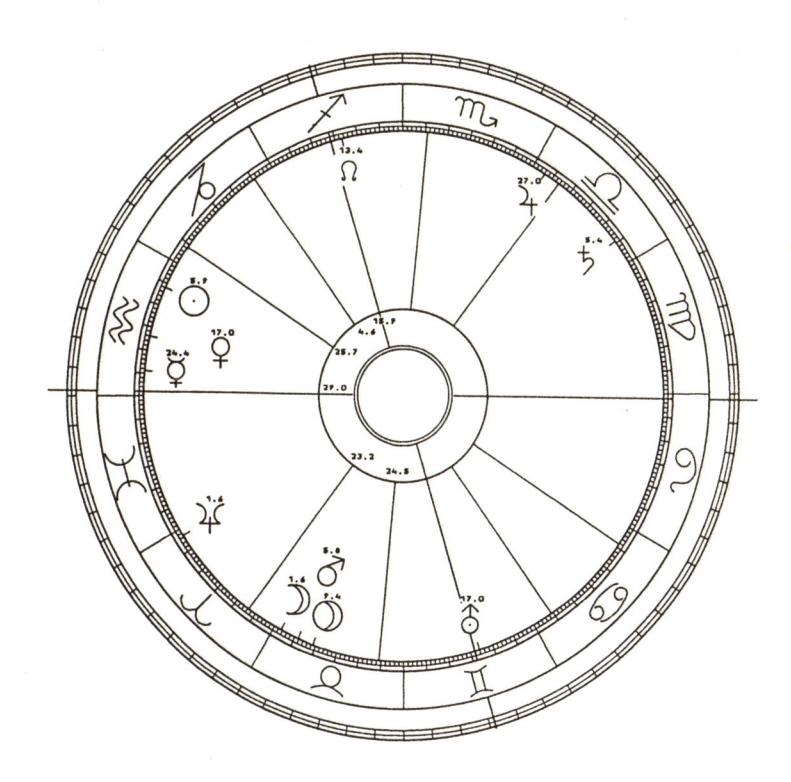

A: Das Septar gilt als Siebener-Rhythmus ab 1989. - Es muß ja nichts passieren, - es ist ja schon genug passiert, die ungedeckten Schecks sind längst unterschrieben, das Gleichgewicht der Welt ist ja schon zerstört, das wird ja erst als Katastrophe empfunden, wenn es wirklich auch die Borniertesten merken. Schauen Sie, die Vögel verlassen uns, die mögen uns auch nicht mehr, die Fische sind kaputt, die Luft - und die, die das alles zu verantworten haben stehen immer noch auf den Rednertribünen, sitzen immer noch in ihren Stellenwerten, machen immer noch Gesetze - wenn ich noch daran denke, wie schnell das gegangen ist. Als ich ein Knabe von sieben Jahren war, im Gebirge, wo ich aufgewachsen bin, ist der Knecht - ein Knecht war damals ein Arbeitnehmer - ist auch gut - ein Arbeit-nehmer und der andere ist der Unter-nehmer, der hat dann ein Vor-haben, - also solche Wortzusammensetzungen dürfen Sie erst gar nicht untersuchen - Der Knecht hat sich dann breitbeinig mit einem Holzwandl, das hatte er am Rücken aufgeschnallt, runtergeschnallt, hat er sich über den Bach gestellt, dann hat er die frischen Fische aus dem Bach mit den Händen herausgefangen, bis sein Holzwandl für den Mittagstisch vom Postwirt voll war, - und wir Buben sind da immer mitgegangen. Und beim Postwirt in Sachrang gab's dann mittags die Fische, die aus dem klaren Bergwasser kurz vorher rausgeholt worden sind. - So war es vor fünfzig Jahren, ist doch keine Zeit, möchte man meinen. Was haben die aus der Welt gemacht, die heute noch den Anspruch erheben, noch heute das große Wort fortführen wollen, was haben die aus der Welt gemacht mit ihren Titeln, die, die immer klüger waren, bei denen immer alles "ganz klar" war.

Ich will denen ja den Drang ins Personale nicht nehmen, - die meinen, das wäre immer eine Höherentwicklung. Wer ins Zentrum will, geht immer mehr da hinein, wo's dicht wird, und nicht nach oben. Die Doktor-Doktor-Professor-Doktor-Doktor und so. Die können ja ihr ganzes Leben in die Titel personalisieren, das gibt's alles. Es gibt ja auch Leute, die haben gern einen Gamsbart am Hut, weil der Mars so stark aus dem Horoskop rausschaut oder - nur, daß man dann das zum Maßstab in Staat und Gesellschaft macht, das ist das Übel - man könnte eine Reinigung der geistigen Gebiete dadurch durchführen, daß man denen zwar Titel erarbeiten läßt, die Titel aber nichts mehr wert sein läßt. Dann haben die auch nicht mehr die Möglichkeit, über die Scheinfürsorge die Macht zu erreichen. Es darf also einer Professor sein, darf es auch auf sein Schild groß hinschreiben, aber er darf damit nicht mehr vom Staat geschützte Sonderrechte und Marktanteile haben. Dann brauchen sie auch keinen Numerus Clausus mehr, weil dann nur die studieren, die das Interesse an der Sache und nicht an der Macht haben. Dann wird auch nicht jeder Irrtum gleich zum Gesetz und die Nichtbefolgung des Irrtums strafbar. Es ginge also darum, Geist und Macht von einander zu trennen.

Aber es geht ja nicht darum, daß die Nichtbefolgung des Irrtums strafbar ist, sondern strafbar ist die Nichtbefolgung der Vernutzungsanweisung, daß man sich der öffentlichen Vernutzung entzieht - der Ausweidung und Opferung des Lebens, damit die Vorstellung durch sie lebt - als Vorstellung von der Wissenschaft als einer Form des Phänomenismus, die, selbst ohne Leben von dem durch sie Okkupierten zum Monster wird, daß alles zur eigenen Erhaltung verschlingen und zerstören muß, aus sich unbegrenzt und ohne Maß.

Das war also die Frage nach der Gefährlichkeit von Bomben, bleibt uns noch "der Weg der Aphrodite". Zu diesem Zweck lege ich Ihnen ein Horoskop auf, nur damit Sie den Tierkreis besser verfolgen können. Der Weg der Aphrodite ist ein wunderschöner Weg, das werden Sie gleich sehen.

Es ist mir aufgefallen, daß die Waagen gerne Wassergötter malen, mit Vorliebe. - Wassergötter und Göttinnen. Also zum Beispiel Böcklin oder Boucher "Triumph der Venus", also aus dem Wasser tauchen alle möglichen Gestalten auf, zum Teil recht unzüchtig, Tauben sind beteiligt, Schwäne ab und zu. Die Tauben sollen aussagen, daß - die Waage- und Skorpion-Maler, auch Schützen malen in ihre Bilder vielfach Tauben - das ist die Signatur des Himmels. Die Taube ist ja ein Vogel des Himmels, des Uranos und die Taube der Waage-Vogel des Himmels und infolgedessen tauchen da immer in der Waage und im Skorpion die Tauben auf, weil der Himmel mit Tauben signiert. Das heißt, die Echtheit des oberen Weges wird durch die Taube bestätigt, so eine Art wie ein Stempel oder Gütesiegel. Zum Beispiel gibt's einen Engländer, Hogarth hat der geheißen, und der hat gemalt den Vorgang wie Moses der Tochter des Pharao begegnet, und da sind zu Füßen des Moses sind zwei große Tauben gemalt, zwei weiße und die sollten deutlich machen auf dem Bild, er ist vom Himmel geschickt. Und was die Tauben da in der Waage alles mögliche machen, das wäre ihnen in der Jungfrau nicht erlaubt. Die Jungfrau ist nämlich moralisch und braucht das auch, aber da kommen wir später darauf. Die Jungfrau sitzt nämlich am Strand und schaut ins Wasser, dort, wo die Waage herauskommt. Und es ist so, daß in der Tat es einen oberen Tierkreis gibt, das heißt Kreis ist das nicht, eine obere Tierkreisbewegung und eine untere, sodaß der Tierkreis in zwei Hälften zerfällt. In die abstrakte apersonale obere Hälfte, die fängt mit dem Fisch an und endet in der Waage, und die untere Hälfte, phänomenistische, die fängt mit dem Widder an und endet in der Jungfrau. Sodaß im Grunde genommen zwischen Jungfrau und Waage kein Übergang stattfindet. Im Gegenteil, der Neptun - die Waage gehört noch als Endzeichen zur Fisch- oder Wasserkomponente und eben jene Wassergötter und Gestalten tauchen ja auch in der Waage aus dem Wasser auf, zum Beispiel die Aphrodite, die Schaumgeborene. Die Jungfrau, das Ende der unteren Bewegung, des Phänomens sitzt mit dem Gesäß am festen Land der Bewußtheit, hat aber die Füße schon im Wasser. Das heißt, es ist ihr eigentlich ein fremdes Element. Und genau dort ist die Trennung, der Strand. Die Jungfrau sitzt zwar an der Peripherie des Phänomens, fühlt sich in der Mitte des Phänomens nicht wohl, ist aber in ihrer Sinngebung immer noch am Phänomen gebunden. Sie stellt das Bild des Fischers dar, der aus den zugänglichen Stellen des Unbewußten Bedeutung "an Land zieht" und zur

Brauchbarkeit für das Phänomen artikuliert.

Wenn man nun diesen Weg so bedenkt, dann kann man ihn auch als Deutung nehmen. Ich habe auch dadurch erst richtig verstanden, warum der Uranus, der Wassermann-Planet der sogenannte Wasserschöpfer ist. Heißt es ja, und ich habe mir immer überlegt, wieso schöpft der Wasser, wo es doch ein Luftzeichen ist, und ich habe mich gefragt, wo schöpft er es hin und da hat es immer geheißen, daß der Name in den Ländern entstanden ist, in denen die periodischen Regenfälle aufgetreten sind, am Nil oder sonstwo, und das sind ja alles plausible Erklärungen, die sind viel zu plausibel als daß sich dahinter nicht irgendwas anderes verbergen würde. Nun ist es so, daß der Fisch oder das zwölfte Haus den Anteil am Namenlosen zeigen, das noch ungeteilt Vereinte mit dem Namenlosen, wo möglicherweise etwas enthalten ist, - im Spiegel zum Widder - was heraus will. Das was heraus will, zeigt sich an der Art der Energie des parallelen Gegenzeichens der unteren Bewegung, dem Widder. Jetzt kommt der Wassermann und schöpft aus dem Namenlosen alles das, was da enthalten ist und heraus will, auch heraus, das dann in seiner Begrenztheit die für es erfahrbare Unbegrenztheit dazubekommt als Fügung des Himmels, also die Teilung zwischen begrenzt des Stiers und unbegrenzt des Wassermanns, zwischen Himmel und Erde beziehungsweise zwischen Himmel und Erscheinung - im Sinne der Unvereinbarkeit - was einen auf den Gedanken bringt, daß im Weg zurück Himmel und Erscheinung vereinbar werden könnten.

K: Ich habe Sie nicht verstanden.

A: Sie haben mich nicht verstanden, also gut. Nehmen Sie einmal an, Sie waren vor fünf Jahren verheiratet, sind inzwischen geschieden, sind von Ihrem Mann furchtbar ausgeschmiert worden, also ganz bösartig und sind jetzt wieder verheiratet. So, jetzt bringen Sie bitte die zwei Zeitpunkte in einen Zeitpunkt. Das geht doch nicht, weil das nicht vereinbar ist, weil die zwei schlagen sich schon kaputt und Sie den anderen auch. Verstehen Sie, man ist in sich so unvereinbar, daß man sich in Zeit ausleben muß, Sie können nicht die eine Gegenwart mit der anderen Gegenwart verbinden, - habe ich es so verständlich ausgedrückt? Und im Himmel fallen alle Zeiten ineinander, da können Sie alle Gegenwarten aufeinander legen und es rührt sich nichts.

Ich kann's auch noch anders sagen: Sie empfinden immer Angst dann, wenn Sie einen Schmerz unterdrücken. In dem Moment, in dem Sie den Schmerz, der unterdrückt war, in sich finden, haben Sie keine Angst mehr. Aus diesem Grunde wird ja auch so viel Barockmusik gehört, weil es in der Barockmusik keine Angst, sondern nur Schmerz gibt. Nach Mozart und vor allen Dingen bei Beethoven gibt's keinen Schmerz mehr, sondern nur noch Angst in der Musik. Das heißt also, man sucht den Schmerz und findet ihn nicht mehr - jeder sucht **Schmerz**, um die Angst zu verlieren. Der Schmerz aber ist in jedem, und entsteht allein in der Erfahrung der Unvollständigkeit von sich. Nachdem aber die Unvollständigkeit von sich sowohl in der Wissenschaft wie in der Esoterik ausgeschlossen wird, denn die Wissenschaft will die Gegenwart zum Ganzen machen und sich damit selbst zum Erlöser stempeln und zu Gott, und die Esoterik will das Ganze in die Gegenwart bringen, was heller Wahnsinn ist, weil alle Bereiche des Unbewußten nun in die Gegenwart gebracht werden, sodaß Unvereinbares aufeinander prallt und man sich auch nicht wundern muß, wenn eines Tages ganze Uferstreifen untergehen - Land unter - weil das Ganze des Namenlosen die Bewußtheit der Gegenwart überschwemmt.

Das entspricht dann dem Ausschluß des Schmerzes und dieses zwangsläufig zum Weglassen von Ausdruck. In Städteplanungen, Kunstformen, Musik - wie auch immer, muß mit dem Schmerz der Ausdruck fehlen und nur die starre Maske der Angst bleiben. Wenn ich also dem Schmerz entgehen will, dann brauche ich nur Wissenschaftler sein oder Esoteriker, brauche dann im übrigen nur meine Untergänge weitergeben, weil es ja genügend Berufe gibt, wo ich meine Untergänge weitergeben kann.

Die Unvollständigkeit besteht allein schon dadurch, daß ich nicht die Gesamtheit meiner Person, alle meine Gefühle, Empfindungen nicht in einem einzigen Augenblick als ein Gefühl oder eine Empfindung einbringen kann, und das allein ist schon ein unsäglicher Schmerz, wer's begreift. Und in der angenommenen Unvollständigkeit finde ich erst die Vollständigkeit, denn wenn ich sie nicht annehme, die Unvollständigkeit, schließe ich die Begrenzung, die mich Phänomen sein läßt, aus.

In der oberen Tierkreisbewegung wirkt im Wassermann das Zentrifugale, im Stier das Zentripetale - der Wassermann ist also die Aufhebung des Stier, der Stier das Erscheinung bildende Zentripetale im Unbegrenzten des Wassermann. Das heißt, das Verhältnis des Wassermann zum Stier beziehungsweise des Uranus, entscheidet in jedem Horoskop darüber, wie stark ein zweites Haus sein darf. Das heißt, der Uranus schafft durch die Möglichkeit der Aufhebung des Phänomens die Grenzen des Phänomens, das Unbegrenzte gibt dem Begrenzten Maß.

Wenn Sie einen Turm bauen, dann brauchen Sie eine Statik. Je höher der Turm wird, je höher wird er zum Phänomen, desto leichter stürzt er ein, desto größer wird der Uranus. Er steht daneben, reibt sich die Hände. Es gibt nur einen einzigen Fall, in dem ein Patt ist zwischen Wassermann und Stier, das ist der Turm von Pisa. Das heißt, der Uranus ist bis zu einer bestimmten Grenze des

Wachstums eines Phänomens machtlos, wenn es darüber hinauswächst und die Begrenzung, die Unvollständigkeit, ausschließt, hebt es sich auf.

Der Wassermann schöpft nun aus den namenlosen Wassern, - man kann auch davon ausgehen, daß nichts aus den Wassern des Namenlosen entlassen werden will, um Phänomen zu sein, sondern daß das Namenlose für sich in der Ausschöpfung des Uranus auch so durch das Unbegrenzte das Begrenzte Phänomen sein läßt.

Statt dem "Namenlosen" können Sie sagen "das Unbewußte", in dem sich die Übergänge zum Namenlosen vollziehen, im Gegensatz zum Unterbewußten des zweiten Quadranten. Dies ist subjektiv gebunden und arbeitet zum Schutz des Subjektiven gegen das Namenlose des Unbewußten, gegen den Himmel. Das Unterbewußte ist im Krebs unterbewußt, - wird im Löwen zum Ereignis, und über das Ereignis in der Jungfrau zur Bewußtheit, je nachdem, entweder mit sechzig oder zweihundert Watt ausgeleuchtete Bewußtheit.

Der Wassermann schöpft also aus dem Namenlosen, um das Ausgeschöpfte im Steinbock der Bestimmung zu übergeben. Denn aus dem Maß für die Begrenzung ergibt sich die Spaltung, das Ungeteilte des Steinbock für das Geteilte des Zwillings, und zwar die Bestimmung, die als Ursprung aus der Unbestimmtheit des Wassermann kommt, so, wie jeder Ursprung der Weg vom Unbestimmten zur Bestimmung ist, und so, wie jeder Ursprung einmalig ist - sonst hieße es Erst- oder Zweitsprung.

In dieser Bewegung vom zwölften zum elften und zum zehnten Zeichen ist man im Zeitlosen - das heißt, das Zeitlose gibt es ja nicht, man ist in der Unzeit. Dort, wo alle Zeiten und Formen ineinanderfallen, in dem alles in eine einzige nicht-Zeit eingebracht werden kann. Zeit heißt ja althochdeutsch "Teilung", und die Bestimmung im Steinbock ist noch ungeteilt, die wird dann im Übergang zum Schützen als Zeit gefügt - Montage.

Das, was über die Schöpfung des Wassermann zur Bestimmung und von dort dem Schützen zur Montage und Fügung kommt, das ist so etwas wie ein Bildentwurf, Vorentwürfe des Lebens, noch ungeteilt und ohne Zeit - können sie sich unter dem Föhrenhaften etwas vorstellen? Das Föhrenhafte, das in allen Föhren ist? - Können Sie sich das Tellerhafte vorstellen, das Kannenhafte, das Tassenhafte? Das Kannenhafte als das Wichtigtuerische, jede Kanne hat eine Schilddrüsenüberfunktion, - wissen Sie, das Kannenhafte liegt im Ausgießen, über alle. - Oder stellen Sie sich das Mädchenhafte vor, das in allen Mädchen ist, die Mädchen sind. Was aber außerhalb der Erscheinungen von Mädchen als das Mädchenhafte nicht als Erscheinung greifbar ist. - Ist das nicht vorstellbar?

K: Können wir nicht eine Pause machen ?

A: Wir kommen ganz schnell zum Schluß. - Jedenfalls wollte ich soviel sagen, daß im Steinbock als die Bestimmung das Tassenhafte zur gültigen Tasse wird, aber noch ungeteilt und ohne Zeit, als das Ungeteilte des Tassenhaften, das dann erst in die Vervielfältigung der Zeit kommt, um dann im Schützen zur Fügung zu kommen. Deshalb sind ja auch die Schützen so daran interessiert, beziehungsweise diejenigen mit der Sonne in Haus neun, aus der Fügung der Form die Bestimmung zu finden, oder die Art der Fügung. - Nach der Montage entsteht dann die Form im Skorpion, das ist in der Mythologie Hephaistos, der Schmied, der hinkt, wie es für einen anständigen Skorpion gehört, und ist auch einer, den sie im Wasser groß gezogen haben. Und diese fertige Form des Skorpions wird dann in der Waage als Schicksalskleid ausgeworfen,- aus der Entwicklung des Neptun steigt sie Gestalt geworden aus dem Wasser auf, um sich dem Land der Bewußtheit zu offenbaren - unverhüllt. Das ist dann die Aphrodite, die Schaumgeborene, die dem Meer entsteigt, des Uranus Tochter, die deutlich macht, daß die Form bereits eine Schicksalsaussage ist, die Fügung in der Form enthalten ist, - mit und ohne zweiten Bildungsweg.

Wenn man nun diesen Weg von zwölf zu sieben deutet, dann ergeben sich daraus völlig neue Perspektiven. Hier steht im siebten Haus als eingeschlossenes Zeichen der Skorpion. Was ist Skorpion ? - Gefügte Strukturen. Er bringt also Strukturen als Form heraus, und bringt er sie tatsächlich konkret, weil der Bereich, der Bestimmung werden soll, in Richtung des zehnten Hauses, als Uranus am Ascendenten steht, ich kann es auch noch anders sagen: der Uranus als Herrscher von elf, der für die Bestimmung in Richtung des Weges wirksam wird, und über das Verhältnis von begrenzt zu unbegrenzt entscheidet, also über die Art des Phänomen, steht am Ascendenten und zwingt dazu, daß die Bestimmung konkret wird. Und dieser Mann hat nun tatsächlich so eine Art Drahtverhau für Baustützvorgänge und Mehrzweckverwendung entwickelt, die nennt er dann auch noch "Strukturen", als die er sie anbietet - hat keine Ahnung von Astrologie. Und diese Baustützstrukturen sind solche, die das Baugefüge stützen sollen, das heißt, in den Bau mit hineingefügt werden sollen - in der Bewegungsrichtung schneidet Schütze noch in das siebte Haus hinein, es sind Strukturen zur Fügung. Und der Jupiter aus Schütze von neun nach acht sagt, daß die Form für verbesserte Anpassung an Bedingungen ist (S 136).

Ich kann Ihnen noch ein anderes Beispiel nennen, in Kürze, lediglich in Kürze. Das Horoskop hier ist eine Frau, wie schaut's denn da in der Fügung aus - neuntes Haus. Da hat sie Mars-Neptun. Das ist nicht gerade das Ideal für eine Fügung, also würde man sagen, die Montage stimmt nicht ganz. Und zwar in körperlicher Hinsicht deshalb, weil sich das konkret auswirkt, indem der Fisch und der Widder im ersten Quadrant sind. Das heißt, die Fügung der Bestimmung - im zehnten: die Bestimmung, im neunten: die Fügung - die Fügung der Bestimmung ist also so geartet, daß im Bezug erster Quadrant Störungen auftreten können, und zwar so, wie es die Form ausprägt, nämlich im achten Haus das Pluto-Quadrat-Merkur. Die Frau hat einen Alzheimer - Morbus Alzheimer, das ist eine Gehirnschrumpfung, deren Ursache unerkannt ist.

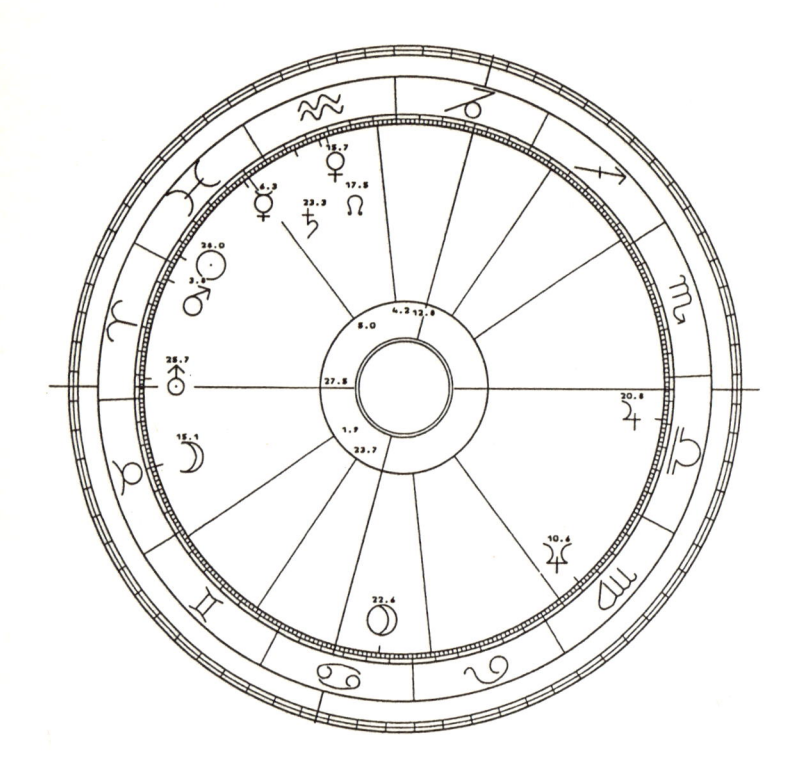

Das Ganze ist ein ungeheurer Vorgang. Im zehnten Haus haben Sie die Bestimmung, die wird im neunten Haus gefügt, zeitlich als Form, das heißt, die Zeit wird Form, sodaß die Bestimmung in der Fügung zur Form kommt. Je nachdem aber die Zeit sich in Form ausdrückt, ist die Fügung auch zeitlich festgelegt und wird dann im Ablauf der Gegenwärtigkeiten im ersten **Quadranten** selbst zum Phänomen.

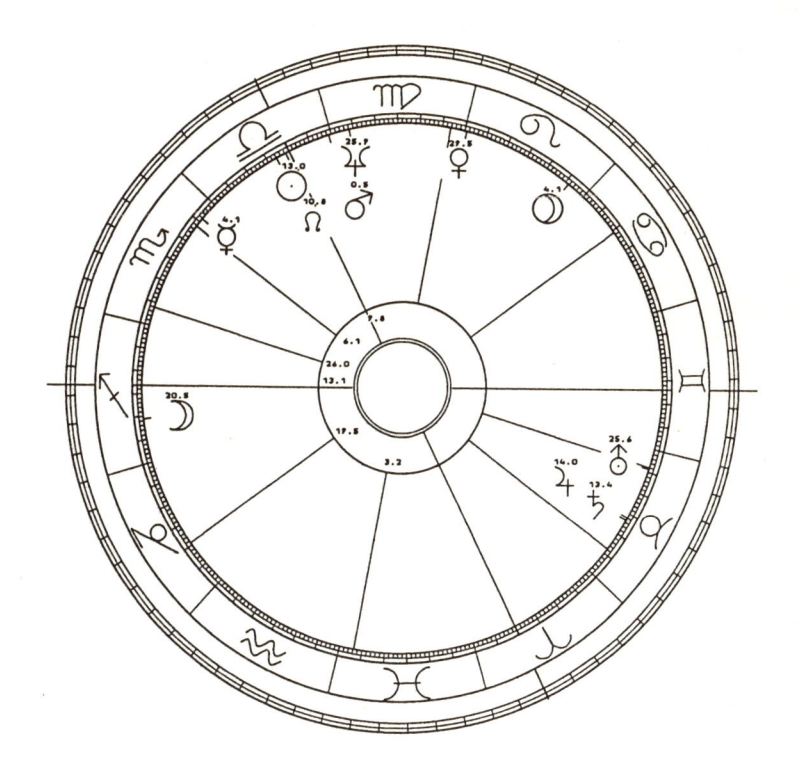

Nun kann man fragen, ob diese Alzheimer Krankheit im Sinne des Mars-Neptun, der Fügung und des Pluto-Merkur, des daraus resultierenden Schadens aus der mangelhaften Fügung, ob diese Alzheimersche Krankheit zwangsläufig sei. Nun wird hier im Sinne von Mars-Neptun konkret Durchsetzungsschwäche gefordert, das heißt, daß Fehlen von Reaktivität, damit man in seinem Werdegang und Entwicklung, die unabhängig vom ersten Quadranten sich vollzieht, nicht durch das Reagieren-müssen auf das Umfeld abgelenkt, gestört, irre- oder fehlgeleitet wird. Damit man dann auch nicht durch den Weg der Reaktivität in ein Umfeld gelangt, das man eindrucksmäßig nicht erträgt, wo das Umfeld zum

Eindrucksgift als ständige Allergie wird. Das wird im Sinne der Fügung durch diesen Mars-Neptun verlangt, um die Form zu finden. In dem Augenblick aber, in dem ich mich in das Umfeld der Eindrucksgifte begebe, vorher, bekomme ich diese Allergie. Fügung wird nicht gewährleistet, die Form wird dadurch gestört, und zwar nicht hier im Schicksalhaften der Ereignisse, sondern im Schicksalhaften der Erkrankung. Man könnte also daraus sehend durchaus vermuten, daß eine Komponente der Alzheimer'schen Krankheit eine Allergie gegen Eindrucksgifte des Umfeldes ist, im Sinne des nicht-mehr-wahrnehmen-Wollens des nicht-mehr-bewußt-werden-lassen-Könnens dessen, was an Eindrücken in dem falschen Umfeld auf einen zukommt.

Dieser Weg, der die Fügung der Form freilegt, besagt, daß der Mensch in einem Teil heilig sei, nämlich in dem Teil der Form, die ihm aus den namenlosen Wassern gegeben ist und die ihm durch den Weg der Fügung zur Form wird. Es wird auch deutlich, daß es notwendig erscheint, daß die Bestimmung sich in der Erfüllung der Form widerspiegelt. Denn es ist ja auch so, daß ein Apfelbaum keine Pappel werden kann und vielleicht auch soll, sodaß, um es nochmals zu sagen, der Apfelbaum sich so erfüllt, daß die Bestimmung sich in der Erfüllung der Form widerspiegelt. - Ist das zu abstrakt ? - Beinahe, - nicht ?

Und das ist in Kurzform der obere Weg der Aphrodite, das ist diese neue Tierkreisform und ich persönlich finde sie sehr viel schöner als die alte, - die können wir herschenken, den anderen. Den habe ich ja entwickelt, den alten, Mitte der fünfziger Jahre als ich im Rhythmus mit dem Uhrzeigersinn, dem der Fügung, über meine Sonne im Fisch - Feuerball aus dem Wasser - gelaufen bin, diese neue Artikulation ist in mir aufgetaucht, da ich jetzt im Rhythmus gegen den Uhrzeigersinn wiederum über die Sonne im Fisch laufe. Und der alte, der ist inzwischen ja sowieso Volksliedgut geworden, die wissen ja schon alle nicht mehr, daß das aus einer einzigen Feder stammt.

Gibt es noch Fragen, die beantwortet werden wollen ? - Ja ?

K: Was ist jetzt, wenn jetzt jemand keine Planeten im dritten Quadranten hat ?

A: Wenn jemand keine Planeten im dritten Quadranten hat, ist er zu beglückwünschen, weil er dann der Schwierigkeit enthoben ist, als Orientierer sich mit dem zu Orientierenden zu verwechseln.

K: Das war zu schnell.

A: Zu schnell ? - Es ist folgendes: nehmen Sie an, Sie haben vierzig Planeten im dritten Quadranten. Dann sind Sie vom Himmel geplant als Orientierer, der möglicherweise über die Fügung der Form oder aus der Fügung über die Bestimmung orientiert. Sie sind also dann als Orientierer geplant, wie er gebraucht wird in jeder Zelle, in jedem Zellverband, in jedem Flurgrenzenbereich, die ja alle, seit es sechzehnstöckige Häuser gibt, aufgehoben sind. Weil dann stimmen die Flurgrenzen nicht mehr und es sitzen plötzlich in einem Hochhaus im gleichen Stock sechs Orientierer. Daß die wahnsinnig werden ohne Zelle ist völlig klar.

Aber nehmen wir einmal an, Sie sind Orientierer, vierzig Planeten im dritten Quadranten und sollen orientieren nach Bedeutungsfigurismen, nach Bildgleichnissen, die ja nur dadurch entstehen, daß gleiche Bedeutungsformen in verschiedenen Organismen auftreten, - wenn Sie das also sollen, dann müssen Sie ausschließen Ihre Subjektivität und Ihr Ego, weil sonst können Sie ja nicht orientieren über etwas, was nicht Sie sind. Denn wenn Sie wissen wollen, wie ein Sonnenuntergang ist, dann wollen Sie, daß der Sonnenuntergang geschildert wird und nicht die Gefühle, die einer bei einem Sonnenuntergang hat. Ist völlig klar. Und zwar deshalb, weil der Sonnenuntergang als Gleichnis des Untergangs von Licht, den Untergang der Bewußtheit in das Dunkel des Unbewußten, sehr viel bedeutender ist als Ihre Gefühle dabei. Die Subjektivität und das Ego dürfen also überhaupt keine Rolle mehr spielen, weil sonst orientieren Sie alle nur nach Ihrem eigenen Ego. Daran können dann die anderen untergehen. Denken Sie doch nur einmal an einen Zellverband oder eine Zelle, die dann sagt "ja, was sollen wir denn jetzt Komisches machen ?" Und wenn Sie nichts im dritten Quadranten haben, kommen Sie nicht auf die Idee, im Orientieren Ihr Ego mit hinein zu identifizieren und sich als ungeheuer bedeutend zu fühlen, indem Sie sich selbst schon als Gleichnis sehen.

K: Ich habe nicht von mir gesprochen, ich bin das nicht.

A: Ach Sie sind das nicht, dann haben Sie also was im dritten Quadranten.

K: Ja.

A: Das spielt ja keine Rolle, dann weiß man es ja - sind sonst noch Fragen entstanden ?

K: Was heißt denn hier die Rockmusiker mit den schwachen Beinen ?

A: Früher dachte ich, der Richard Wagner wäre vom Lieben Gott deshalb auf die Erde geschickt worden, damit die Unmusikalischen auch einen Komponisten haben. Und inzwischen ist er nicht mehr alleine, die Rockmusik ist irgendwann einmal gut gewesen bis Mama's Lieblinge kamen und sagten "ich wünsche mir zu Weihnachten, ich möchte auch so ein wilder Rockmusiker sein", und Mama hat's auch gerne gesehen, daß ihr Liebling so ein Wilder war, und dann sind genau die mit ihren schwachen Bewegungen, die keine Mitte haben und ohne Ausdruck wild ausschauen wollen, mit Strampelbewegungen, oder Hüftbewegungen, die nicht zu Ende geführt sind, die spielen dann etwas nach, was sie nicht sind, und alle, die auch schwache Beine haben und Bewegungen nicht zu Ende führen, die jubeln ihnen dann zu. Ist ganz klar, daß die, die wirklich Rockmusik spielen können, dann keine Chance mehr haben. Hinzu kommt, daß das jetzt Herdenfanfaren geworden sind. Die Herde hat Angst und da gibt es dann ein Signalement. Und dieses Signalement heißt "rottet Euch alle zusammen unter meiner Fanfare und möglichst dicht". Das liebe Herdentier fühlt sich auch sicherer, wenn es die Hintern aneinanderreiben kann - also so drastisch meine ich es nicht.

K: Er meint's schon so.

A: Es ist nichts dahinter, als ein Herdensignalement, ich schwör's Ihnen. Das ist genau so unmusikalisch wie alle die, die als zweibeinige Recorder, sozusagen als zweibeiniges Spitzenfabrikat der Geräteindustrie durch die Gegend laufen. Ich bin ganz sicher, daß bestimmte Tonfolgen und Tonschritte ganz bestimmte unbewußte Signale setzen.

K: Dieser Zwanzigste Juli - nein der 10. Juli 1988, wenn sich da die Konstellation wiederholt vom 20. Juli 1944, da sind Sie vorhin irgendwie hängengeblieben.

A: Da wird's genau so sein, daß die Infragestellung, die notwendig ist, um das Allerschlimmste zu vermeiden, diese Infragestellung wird durch die übernommen, die Etablierten, aus denen sie nicht heraus gewachsen ist, und es wird genau so sein wie im 20. Juli, wo dann die Etablierten die Infragestellung auffangen wollen, um sich als Stand innerhalb eines Systems zu retten, gleichzeitig dann, wenn es auch schon ein Blinder sieht, noch Widerstandskämpfer sein wollen und sich trotzdem noch nicht zum endgültigen Handeln aufraffen können - im System bleiben und damit die Infragestellung beziehungsweise den Untergang, den man anderen bereitet, selbst übernehmen, die Sündenbock-Konstellation erfüllen als die Minderheit, die man in der Zugehörigkeit geblieben ist. Die haben damals die Struktur des Nationalsozialismus nicht begriffen und sich erst an den Folgen, zu spät, orientiert, genau so wie sie heute immer noch nicht die Struktur des Wissenschaftssystems und ihrer Ausformungsorgane begriffen haben, und sich wiederum nur an den Folgen, und wiederum zu spät, und wiederum als Unberufene zu orientieren. Ich will ja dann nicht sagen, daß sie nicht tapfer gestorben sind. Nur wird deshalb der Effekt nicht besser.

K: Wie könnte sich das denn ausdrücken ?

A: Das ist ein Geschehen in zwei Phasen, die erste Phase ist die allgemeine, die Entwertung der Infragestellung zum Konsum. Ein Beispiel: die Heilpraktiker sind seit Köhnlechner - der ist dasselbe wie der Dethlefsen in der Astrologie - der hat den ganzen Heilpraktikerstand zerstört. Seit Köhnlechner die Heilpraktiker hochgeschrieben hat mit Management und allem drum und dran, seitdem ist Heilpraktikersein Leitbild und Konsum geworden und hat damit seine Funktion verloren. Durch das Hochschreiben hat der Heilpraktiker ein Image und eine Art Status bekommen, sodaß man Heilpraktiker wird so, wie man früher für Albert Schweizer war. Die fühlen sich jetzt integriert mit Status und gehören zum System, dessen Alternative sie einmal waren - Sie müssen sich einmal vorstellen, daß aus dieser Köhnlechnergeneration von Heilpraktikern welche an das Bundesgesundheitsamt geschrieben haben, sie möchten das Recht haben, Antibiotika zu verschreiben. Da sind dann auch Mama's Sieger sofort aufgerufen, wenn irgendwo etwas ist, was Aufsehen erregt, daß es ein bestimmtes Image vermittelt, daß es Ansehen und Anerkennung bekommt und sagen "das wollen wir auch machen", aber ohne Voraussetzung. Das ist die Vermarktung der Infragestellung, die als Infragestellung entwertet wird mit der Vermarktung, aber ohne Gefahr noch ein Rest an Image des kühnen Außenseiters gibt, sodaß sich alle Voraussetzungslosen dort tummeln können.

Die zweite Phase, das sind dann die Etablierten selbst, die, die sich schuldig gemacht haben, die nehmen das Angebot der ersten Phase dankbar an, um durch Übernahme alternativer Methoden ihr System und das Standesherrentum in ihm zu retten, die, die sich immer zuständig fühlen, ohne es gelebt zu haben und leben zu können. Die ewigen Schädlinge vorher und nachher. Das ist ja damals zum Symbol geworden, daß die Handlungsunfähigen einen Einarmigen handeln ließen, und damit war die Infragestellung des Naziregimes zerstört, und vorher der Widerstand um Jahre und Jahre verzögert, der Widerstand lahm gelegt.

Das sind die damals wie heute, die sich aus dem System nicht wegbewegen wollen um sich zu retten, aus diesem Grunde aus der Deckung heraus agieren, aus der Zugehörigkeit, sich damit dem Untergang weihen und die Infragestellung zerstören, das ist das Übel und das kommt im nächsten Jahr voll auf uns zu. Und dann können Sie in Gedanken den Goebbels, den Doktor, Doktor Goebbels hören, wenn er schreit "wollt Ihr den totalen Krieg". Und alle werden schreien "Prinzip Verantwortung" - Jonas. - "Wir müssen unser Leben aufgeben, damit die Technik lebt", - alle werden sie schreien, alle. Denn sie wollen ja alle für vernünftig gelten. Im Rahmen eines wahnsinnigen Systems. Und für diese Operette habe ich Ihnen heute den Begleittext geliefert.

Ich danke für die Aufmerksamkeit.

"Chronos und der Weg der Aphrodite"

Gedanken zum inquisitorischen Diktat des Wissenschaftsstaates

Uranos, der Himmel ist immer des Nachts zu Gäa, der Erde gekommen, zur Begattung. Bei einer der nächtlichen Besuche des Uranos schlug Chronos, der Sohn beider, auf Geheiß der Gäa dem Uranos das Glied ab, und warf es hinter sich. Es heißt (Karl Kerenyi - DTV - Mythologie), daß sich der Himmel seither nicht mehr der Erde genähert habe, die Herrschaft des Chronos begonnen hat.

Bei den nächtlichen Besuchen hat Uranos - das ist der Wassermann, der aus der Nacht des Namenlosen im Fisch schöpft - mit dem Hauch des Lebens der Erde die Struktur gegeben, um dem Leben die Zeit in die Form zu fügen, damit sie im Weg vom Fisch zur Waage Gestalt werden kann. Gäa, die Erde - das Zusammendrängen und Verdichten zur Materie, die in den angewiesenen Strukturen des Verbrauchs aufleuchtet - gab dem Leben, in der Folge von Widder bis Jungfrau, gemäß der Struktur der Zeit, die Erscheinung als Herberge.

Als dem Uranos das Glied abgeschlagen war, begann die Herrschaft des Chronos, im Zwilling, gleichermaßen entstieg aus dem Schaum des abgeschlagenen Gliedes, aus dem Meer geboren Aphrodite, die Tochter aus Meer und Himmel als Bild des Schöpferischen, - in der Waage - aus den Fluten des Neptun, eine Gestalt des Unbewußten, durch das sich nunmehr der Himmel der Erde nähert und in das Bewußtsein tritt als Gestalt der Bedeutung - sie offenbart sich unverhüllt, muß aber, wenn sie zum Olymp kommt - unschwer im Löwen zu erkennen - bekleidet sein.

Seit dieser Zeit ist das Schöpferische und seine Gestalt von der Erde und dem Leben auf ihr getrennt, die Erde ohne Struktur, das Leben ohne Bedeutung und das Gestalthafte taucht nur noch aus den Fluten durch Aphrodite auf, der Tochter des Uranos, die von der Erde verfolgt wird.

Chronos Herrschaft ist die der Funktion des Phänomens, er ist folgerichtig als Zwilling der König der Söhne der Gäa, der König derer, die dem Leben auf Zeit Erscheinung leiht, der König der großen Mutter, und er hat Angst, laut einer Prophezeiung einmal von seinen Kindern gestürzt zu werden, sodaß er diese frißt, das Leben unterdrückt, durch das er in Gestalt des Zeus selbst einmal gestürzt wird - in Kürze unter den Zeichen des Löwen und Babylon, in denen die Entartung des Lebens, als Folge der Unterdrückung der Aphrodite, zum Ort wird - die Entartung des einzelnen Lebens manisch im Zeichen des Zeus, der allein Chronos stürzen kann - an den Orten des Löwen zum realen Geschehen und über dieses zum Bildgleichnis wird.

Die Epoche des Stiers, Romanik und Inquisition (800 bis 1400 nach Christi - siehe Heyne-Tierkreis-Bücher - 1974 - Zwilling Seite 21 - und - **Lehr- und Übungsbuch - Band 2 - Seite 38ff**) ist Vorbereitung und Voraussetzung für die Herrschaft des Chronos im nachfolgenden Zwilling (1400 bis 2000 nach Christi), als Ausformung der Wissenschaft, der "Alma mater", der großen Nährmutter", als Bild der Gäa, die matriarchalisch ist.

In der Epoche des Stier beginnt, als Einleitung der Herrschaft des Chronos, die Inquisition als Ausrottung der Gestalten der Aphrodite, die patriarchalisch sind,

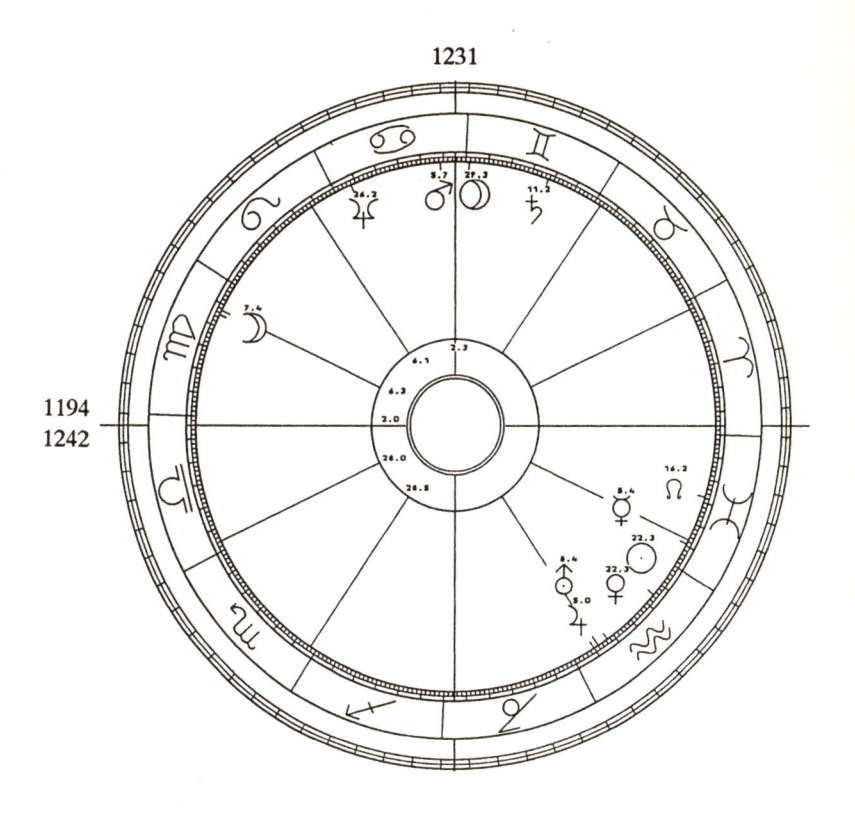

Gründung des Vatikanstaats - 15. Septar rückwärts - vom 11.2.1914

als Töchter und Söhne des Uranos.

Das Horoskop der Inquisition - das 15. Septar rückwärts des Vatikanstaates vom 11.2.1929 in Rom (Lehr- und Übungsbuch - Band 1 - Seite 169 - sowie - Lehr- und Übungsbuch - Band 4 - Seite 285), als der für die Inquisition zuständigen Institution, auf den 11.2.1914 auf Rom errichtet, bei einer Septardauer von potenziert neunundvierzig Jahre - beinhaltet die Zeit von 1194 bis 1243 nach Christi Geburt.

Das Horoskop beschreibt die Aufhebung, die Tilgung des Schöpferischen, des Wassermann aus dem Leben - die Durchführung im Wassermann ist in fünf, wobei Uranus, Herrscher von fünf sich auf sich selbst bezieht, mit im Haus stehend - und der Ascendent in Waage, mit Venus in fünf besagt, daß mit dem Schöpferischen getilgt werden die Formen und Gestalten der Bedeutung. All dies zeigt folgerichtig als Bestimmung des Ergebnisses die Unterdrückung und Vernichtung des Lebens, das schöpferisch ist und Bedeutung trägt, seine Verdrängung aus der Welt mit dem Mond als Herrscher von zehn in zwölf, unter dem Zeichen von Mars-Pluto, den Stichflammen der Aggression und Zerstörung, die im Rhythmus des Phänomens, gegen den Uhrzeigersinn just zu dem Zeitpunkt erreicht werden, 1231, als die Einrichtung eines päpstlichen Inquisitionsgerichts die Verfolgung der Ketzer legitimierte.

Die Deutung des oberen Weges, die obere Septarhälfte, die hier matriarchalisch besetzt ist, benennt im ausgeworfenen Leitmuster durch Widder in sieben mit Mars-Pluto am MC die Bestimmung zur Vernichtung, Verbrennung oder Zerstörung der Bedeutung in Form, Gestalt und Wirklichkeit ihrer jeweiligen Fügung - die Zerstörung der Gestalt als Träger der Bedeutung.

Die Frage der Ketzerei entschied sich an der Frage der unbefleckten Empfängnis - die da so fragte was Gäa, denn sie wollte Aphrodite sein - in tiefem Mißverständnis - wollte den dritten Quadranten, Schütze, Skorpion und Waage besetzen - wollte der Gestalt als Fügung der Zeit entgehen, dem Selbstverlust als Erscheinung, wollte selbst Muster sein für sich, unsterblich und unvergänglich als Gegenwart.

Sie nahm sich, in ihrem Spiegelbild, als Muster der Fügung, wurde Bedeutungsfigur, und lebte von da an nur noch im Spiegel, nicht selbst.

Sie verdeckte durch ihre Spiegelung den Himmel, verhinderte die Schöpfung aus Unbegrenztem - Wassermann zu Fisch - deren Formen der Fügung - Skorpion zu Schütze - denen sie in der Gestalt der Aphrodite die Erscheinung verweigert und sie ersetzen will.

Die Spiegelung wird Ausdruck im Weg vom ersten Selbstbildnis in der Malerei in der ausgehenden Stier-Epoche bis zur Ausbildung des Fernsehens im ausgehenden Zwilling - die Spiegelung als Leben.

Gäa schließt durch die Spiegelung ihrer Selbst das Grenzenlose aus und damit die eigene Grenze, so wächst, ohne Mitte, das Grenzenlose, die Aufhebung in ihr, sie verliert ihre Struktur und setzt, um den Strukturverfall aufzuhalten, eigene Strukturen, funktionelle, gegen die verfallenden in ihr.

Gäa wird durch ihre eigene Funktion zerstört, die im Spiegel Zeichen des Absoluten geworden, im Dienste des Grenzenlosen, das Leben verbraucht in der Perfektion des Unvollständigen, die Zerstörung ist.

Es wird verständlich, daß Gäa, am Ende der Zwillingsepoche Zeus hilft, unentdeckt durch Chronos, in den Höhlen und Grotten des Krebs verborgen aufzuwachsen.

Die Funktion des Phänomens, als Vorstellung im Dienste des Grenzenlosen als Aufhebung des Begrenzten, also Endlichen, ist die Herrschaft des Chronos, der Wissenschaft.

Die Herrschaft zeitigt drei Ausformungen des gleichen, wie die verschiedenen Seiten eines Gegenstandes, die als Durchführungsformen des Diktats des Wissenschaft zum Zwecke des Regelns des Verbrauchs als Antipoden auftreten. Es sind dies einmal die Ideologie von der sozialen Gesellschaft als Zuführungs- und Bereitstellungsorgan, die Industrie als Verbrauchsorgan, - beide im Sinne des Zwillings zusammengehörig - wobei der Staat, von der Denkhaltung der Wissenschaft strukturiert, als Ausgleichsorgan die gesetzliche Funktion einnimmt, den Verbrauch gesetzlich regelt, von öffentlichen Meinungsleitschienen flankiert.

Industrie und Staat stehen durch ihr jeweiliges Verhältnis zueinander im Vordergrund, sodaß die Wissenschaft selbst in ihrem Prinzip unerkannt und unangreifbar bleibt, wobei ihre Ausstülpungen, nämlich Industrie und Staat, als die der Wissenschaft, von dieser in ihrem Bestand abhängen.

Von daher ist der Totalitäts- oder Alleinvertretungsanspruch der Wissenschaft für alles Leben garantiert und gesichert, sodaß sich ihrem Zugriff nichts entziehen kann, sodaß auch die Zerstörer den Schutz des noch nicht Zerstörten übernehmen, im Sinne der Stallhaltung der Beute konservieren, um durch Übernahme der Infragestellung die Macht zu erhalten und die Herrschaft des Chronos zu verlängern.

Die sachlich-funktionelle Ausrottung des Schöpferischen - als Fortsetzung der Inquisition -, die Zerstörung von Bedeutung und Gestalt, sowie das Zugrundegehen der Erscheinungen hat dazu geführt, daß die Wesen keine Gestalt mehr finden, das Leben keinen Ort mehr als Herberge.

Das Diktat des Verbrauchs ist auf das Gesamte wie auf den einzelnen gerichtet, es ist zivil, politisch farblos und im Rahmen der Entmündigung des einzelnen vernünftig, etikettiert durch die matriarchalische Scheinfürsorge, als Zauberwort zur unwidersprochenen Hinnahme, als Zauberspruch zur Wehrlosigkeit.

Jeder Schritt wird für das System verbraucht, von außen gelenkt, gegen das eigene Verständnis, gegen den eigenen Impuls, ob man die Straße überquert, wie man auf dem Gehweg, bis zur totalen Enteignung des eigenen Wesens, fremd verwaltet ebenso sehr und verfügt in seinem Schicksal als Verbrauchsgut des Systems, in seinen Erlebnissen Besitz des Staates, mit verplanten Erlebniswegen nach Sozialmustern, mit der Strafe der vollen Staatsgewalt gegen den einzelnen, in Brutalität, wenn man der Vernutzung durch das System entgehen will, entgegen dem ererbten Gewissen für Schuld und Nicht-Schuld.

Der Verbrauch kommt in eine immer rasendere Bewegung durch den Ausfall der Fügung, dem Ausfall der Gestalt des Schicksals, durch die Selbstübernahme der Bestimmung, und es kommt zum Ausfall natürlicher Regulationen, sodaß im Gefolge von Ideologie und Industrie wie dem Wissenschaftsstaat das Wachstum der Bevölkerung seit Mitte des vorigen Jahrhunderts aus dem Gefüge geriet, in die Expansion, damit der Vollzug vom sozialen Anspruch der Massen, berechtigt, von öffentlichen Leitschienen gelenkt, unaufhaltsam und unausweichlich dem Verbrauch zugeführt wird. Das explosive Wachstum der Bevölkerung entspricht als Nachvollzug den gesetzten Mustern.

Diejenigen, die mithelfen am Verbrauch und den Stellenwert des Zuführerdienstes einnehmen, als Propagandisten oder Schützer der gesetzlichen Regelung, als Politiker oder als Wissenschaftler, haben ihren sozialen Aufstieg einem System anvertraut, von dem sie bei Prüfung hätten erkennen müssen, daß es verderblich ist. Für sie, die sozial meist Unzufriedenen, wird das Wissenschaftssystem zur "großen Nährmutter", zur "Alma mater", aus deren Schoß sie niemals mehr herausschauen sollen.

Der Typus ist immer derselbe - der ewige Kreisleiter - der Ordnung verwaltet, in die Funktion des Vollzugs drängt - gleichgültig in welchem System, auch in dem des Verderbens - die im Rahmen ihrer so verstandenen, abgesteckten Verantwortung ihre Instinkte loswerden, gut abgedeckt und etikettiert es nicht wagen, sich ihrer Triebfedern und Handlungen bewußt zu werden, oder doch bewußt ihre Instinkte und Bösartigkeit einbringen, - es sind die bösartigen Rechtschaffenen, die gedrungenen Sensiblen mit der scharfkantigen Leere, mit dem heiligen Ernst auf den Lippen und den falschen Vokabeln. Es sind seit der Inquisition immer dieselben, die ihre Morde, Räubereien und Diebstähle in die Institutionen mit einbringen, ohne einzeln dafür verantwortlich zu sein. Sie besetzen die Funktion des Vollzugs, weil ihnen die Größe der eigenen Bewegung fehlt.

Seit der Zeit, in der Gäa die Aphrodite verdrängt hat, tut jeder das, wofür er nicht zuständig und geeignet ist - und ist stolz darauf. Dies hat zu einer ungeheuren Ausweitung des Ausbildungswesens geführt, im Sinne der Nutzung des Verbrauchs für die Schergen des Chronos, um sie davon noch existieren zu lassen - in der zweckmäßig und sachlich durchgeführten Inquisition, die bis heute noch anhält, - sie im Widerschein des Verbrauchten aufleuchten zu lassen.

Das Entrechtete und Verfolgte, das Schöpferische in Gestalt der Bedeutung, deren Träger im Zeichen der Aphrodite werden ersetzt durch Attrappen - Bedeutung wird zum Konsumgut - sodaß - die Selbstspiegelung spiegelt sich als Muster in Umkehrung zurück - das Bedeutende für unbedeutend gilt, das Unbedeutende für bedeutend, das Redliche für unredlich, das Unredliche für redlich, das Gerechte für ungerecht und das Ungerechte für gerecht, das Fähige für unfähig und das Unfähige für fähig - das Unterste zu oberst und das Oberste zu unterst, sodaß alles Kopf steht, die Schwäche sich als Stärke produziert, unästhetisch, weil aus der Form, aber ästhetisch gilt, weil das Wahre unwahr und das Unwahre wahr ist.

Es ist kein Wunder, daß die Sehnsucht nach Renaissance, nach Wiederkehr des Wassermann, zum Zeichen geworden im Hellenismus (1000 bis 400 vor Christi Geburt) wie ein Notschrei der Erinnerung immer dann hochdrängt, wenn die Herrschaft des Chronos im Auftrag der Gäa, der Phänomenismus in seiner Funktion immer gewalttätiger wird, von Beginn der Inquisition an bis über die Französische Revolution, im Klassizismus, bis heute, wo, mit welchen Plausibilitäten auch immer die Taube als Bote des Uranos aus dem Unbewußten hochsteigt.

Die Veränderungen werden deutlich in der Musik - die Welt, wie sie geworden ist, war nicht die einzige mögliche - wenn mit dem Beginn des neunzehnten Jahrhunderts, der unmittelbaren Folge der Französischen Revolution, die Akkord-Musik sich durchsetzt, der Pianist im Sinne des Akkord-Spiels eine andere Technik benötigt, in der die Töne im Sinne einer Bewegung nicht mehr frei einander folgen können, sondern jeder Ton sozial gebunden ist an den Klang, nur noch Teil eines Akkords, von einem sozialen Zentrum abhängig.

Deren Vertreter sind die vom Matriarchat Geförderten, die in der Atmosphäre des Matriarchats gedeihen, damit in die Dominanz ihrer selbst kommen und Gleichgewichte verändern, Stiere im Ascendent oder Sonne wie Beethoven, Brahms, Wagner, auch noch Bruckner mit Sonne Haus zwei, sie wurden von der Gesellschaft getragen, während die Wassermänner wie Mozart (Sonne), Schumann (Ascendent Wassermann eingeschlossen), Schubert (Sonne) deren Klima nicht ertrugen, von ihr gehindert, entwertet, verfolgt wurden.

Für Schumann scheint das immer noch zu gelten, der ausbrechen wollte aus der Klangenge in die Bewegung, ausbrechen wollte aus der Grenze der Tonalität, über die verminderten Klänge, aber immer wieder vor der Alternative des leeren Raumes zurückschreckte, während Richard Wagner später die verminderten Akkorde nur als Podest, nicht als Übergang übernahm - und - abgesehen von den Protesten wegen seiner Haltung zum bayerischen König Ludwig II. - eine fanatische Anhängerschaft matriarchalischer Struktur hinterließ, die "Wagnerianer" und, für einen Komponisten und seine Familie einmalig, noch heute, unabhängig von der Musik, jüngst noch nationaler Kult, gesellschaftliches Ereignis ist.

Es ist charakteristisch, daß um die Jahrhundertwende ein heute unbekannter Mann mit Wassermann-Ascendent es war, der der Wagnerianischen Flut spätromantischer Sozialmusik die Durchsetzung entromantisierten Barocks auf Originalinstrumenten entgegenstellte - Vereinigung für alte Musik 1905 - unter Haß und Schmähungen - Felix Mottl "wie kann man als Musiker so tief sinken und heute wieder Bach spielen".

Für die Verfolgung gelten immer noch die Signaturen des Inquisitionshoroskops, der Weg der Aphrodite bis hin zur Waage - es sei denn, sie hätte sich als Vertreterin des dritten Quadranten besetzen lassen durch die Spiegelung der Gäa, - es sind vor allem die Uranusse, Neptune und Saturne, auch ihre Grade, - es sind diejenigen, denen man die Bedeutung nimmt, die man aus ihrem Leben verdrängt, deren Leben man imitiert, die man betrügt und noch belobigt wird, denn das Matriarchat billigt es, - sie haben kein Recht auf irgendeinen Vorteil, irgendeine Bedeutung, irgendeinen Verdienst, man muß sie ihnen nehmen, sie sind Freiwild und müssen froh sein, wenn die Söhne der Gäa sie am Leben lassen.

Die Verfolgten jonglieren auf Drahtseilen, werden Virtuosen, Gaukler, Spaßmacher, nur um am Leben zu bleiben, andere bieten freiwillig ihre Unterwerfung an, und begreifen es ein Leben lang nicht, daß sie trotz Leistung grausamerweise ein Leben lang dort betrogen werden, wo sie geliebt werden wollen.

Die Verfolgten sind wie stigmatisiert, vom Wertsystem der Gäa ausgestoßen, und alle, die zu diesem Wertsystem gehörten, sie sind sich alle einig gegen sie, unabgesprochen, kennen sich nicht, verhindern gemeinsam, wie organisiert, selbst schon in Kleinigkeiten, in Ämtern und Behörden, wie eine Front, unauffällig, zweckmäßig und unerkannt. Viele der Verfolgten können die Verfolgung nicht faßbar machen, nicht in Bewußtheit fassen, spüren die Bedrohung, die unerklärbar zur Panik führt, den Verfolgungswahn, und suchen nach, wenn auch falschen Projektionen, um der Bedrohungsangst eine Lösung anbieten zu können. Erst da merkt man, daß Brahms Schumann verdrängt hat.

Jeder, der in Gäas Wertsystem, das mental geordnet ist, auch nur einigermaßen Rang hat, hat ein Recht auf und über die Verfolgten, er kann alle seine Instinkte unbeschadet loswerden mit Beifall des gleichgesinnten Umkreises - bei den Frauen sind es die ewigen Maitressen, die von den Söhnen der Gäa geschändet werden dürfen, aber rechtlos bleiben, - allem öffentlichen Recht zum Trotz - die Männer dürfen bestohlen und getreten, gepeinigt und zerstört werden unter der Beifälligkeit der Umstehenden - das Schöpferische wird in die Knie gezwungen und getreten, wo immer es auftritt, und der Schaden für die Welt ist unermeßlich wie zwangsläufig im Sinne der Perfektion des Untergangs, im Tanz der Spiegelbilder der Erde, die blind machen - die Rettung verhindern, das Rettende verfolgen.

Die Verfolgung läßt sich nach Signaturen entsprechend, in jeder astrologischen Praxis nachweisen, statistisch, Enterbung oder Entrechtung nach dem Gesetz oder durch Terror, es sind immer die mit dem Zeichen der Aphrodite, die es trifft - vor allem Wassermann, bei Frauen, etwa nach dem Todes des Vaters, die gemeinsame Gegenfront von Mutter und Sohn - die Übereinstimmung mit der zuständigen Umwelt, dem Dorf, der Gemeinde, - es ist eine unsichtbare gemeinsame Front, quer durch die eigene Familie, die familiären Zugehörigkeiten zerschneidet.

Viele der Geächteten wollen die Anerkenntnis der Zugehörigkeit erzwingen, - sie opfern dafür ihr Schicksal - etwa, wenn die Tochter sich öffentlich prostituiert, um daraus ein biederes Reihenhaus zu erwerben, abgemessen für die Wertschätzung der Mutter um die Anerkennung der Mutter zu erhalten, - die sie doch nicht bekommen kann, weil sie ranglos ist.

Im Matriarchat herrscht eine mentale Rangfolge, die sich in "Wert-Schätzungen" ausdrückt. Die aus dem Gefolge der Aphrodite werden zumeist Maitresse, weil sie sich einen Partner mit matriarchalischer Rangfolge suchen, um über diesen Weg zugehörig zu sein, aber als Konkurrentin der Gäa von deren Söhne nicht angenommen werden darf, oder weil der Partner matriarchalische Rangfolge akzeptiert und, gegen seine innere Neigung sich deshalb in eine matriarchalische Verbindung nötigen läßt, oder aus diesem Grunde sich von dieser nicht trennt.

Männer lassen sich von den Töchtern des Matriarchats regelrecht abführen und nötigen, willenlos, weil sie die Zuständigkeit der matriarchalischen Rangfolge akzeptiert haben, damit ihre Unterwerfung innerhalb des Verbandes, damit als Ranglose, ebenso wie die Frauen, die Untergänge des Verbandes übernehmen. Sie sind meist schon durch Latzhosen, oder durch die Muster ihrer Mütter auf den Pullovern ausgewiesen.

Was sich im einzelnen still und tragisch vollzieht, führt zu Verfälschungen in Geschichte, Kultur und öffentlichem Leben, - die Geschichte ist voll von falschen Größen, es entstehen falsche Gravuren, falsche Merkmale, falsche Wege.

Die Unterdrückung von Erkenntnissen und Erfahrungen, die bisher unvorstellbare Ausmaße angenommen hat, Wirklichkeiten verdrängt hat in die Anonymität der Bedrohung, dem Leben die Herberge entzieht, und dadurch unsägliches Leid hervorruft, wird in kommenden Zeiten als eine der schlimmsten Perioden der Menschheit gesehen werden.

Inzwischen ist die Zeit des Chronos abgelaufen, Zeus, das Leben, wächst in Höhlen und Grotten der Berge, in den Höhlen des Krebs, dem Chronos verborgen, auf, um ihn zu entmachten - in den ersten Eruptionen seiner Geburt dessen Entmachtung schon einzuleiten - im Beginn des Krebs im Jahre 1967.

Nachtrag:

Hesiod, einer der Überlieferer, der griechischen Mythologie, war offensichtlich matriarchalisch. Er meinte, alles sei von der Erde ausgegangen, sie hätte auch den Himmel geboren und alles würde wieder in die Erde eingehen.

Aristoteles, sicher nicht matriarchalisch, vergleicht den Menschen mit einem

Siegel, bei dem das Bild auf das Wachs gedrückt ist - durch das Wachs also Erscheinung werden kann, das Wachs durch das Bild Form bekommt. Das Wachs wäre Gäa, ihre ins Bild gefügte Zeit Aphrodite.

Struktur der Inquisition

1. Die Identität zwischen Staat und Denkhaltung. Die Denkhaltung hat den Staat in seiner Strukturierung bestimmt, insofern hat die Inquisition der Denkhaltung Macht über den Staat. Die Identität ist nahtlos, daher unauffällig, anonym.

2. Die Denkhaltung ist nicht "weltlich" (politisch tätig) und überläßt die Exekutive dem Staat.

3. Die Denkhaltung stützt sich auf Formeln der Macht (Glaubenssätze - Wissenschaftsdoktrin) und urteilt. Sie ist an allen Schaltstellen der Macht präsent und sorgt für die Verbreitung und Einhaltung der Urteile.

4. Die Ausschaltung anders Denkender ist durch die Identität von Staat und Denkhaltung legitimiert.

Die Epochen im Vergleich mit Gruppenschicksalspunkten:

Die sechshundertjährige Krebs-Epoche beginnt im Jahre 1967, entsprechend null Grad Krebs.

Im Vergleich geschichtlicher Daten zu Gruppenschicksalspunkten sind zwei Ereignisbereiche heraus zu heben, die übrigen Datenvergleiche dem Interesse des Lesers anempfohlen.

In der Bewegung von zwanzig Jahren für ein Grad wird in der Schau nach rückwärts 1789 die Französische Revolution mit einundzwanzig Grad Zwillinge erreicht, wobei der Zusammenbruch der Revolution, fünfundzwanzig Jahre später auf zweiundzwanzig-Komma-fünf Zwillinge entsprechend stattfindet.

Der Ausbruch des Dreißigjährigen Krieges wird 1618 auf zwölf-Komma-sechs Grad Zwilling erreicht, dem Spiegelpunkt zu siebzehn-Komma-fünf Steinbock als Mars-Saturn, mit dem Uranus-haltigen achtzehnten Grad Krebs gegenüber, die dem Auslösungsbild des Prager Fenstersturzes entspricht.

Außer der Epochenbewegung von sechshundert Jahren für ein Zeichen zeigt sich eine markante und auffällige Bewegung in schnellerer und höherer Frequenz von neunzig Jahren für ein Tierkreiszeichen, also ein Grad für drei Jahre. Diese Bewegung hat 1967 ebenfalls den nullten Grad des Krebs belegt.

Vergleicht man die schnelle mit der langsamen Bewegung, so erhält man die einundzwanzig Grad Zwilling der Französischen Revolution 1940, die zweiundzwanzig-Komma-fünf Grad Zwilling des Zusammenbrechens vier-ein-halb Jahre später. Auffällig erscheint, daß es sich geographisch um vergleichbare Bewegungen handelt, daß in beiden Fällen das Eindringen nach Rußland, ohne Kriegserklärung, zum fast gleichen Termin stattfand, am 22. und am 24. Juni, und bemerkenswert ist, daß beide geschichtlichen Personen, Napoleon wie Hitler über den gleichen Ascendenten verfügen, Ende Waage.

Die zwölf-Komma-fünf Grad Zwillinge alias siebzehn-Komma-fünf Grad Steinbock als Mars-Saturn als Beginn des Dreißigjährigen Krieges in der Epochen-Bewegung findet sich wieder in der kleineren Bewegung in den zwölf-Komma-fünf Grad Zwillingen, die 1914 erreicht werden.

Auffällig in der Kombination der größeren und kleineren Bewegung ist zudem, daß von 1877 bis 1967 der Zwilling doppelt belegt war, die Herrschaft des Chronos ins Extrem lief.

Im Jahre 1967 als Beginn einer neuen Epoche mit den null Grad Krebs ist ein Kardinalpunkt erreicht, der als Zeichen seiner Bedeutung die vor ihm liegenden Ereignisse auch in die Zukunft spiegelt, allerdings in Umkehrung und umgekehrter Reihenfolge. Beispielsweise können bei Erreichen von sieben-Komma-fünf Grad Krebs in der schnellen Bewegung, die Spiegelung zu zweiundzwanzig-Komma-fünf Grad Schütze, Aussiedlung zu Rücksiedlung werden, wobei insgesamt zu bemerken ist, daß die Grade einundzwanzig und zweiundzwanzig-Komma-fünf Zwillinge von den Bewegungen der Einzelstaaten ausgehen, während die zweiundzwanzig-Komma-fünf und einundzwanzig Grad Schütze, so wie sie sich in der Richtung ihrer Reihenfolge spiegeln, Geschehnisse der Gesamtheit sind. Die Geschehnisse würden, in der Umkehrung von 1945 mit einer Katastrophe beginnen und nicht wie damals mit einer enden. Inhaltlich ginge es darum, daß Vorstellungswelten und Pläne, die verstiegen sind - und solche bieten sich bei der Herrschaft des Chronos gegenüber von einundzwanzig und zweiundzwanzig-Komma-fünf Grad Zwillingen an - von der Wirklichkeit korrigiert und zum Zusammenbrechen geführt werden.

Müßig beinahe zu sagen, daß seit 1967 der Mond in den Horoskopen stärker wirkt, die Wirkung des Merkur nachläßt. Ergänzend kann darauf hingewiesen werden, daß die individuelle Beziehung zu den Zeitläufen, das Verhältnis zu den Zeitströmungen und den geistigen Haltungen an der Summe des eigenen Ascendenten mit dem bewegten Punkt überprüft werden kann, gemessen an den Gruppenschicksalspunkten.

Quellenangabe:

Karl Kerenyi: Die Mythologie der Griechen
DTV - 2 Bände - 1345/1346
1. Auflage: November 1966
ISBN 3-423-01345-1
ISBN 3-423-03146-X

Wolfgang Döbereiner
Heyne Tierkreisbücher - von 1974 - zwölf Bände
Lehr- und Übungsbuch - Band 1 bis 6
Astrologisch-homöopathische Erfahrungsbilder zur Diagnose und Therapie von Erkrankungen - Band 1 und Band 2
(Gruppenschicksalspunkte)

Döbereiner-Seminar-Sekretariate

Schweiz:

Frau Joya Aebi
Hadlaubstraße 113
CH - 8006 Zürich
Telefon 01-3628084

Frau Leonore Froriep
Längenstraße 71
CH - 8964 Rudolfstetten
Telefon 057-33860

Norddeutschland:

Frau Irene Otte
Brahmsallee 13
2000 Hamburg 13
Telefon 040-4106878

Österreich:

Büro Döbereiner
Agnes-Bernauer-Straße 129
8000 München 21
Telefon 089-5805566

Literaturhinweise auf Bücher von Wolfgang Döbereiner

Heyne-Tierkreis-Bücher - zwölf kleine Bücher für jedes Tierkreiszeichen - Heyne-Verlag

Im Verlag Döbereiner herausgegeben und direkt vertrieben:

Astrologisches Lehr- und Übungsbuch - Band 1
ISBN 3-927094-12-9

Astrologisches Lehr- und Übungsbuch - Band 2
ISBN 3-927094-13-7

Astrologisches Lehr- und Übungsbuch - Band 3
ISBN 3-927094-14-5

Astrologisches Lehr- und Übungsbuch - Band 4
ISBN 3-927094-15-3

Astrologisches Lehr- und Übungsbuch - Band 5
ISBN 3-927094-10-2

Astrologisches Lehr- und Übungsbuch - Band 6
ISBN 3-927094-16-1

Astrologisch-homöopathische Erfahrungsbilder zur Diagnose und Therapie von Erkrankungen - Band 1
ISBN 3-927094-11-0

Astrologisch-homöopathische Erfahrungsbilder zur Diagnose und Therapie von Erkrankungen - Band 2
ISBN 3-927094-18-8

Astrologisch definierbare Verhaltensweisen in der Malerei
ISBN 3-927094-00-5

Maler-Horoskope zu "Astrologisch definierbare Verhaltensweisen in der Malerei"
ISBN 3-927094-01-3